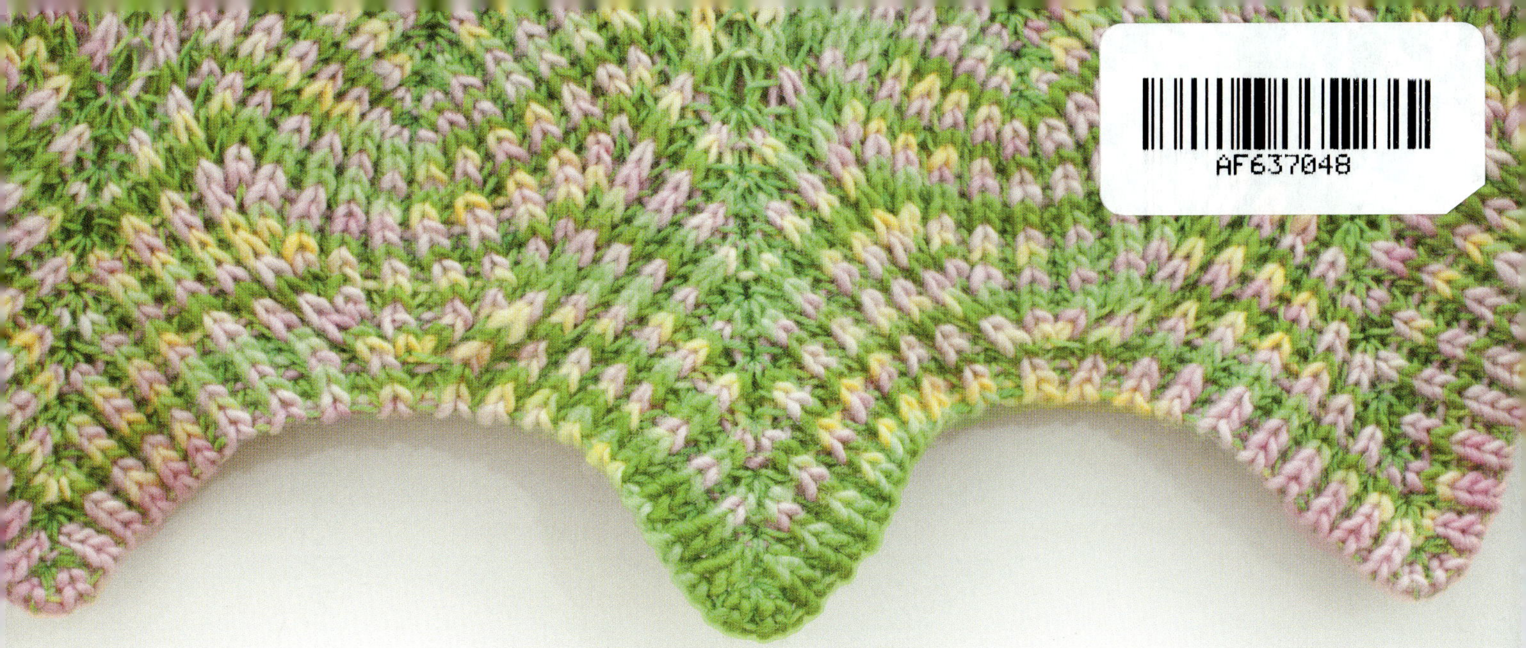

Lust auf BRIOCHE

Copyright der Originalausgabe
© 2015 by Nancy Marchant

Modelle, Muster und Anleitungen
NANCY MARCHANT

Fotos und Styling
ALEXANDRA FEO
mit Ausnahme der Fotos zu den Lochmusterzunahmen im Anhang (NANCY MARCHANT)

Redaktion
BRENDAN MONAGHAN

Layout und Gestaltung
NANCY MARCHANT

Produktion
ELS VAN DEN BOOG

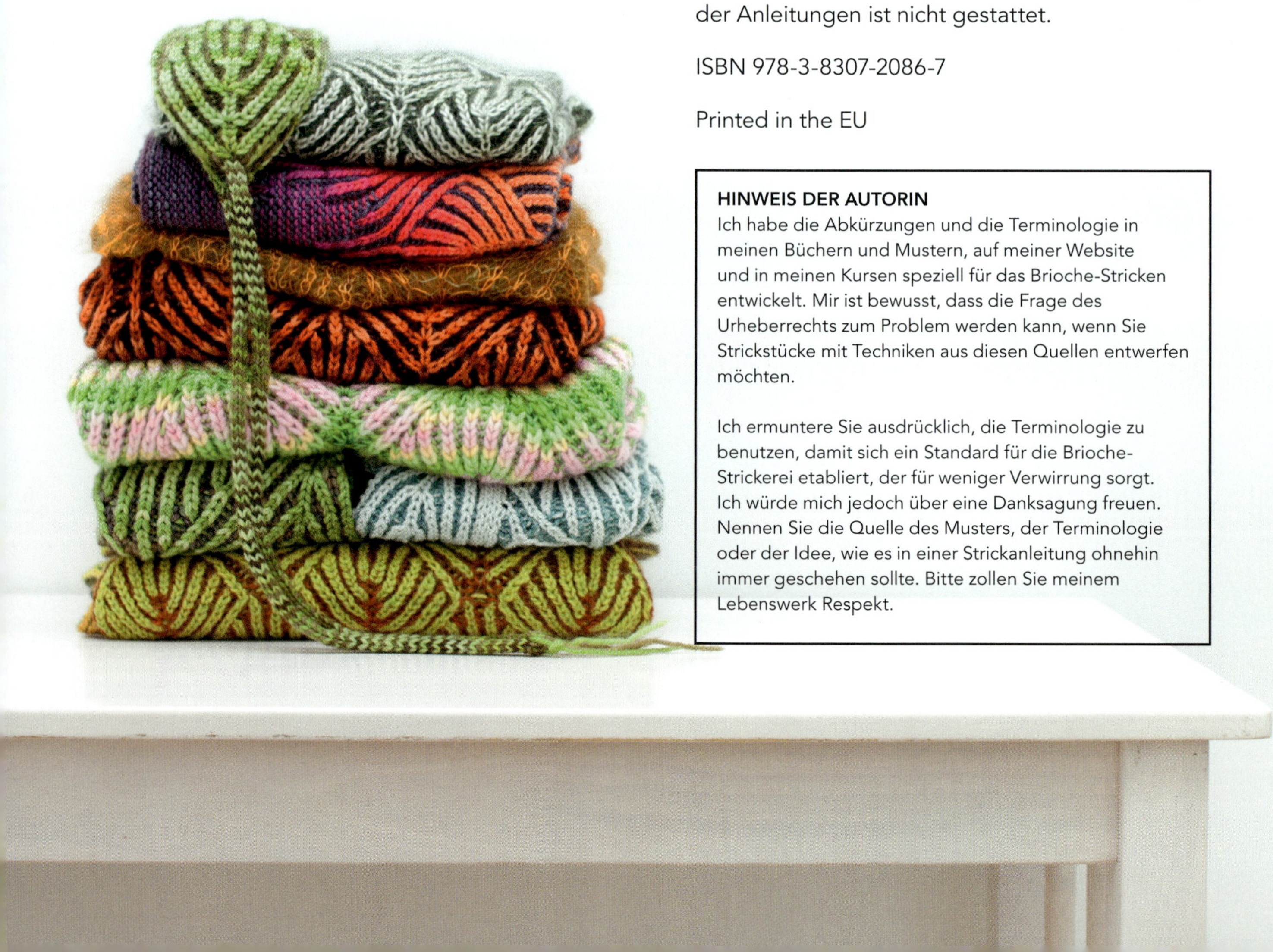

Bibliografische Information der Deutschen Nationalbibliothek: Die Deutsche Nationalbibliothek verzeichnet diese Publikation in der Deutschen Nationalbibliografie; detaillierte bibliografische Daten sind im Internet über http://dnb.de abrufbar.

2., durchgesehene Neuauflage 2021

© 2020, 2021 der deutschen Ausgabe:
Stiebner Verlag GmbH
Hirtenweg 8 b
D-82031 Grünwald

www.stiebner.com

Übersetzung aus dem Englischen und Satz:
Susanne Schmidt-Wussow
Redaktion der deutschen Ausgabe:
Karin Leonhart für bookwise GmbH, München

ISBN 978-3-8307-2086-7

Printed in the EU

HINWEIS DER AUTORIN

Ich habe die Abkürzungen und die Terminologie in meinen Büchern und Mustern, auf meiner Website und in meinen Kursen speziell für das Brioche-Stricken entwickelt. Mir ist bewusst, dass die Frage des Urheberrechts zum Problem werden kann, wenn Sie Strickstücke mit Techniken aus diesen Quellen entwerfen möchten.

Ich ermuntere Sie ausdrücklich, die Terminologie zu benutzen, damit sich ein Standard für die Brioche-Strickerei etabliert, der für weniger Verwirrung sorgt. Ich würde mich jedoch über eine Danksagung freuen. Nennen Sie die Quelle des Musters, der Terminologie oder der Idee, wie es in einer Strickanleitung ohnehin immer geschehen sollte. Bitte zollen Sie meinem Lebenswerk Respekt.

Nancy Marchant
Fotos von Alexandra Feo

Lust auf BRIOCHE

Ein Blätterwald aus Wolle

Schals und Cowls im Patentmuster stricken

stiebner

Alexandra Feo

Alexandra Feo wurde 1976 in Caracas, Venezuela, geboren. Die prägenden Jahre ihres Lebens verbrachte sie in Opern- und Balletthäusern, die ihre Liebe und Begeisterung für die Ästhetik der Bühnenkünste entfachten. Sie ist ausgebildete Balletttänzerin und widmete sich mehr als zehn Jahre lang dem Studium der Musik.

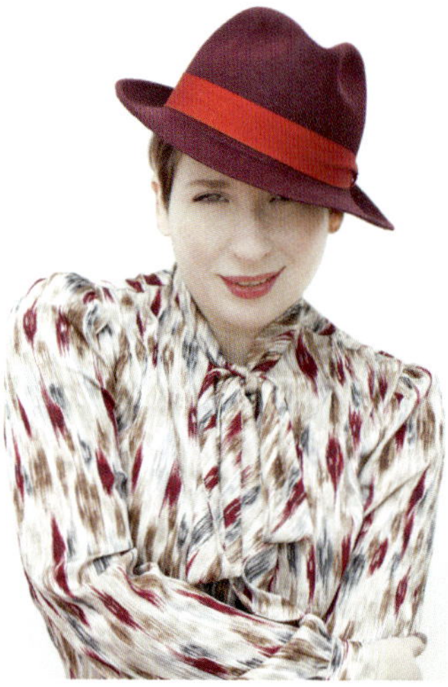

Mehrere Jahre lang lebte sie in New York, Barcelona, London und Tokio und verbrachte auch eine kurze Zeit in Oslo, bevor sie nach Amsterdam zog, wo sie heute wohnt. In Tokio entdeckte sie das Fotografieren für sich.

Seit zehn Jahren arbeitet sie hauptberuflich in ihrer Kunstwerkstatt in Amsterdam-West. Gestricktes gehört zu ihren Lieblingsmotiven. Als multidisziplinäre Künstlerin experimentiert sie mit Garn, Strickstücken, Textilien, Design von Zubehör, Styling, Malen, Zeichnen und jeder anderen Form von Kunst, die gerade ihr Interesse weckt.

Feo pflegt eine nahezu dekadente Leidenschaft für Selbstporträts und erschafft dabei eine breite Palette fiktiver Figuren. In Amsterdam absolvierte sie einen Kurs für Maskenbildner, um die Verwandlungen in ihren Selbstporträt-Serien zu perfektionieren. Ihr Sinn für klare, minimalistische Formen zeigt sich auch in ihren Städte- und Landschaftsfotos.

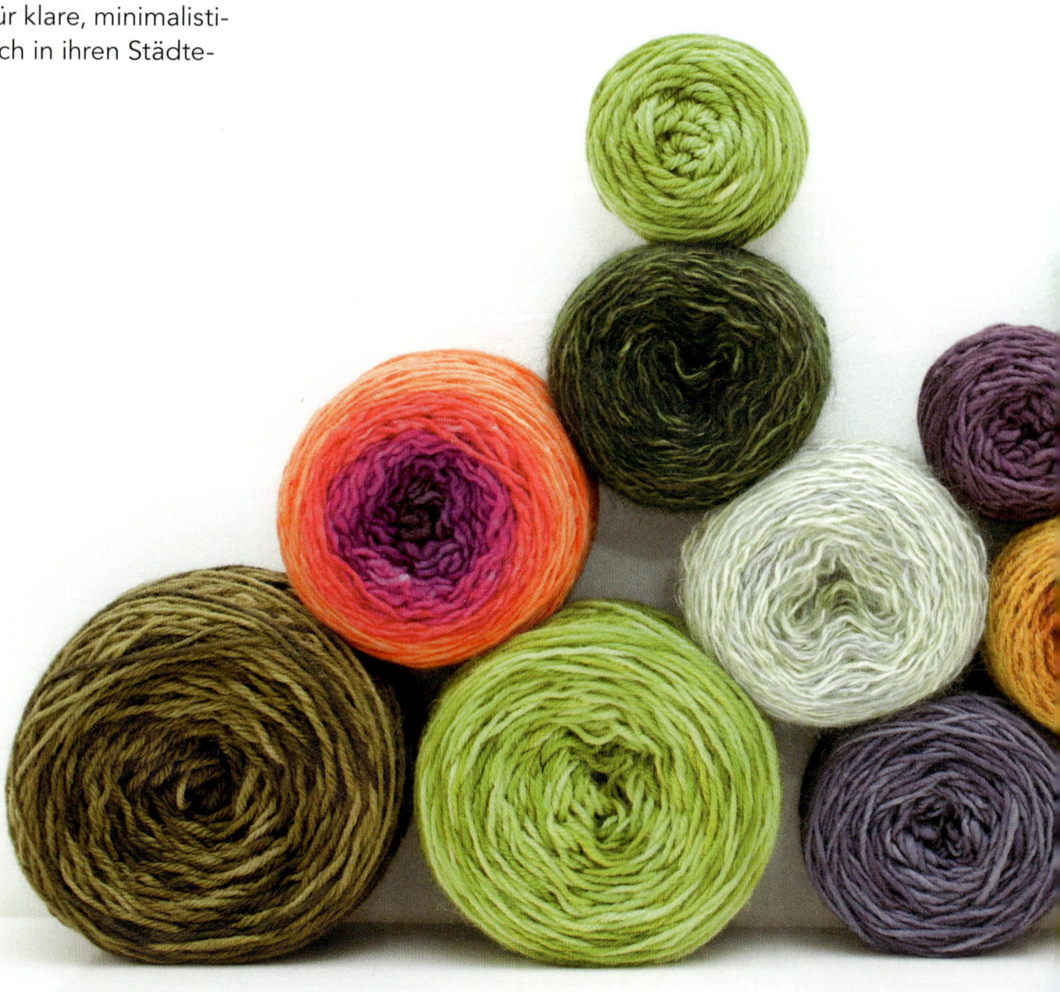

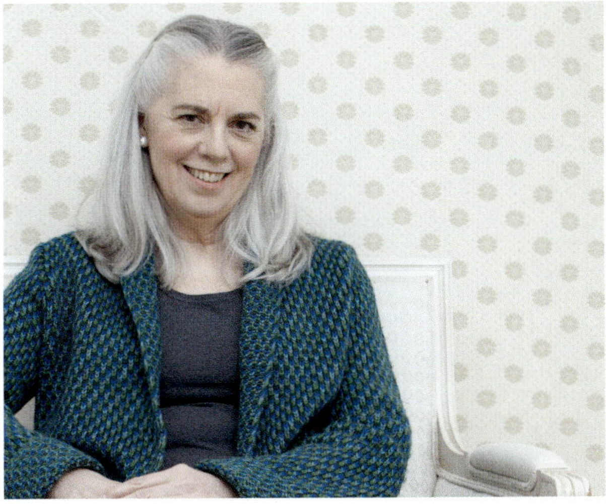

Nancy Marchant

Mein Strickuniversum wird mit den Jahren immer kleiner.

Ich stricke schon, seit ich ein kleines Mädchen war. Wie viele andere fing ich früh an und hörte nicht wieder auf. Stricken gehörte immer dazu.

Die Brioche-Strickerei entdeckte ich, als ich in einem Grafikstudio an der Singelgracht in Amsterdam arbeitete, wo ich seit über 35 Jahren lebe.

1992 schrieb ich für das *Vogue Knitting Magazine* einen Artikel über das Brioche-Muster. Er kam gut an, aber ich schlug vorerst andere Wege des Farbstrickens ein. 2005 fragte Pam Allen, damals Herausgeberin einer Strickzeitschrift, bei mir an, ob ich einen weiteren Artikel über Brioche-Strickerei schreiben würde. Mit diesem zweiten Beitrag erwachte meine Faszination für Reliefpatent, und ich beschloss, ein Buch darüber zu schreiben.

Jeder Verleger, bei dem ich anklopfte, lachte über die Idee, ein ganzes Buch über eine einzige Technik zu schreiben, doch schließlich wurde *Knitting Brioche* veröffentlicht. Es ging um ein- und zweifarbiges Brioche, das Stricken in Reihen und Runden und das Erstellen von Strukturen und grafischen Elementen mit diesem Muster. Außerdem enthielt das Buch viele Muster zum Ausprobieren. Ich hätte es einfach halten sollen; stattdessen überlud ich es mit Inhalten, da ich dachte, es würde mein einziges zu dem Thema bleiben.

Doch die Idee für eine Art Nachschlagewerk für eine einzige Technik – zweifarbiges Reliefpatent mit Zu- und Abnahmen – ließ mich nicht los, und so erschien 2014 *Knitting Fresh Brioche.*

Zum Glück lernte ich die Fotografin Alexandra Feo kennen. Heute, da meine Strickwelt mehr und mehr klar umrissen ist, stelle ich Ihnen *Lust auf Brioche* vor, ein gemeinschaftliches Werk von Alexandra Feo und mir. In diesem Buch geht es um ein Motiv, das Blatt, das ich 2010 mit dem Schultertuch *Under Dutch Skies* vorstellte. Es entsteht durch Zu- und Abnahmen in zweifarbigem Reliefpatent. Hier habe ich das Blatt verlängert, in unterschiedlichen Garnstärken gestrickt, die Abnahmen auf die dunkle Seite der Arbeit gelegt, es in seine Bestandteile zerlegt und schließlich mit anderen Techniken kombiniert.

Welches wohl mein nächstes Brioche-Projekt sein wird? Wahrscheinlich eine Art Spitzenmuster, aber das bleibt noch abzuwarten.

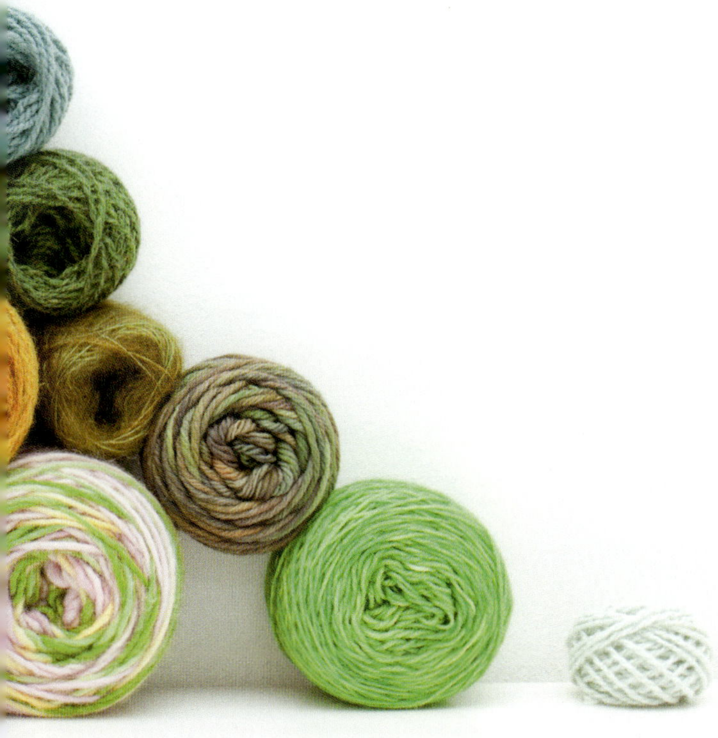

Forest Wreath
Seite 8

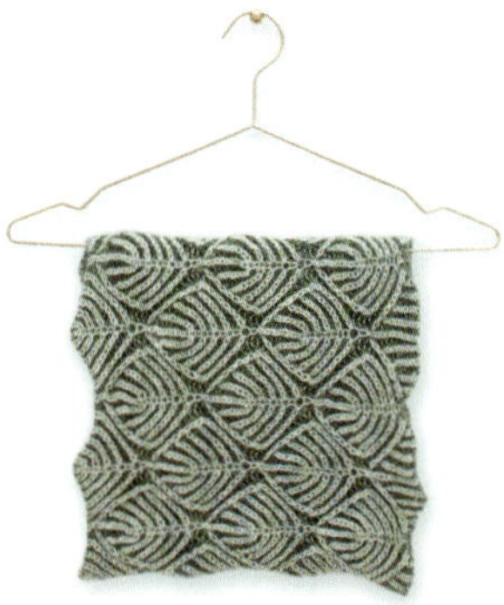

Bay Leaf
Seite 16

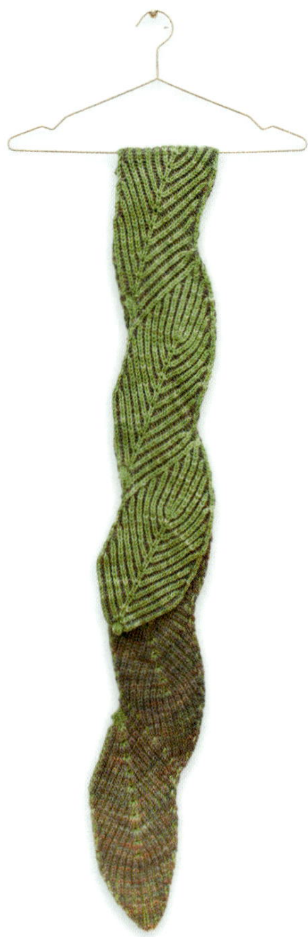

Woodland
Seite 30

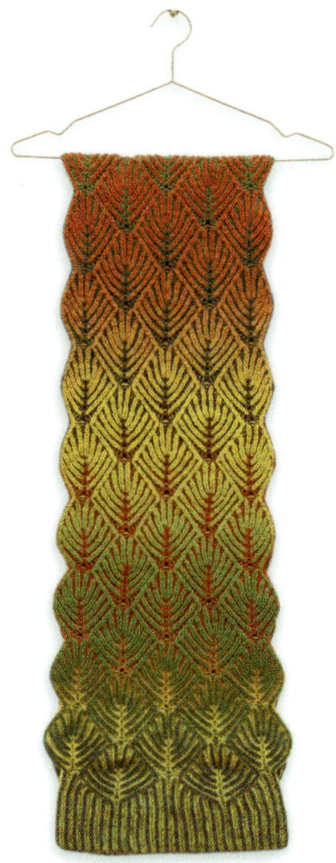

Primavera
Seite 40

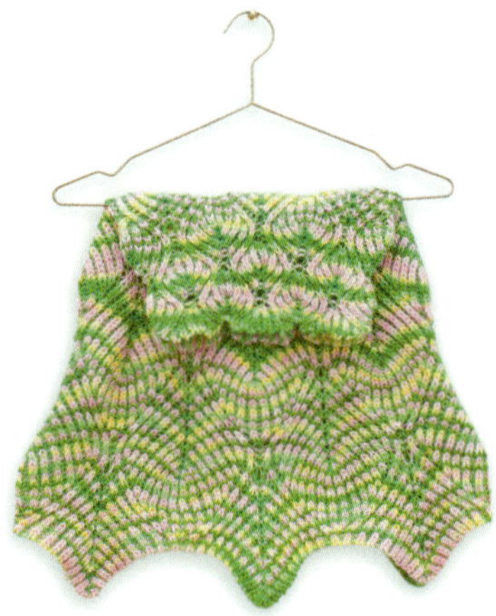

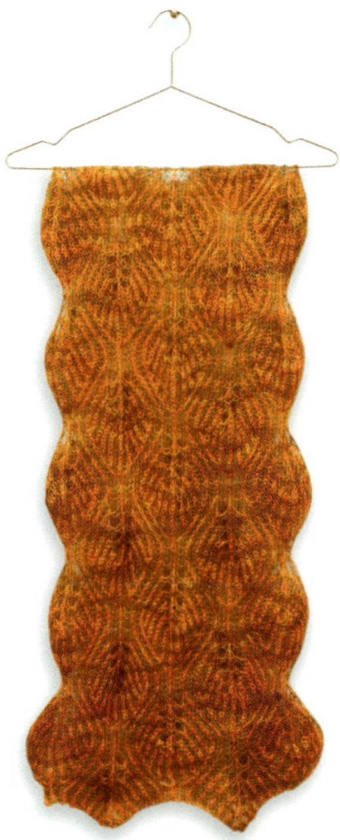

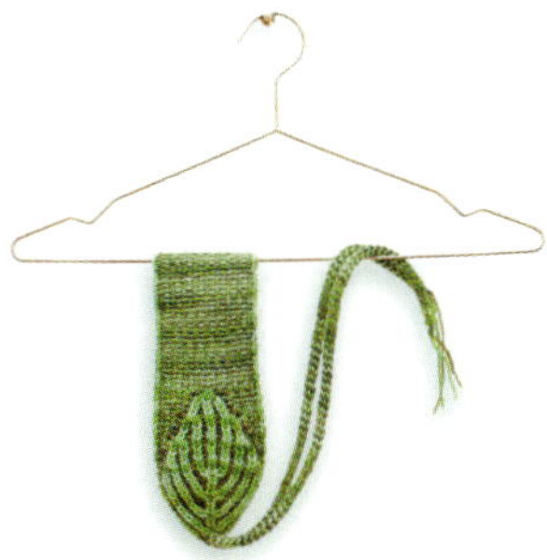

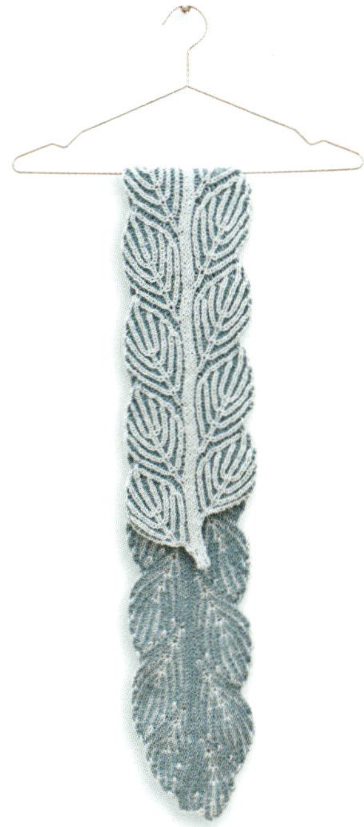

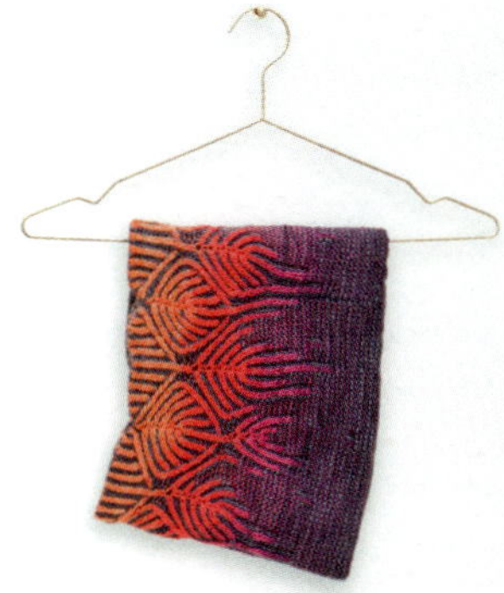

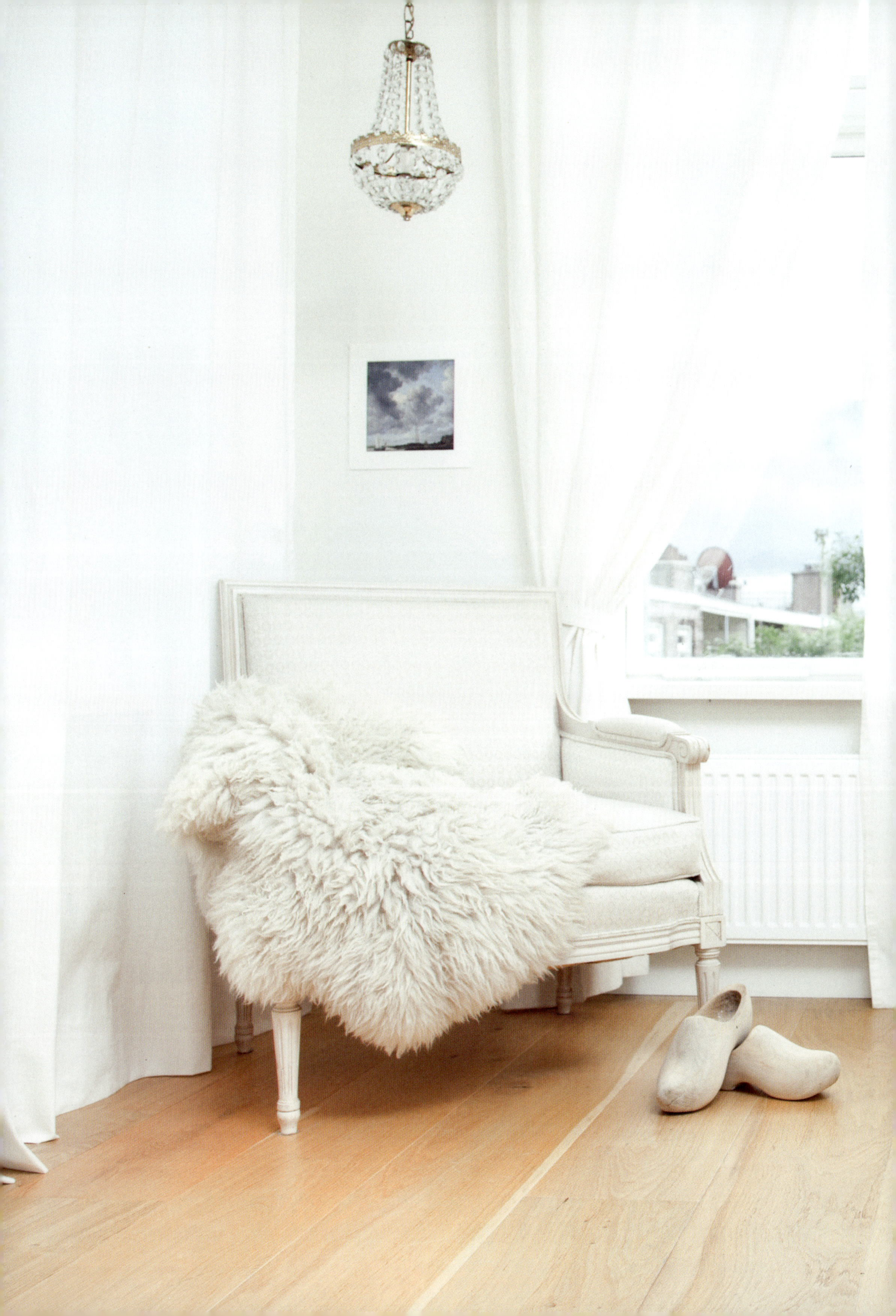

Forest Wreath

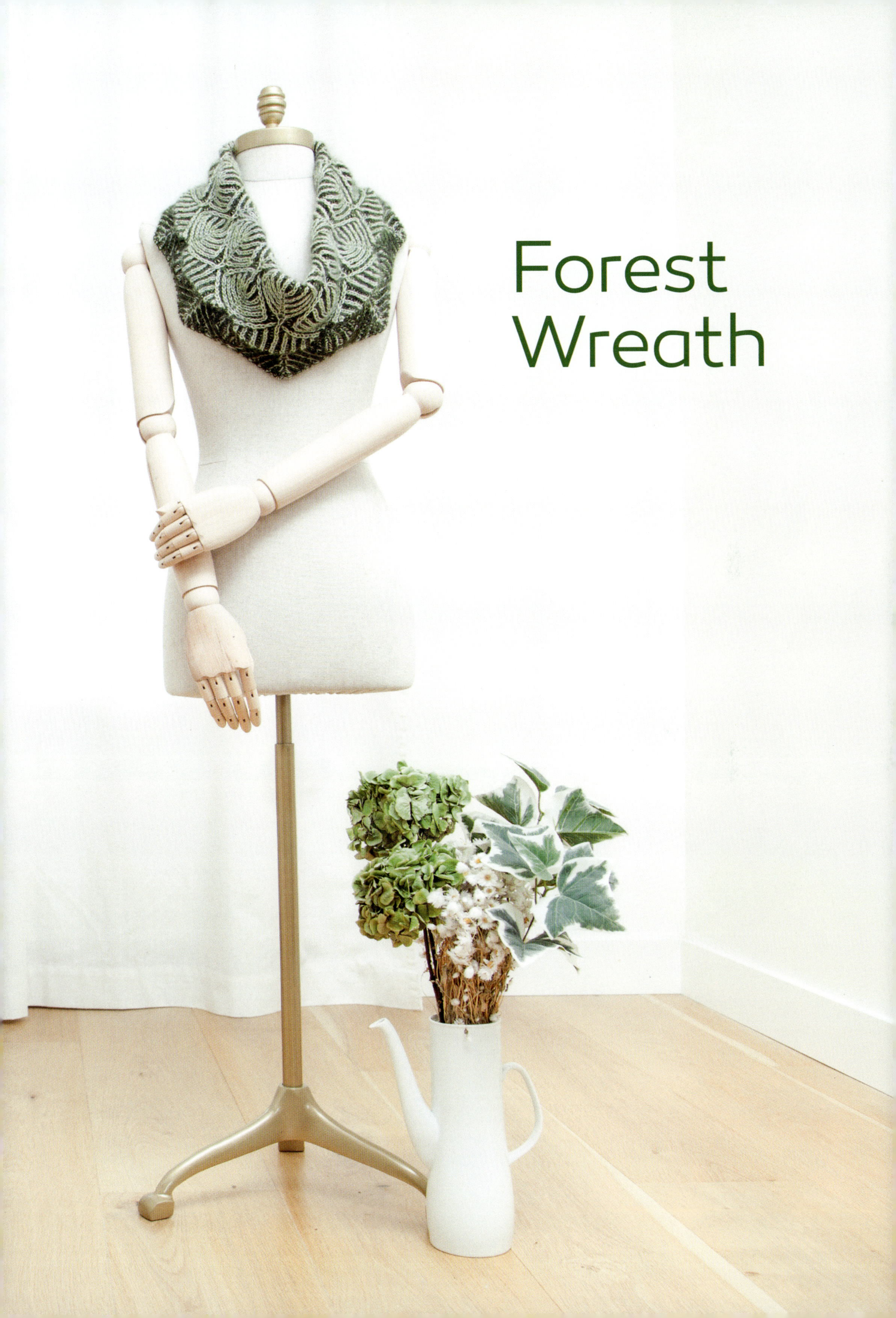

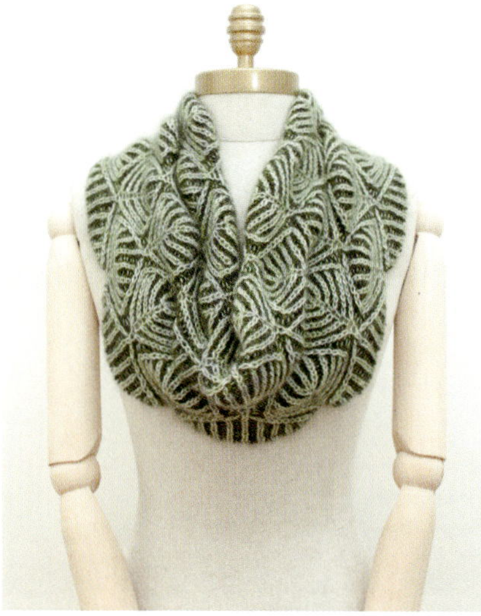

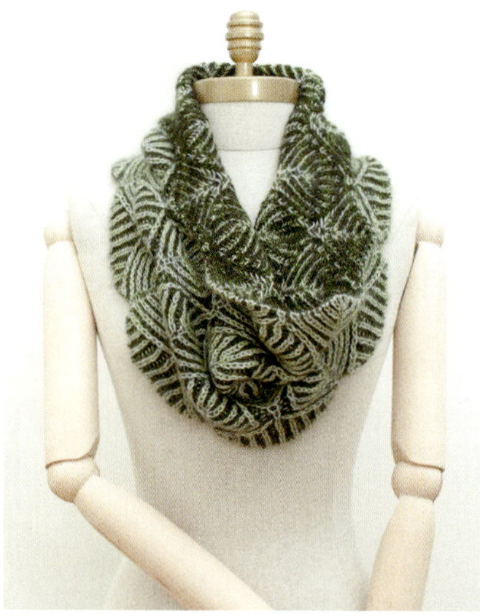

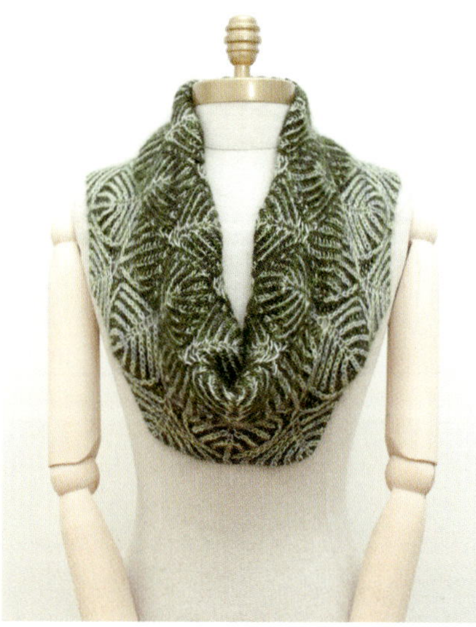

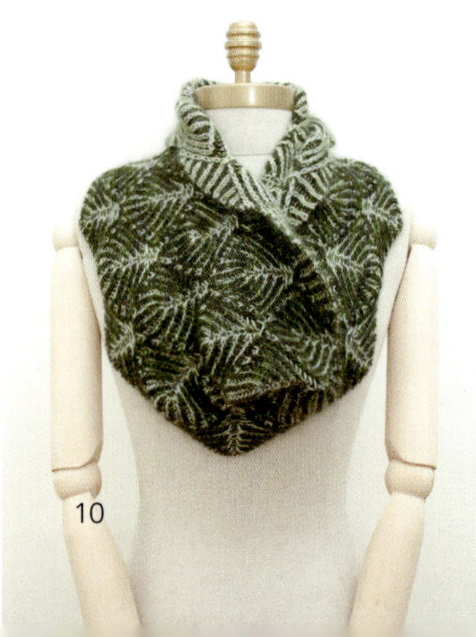

Forest Wreath

In diesem Modell verwende ich mein liebstes zweifarbiges Brioche-Blattmuster aus dem Schultertuch *Under Dutch Skies*, das ich vor vielen Jahren entwarf. Dieses Blattmuster diente mir als Inspiration für das beliebte Schultertuch *Willow* aus *Knitting Fresh Brioche* und für dieses Buch. Beim Namen für dieses Blatt habe ich mich auf der Website meiner Strickfreundin Alexandra Richards bedient: www.underdutchskies.com.

FERTIGE MASSE
Höhe: 29 cm, Umfang: 76 cm

GARN
Hand Maiden's Maiden Hair,
67 % Seide, 23 % Kid Mohair, 10 % Nylon,
LL 300 m/100 g,
Farben: HF = Peridot, DF = Cedar, pro Farbe 1 Strang

Der abgebildete Cowl wiegt 110 g.

NADELN
Rundstricknadel 3,5 mm (Länge 60 cm) oder Nadelspiel

ZUBEHÖR
Zopfmusternadel (Zn), Maschenmarkierer

MASCHENPROBE
1 Musterrapport = 24 M (10 cm) und 20 Rd (9,5 cm)

HINWEISE
Dieser Cowl wird in Runden gestrickt. Lesen Sie dazu bitte vorab zunächst die Erläuterungen im Anhang (S. 94–99).

Die Maschenzahl muss durch 24 teilbar sein.

Bei einem so großen Projekt empfehle ich, ab und an einen Sicherungsfaden einzuziehen.

Beachten Sie, dass Rd 2 HF und DF zwischen den ungeraden Rd stets wiederholt wird. Rd 2 ist eine „einfache" Rd ohne Zu- oder Abnahmen.

Setzen Sie einen Markierer an den Beginn der Rd und in die erste Mustermasche (Rd 1 HF), damit Sie die Rd zählen können. Ich würde außerdem empfehlen, zusätzliche Markierer zwischen die Musterrapporte zu setzen.

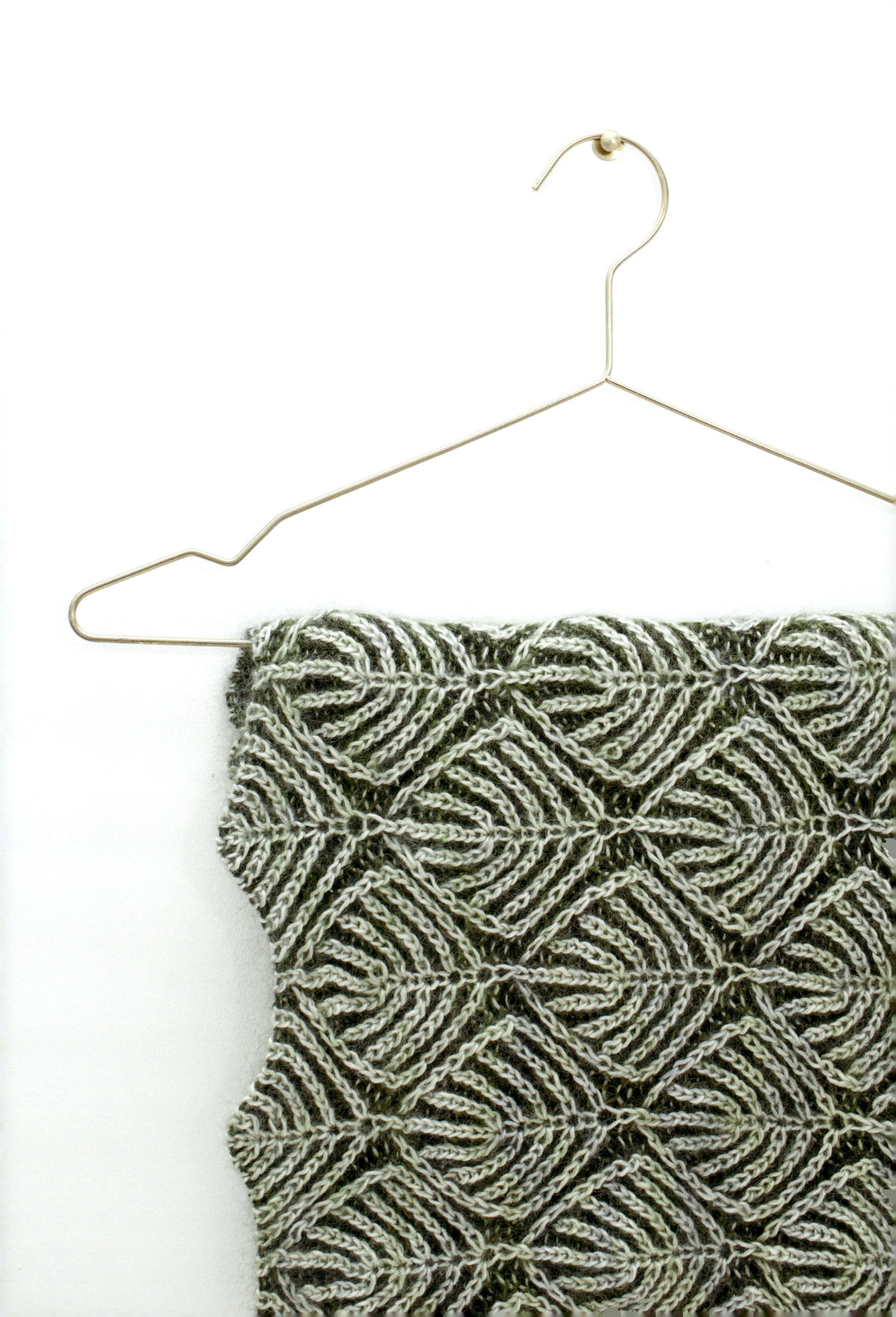

COWL

168 M zweifarbig italienisch anschl, beginnend mit 1 M HF „re" und endend mit 1 M DF „li".

Anschlag-R zur Rd schließen, dabei die M nicht verdrehen. Den ersten „Knoten" vor der 1. Anschlag-M wieder lösen.

Siehe auch DIAGRAMM FOREST WREATH
Grund-Rd 1 HF: *1 M re, 1 M mit U abh; ab * wdh bis Rd-Ende. HF nach vorn legen.
Grund-Rd 1 DF: *1 M mit U abh, 1 Pm li; ab * wdh bis Rd-Ende. DF nach vorn legen.

Rd 1 HF: Pm nach li abn, 1 M mit U abh, 7x [1 Pm re, 1 M mit U abh], Pm nach re abn, 1 M mit U abh, 4 Pm zun, 1 M mit U abh; ab * wdh.
Rd 1 DF: *9x [1 M mit U abh, 1 Pm li], 2x [1 M mit U abh, 1 M li], 1 M mit U abh, 1 Pm li; ab * wdh.

Rd 2 HF und ALLE geraden HF-Rd: *1 Pm re, 1 M mit U abh; ab * wdh.
Rd 2 DF und ALLE geraden DF-Rd: *1 M mit U abh, 1 Pm li; ab * wdh.

Rd 3 HF: *Pm nach li abn, 1 M mit U abh, 5x [1 Pm re, 1 M mit U abh], Pm nach re abn, 1 M mit U abh, 1 Pm re, 1 M mit U abh, 4 Pm zun, 1 M mit U abh, 1 Pm re, 1 M mit U abh; ab * wdh.
Rd 3 DF: *8x [1 M mit U abh, 1 Pm li], 2x [1 M mit U abh, 1 M li], 2x [1 M mit U abh, 1 Pm li]; ab * wdh.

Rd 5 HF: *Pm nach li abn, 1 M mit U abh, 3x [1 Pm re, 1 M mit U abh], Pm nach re abn, 1 M mit U abh, 2x [1 Pm re, 1 M mit U abh], 4 Pm zun, 1 M mit U abh, 2x [1 Pm re, 1 M mit U abh]; ab * wdh.
Rd 5 DF: *7x [1 M mit U abh, 1 Pm li], 2x [1 M mit U abh, 1 M li], 3x [1 M mit U abh, 1 Pm li]; ab * wdh.

Rd 7 HF: *Pm nach li abn, 1 M mit U abh, 1 Pm re, 1 M mit U abh, Pm nach re abn, 1 M mit U abh, 3x [1 Pm re, 1 M mit U abh], 4 Pm zun, 1 M mit U abh, 3x [1 Pm re, 1 M mit U abh]; ab * wdh.

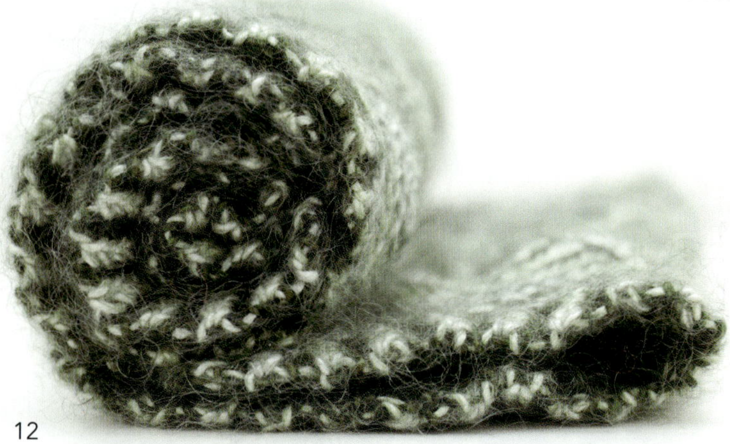

Rd 7 DF: *6x [1 M mit U abh, 1 Pm li], 2x [1 M mit U abh, 1 M li], 4x [1 M mit U abh, 1 Pm li]; ab * wdh.

Rd 9 HF: *4 Pm abn, 1 M mit U abh, 4x [1 Pm re, 1 M mit U abh], 4 Pm zun, 1 M mit U abh, 4x [1 Pm re, 1 M mit U abh]; ab * wdh.
Rd 9 DF: *5x [1 M mit U abh, 1 Pm li], 2x [1 M mit U abh, 1 M li], 5x [1 M mit U abh, 1 Pm li]; ab * wdh.

Rd 11 HF: *4 Pm zun, 1 M mit U abh, Pm nach li abn, 1 M mit U abh, 7x [1 Pm re, 1 M mit U abh], Pm nach re abn, 1 M mit U abh; ab * wdh.
Rd 11 DF: *2x [1 M mit U abh, 1 M li], 10x [1 M mit U abh, 1 Pm li]; ab * wdh.

Rd 13 HF: *1 Pm re, 1 M mit U abh, 4 Pm zun, 1 M mit U abh, 1 Pm re, 1 M mit U abh, Pm nach li abn, 1 M mit U abh, 5x [1 Pm re, 1 M mit U abh], Pm nach re abn, 1 M mit U abh; ab * wdh.
Rd 13 DF: *1 M mit U abh, 1 Pm li, 2x [1 M mit U abh, 1 M li], 9x [1 M mit U abh, 1 Pm li]; ab * wdh.

Rd 15 HF: *2x [1 Pm re, 1 M mit U abh], 4 Pm zun, 1 M mit U abh, 2x [1 Pm re, 1 M mit U abh], Pm nach li abn, 1 M mit U abh, 3x [1 Pm re, 1 M mit U abh], Pm nach re abn, 1 M mit U abh; ab * wdh.
Rd 15 DF: *2x [1 M mit U abh, 1 Pm li], 2x [1 M mit U abh, 1 M li], 8x [1 M mit U abh, 1 Pm li]; ab * wdh.

Rd 17 HF: *3x [1 Pm re, 1 M mit U abh], 4 Pm zun, 1 M mit U abh, 3x [1 Pm re, 1 M mit U abh], Pm nach li abn, 1 M mit U abh, 1 Pm re, 1 M mit U abh, Pm nach re abn, 1 M mit U abh; ab * wdh.
Rd 17 DF: *3x [1 M mit U abh, 1 Pm li], 2x [1 M mit U abh, 1 M li], 7x [1 M mit U abh, 1 Pm li]; ab * wdh.

Rd 19 HF: *4x [1 Pm re, 1 M mit U abh], 4 Pm zun, 1 M mit U abh, 4x [1 Pm re, 1 M mit U abh], 4 Pm abn, 1 M mit U abh; ab * wdh.
Rd 19 DF: *4x [1 M mit U abh, 1 Pm li], 2x [1 M mit U abh, 1 M li], 6x [1 M mit U abh, 1 Pm li]; ab * wdh.

Nach Rd 20 DF ab **Rd 1 HF** wdh.

Wenn die gewünschte Höhe erreicht ist, nach 1 **Rd 10 DF** oder **Rd 20 DF** italienisch bzw. der Anschlagtechnik entsprechend abketten. Die Fadenenden vernähen und das Strickstück nach Belieben spannen. Der abgebildete Cowl wurde gedämpft und gespannt.

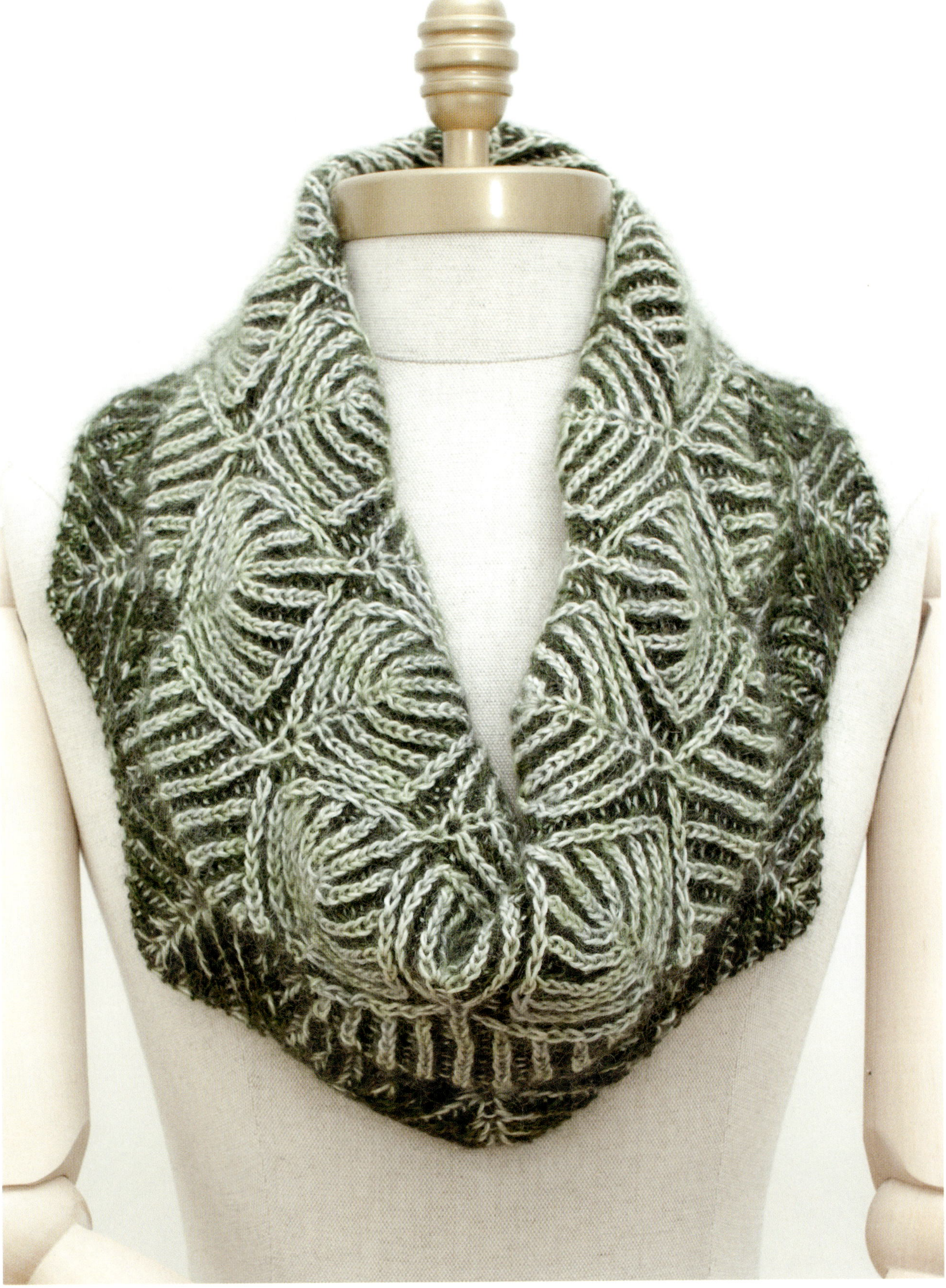

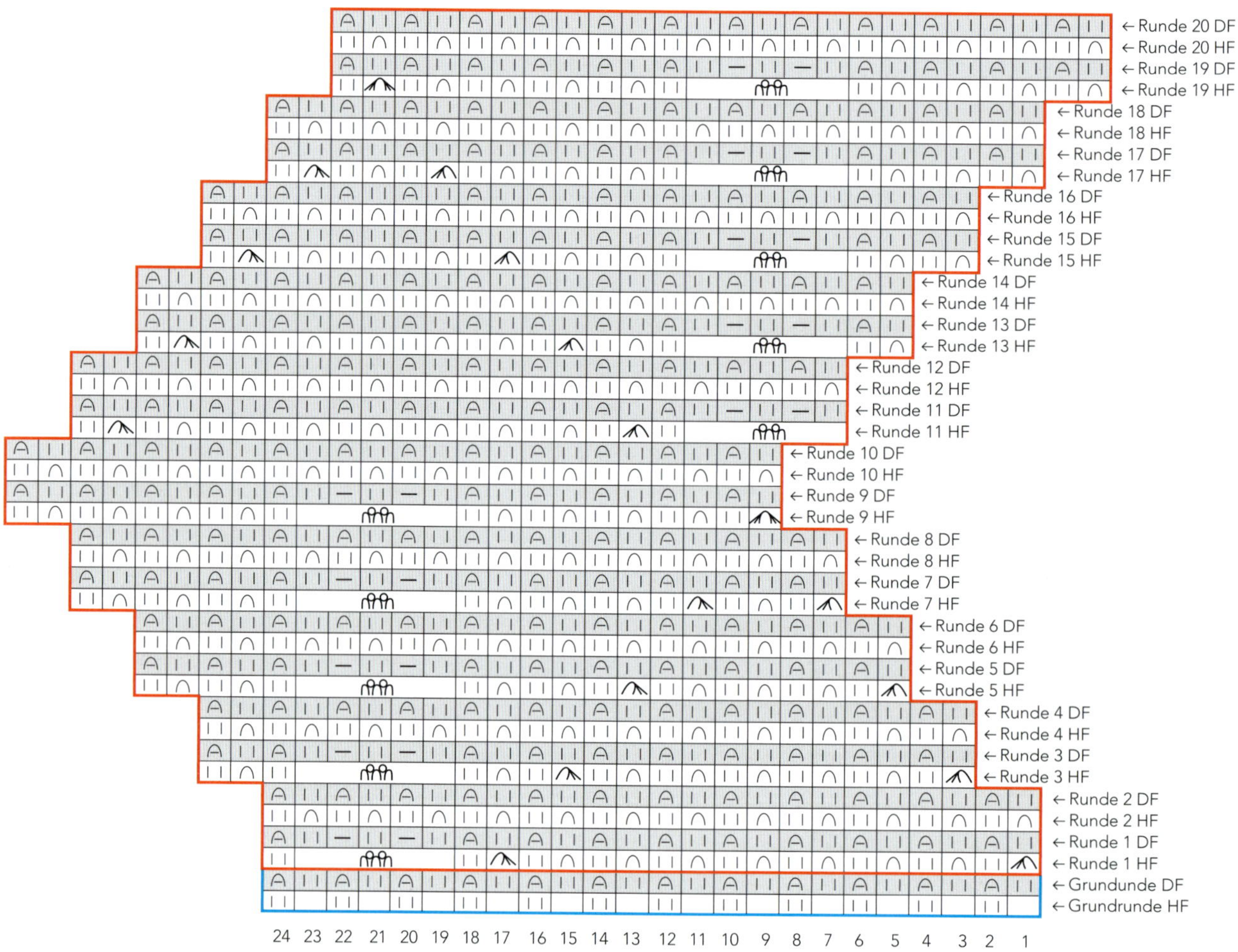

DIAGRAMM FOREST WREATH

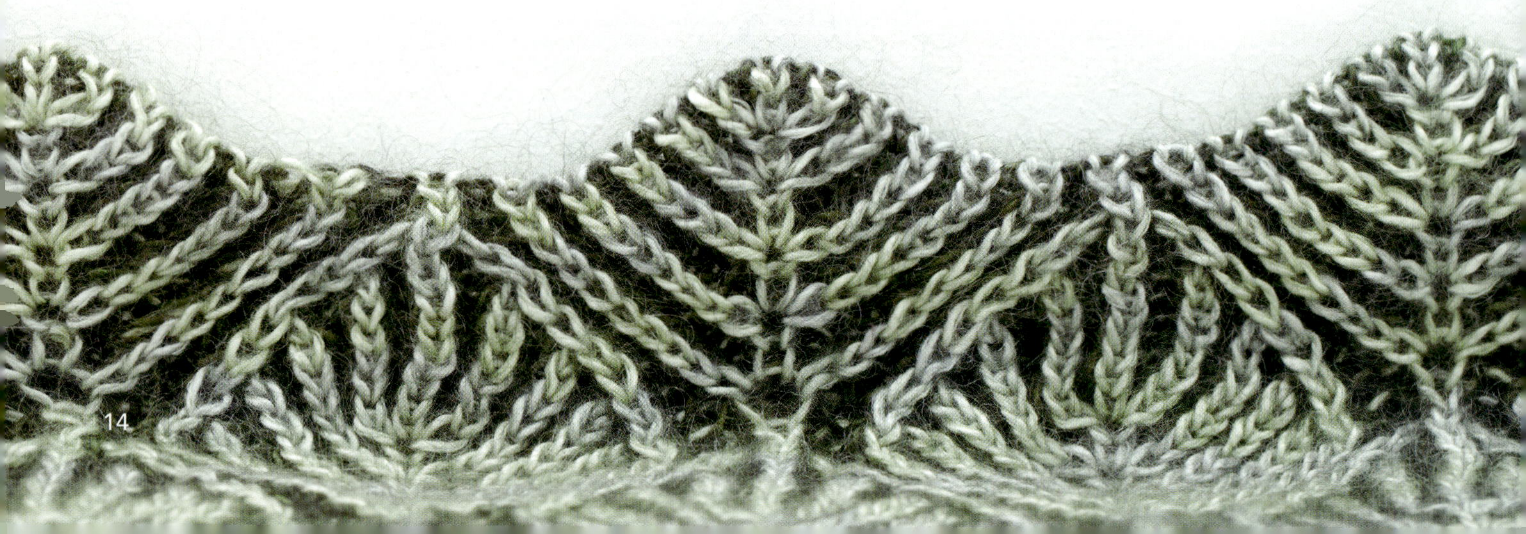

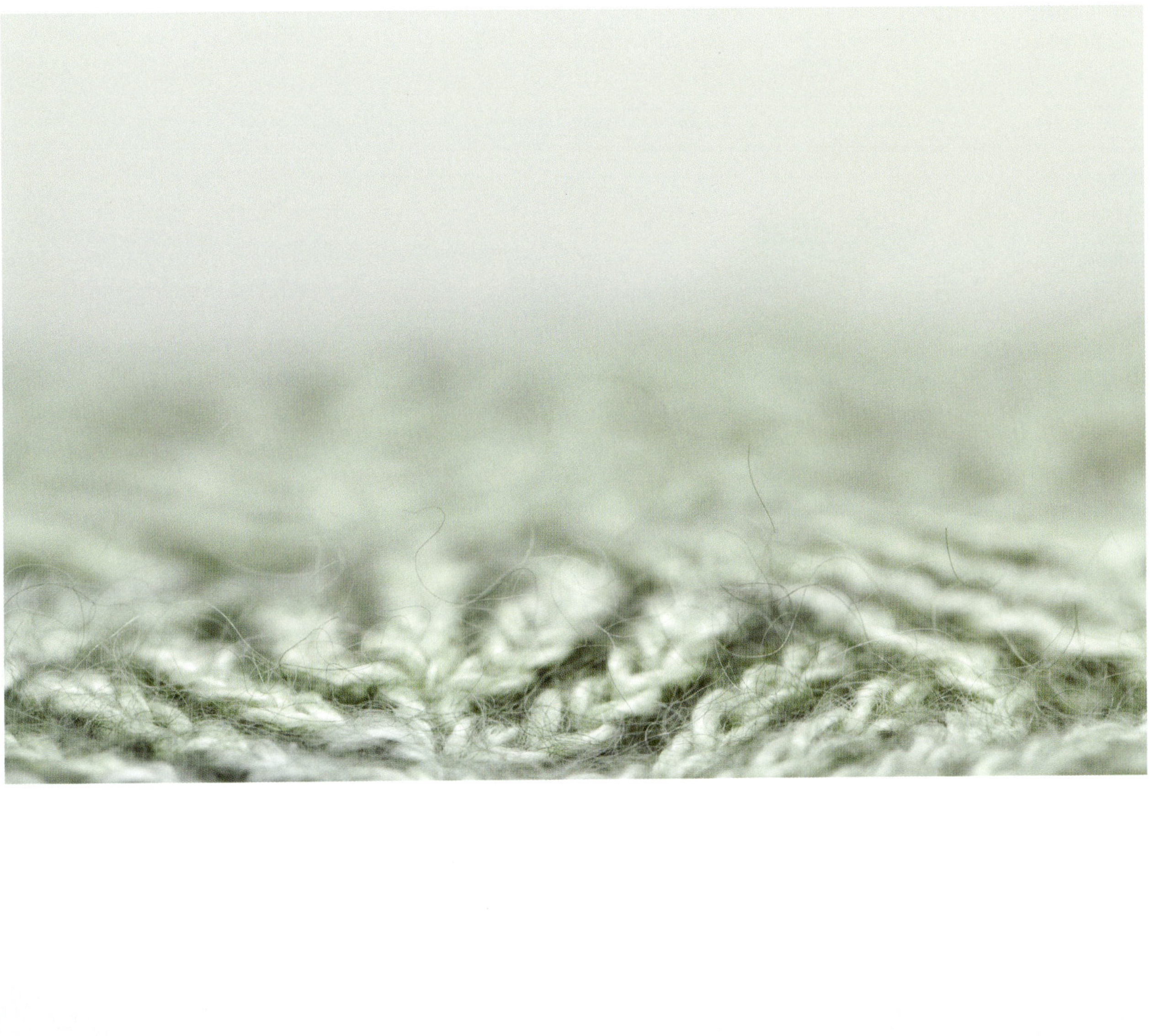

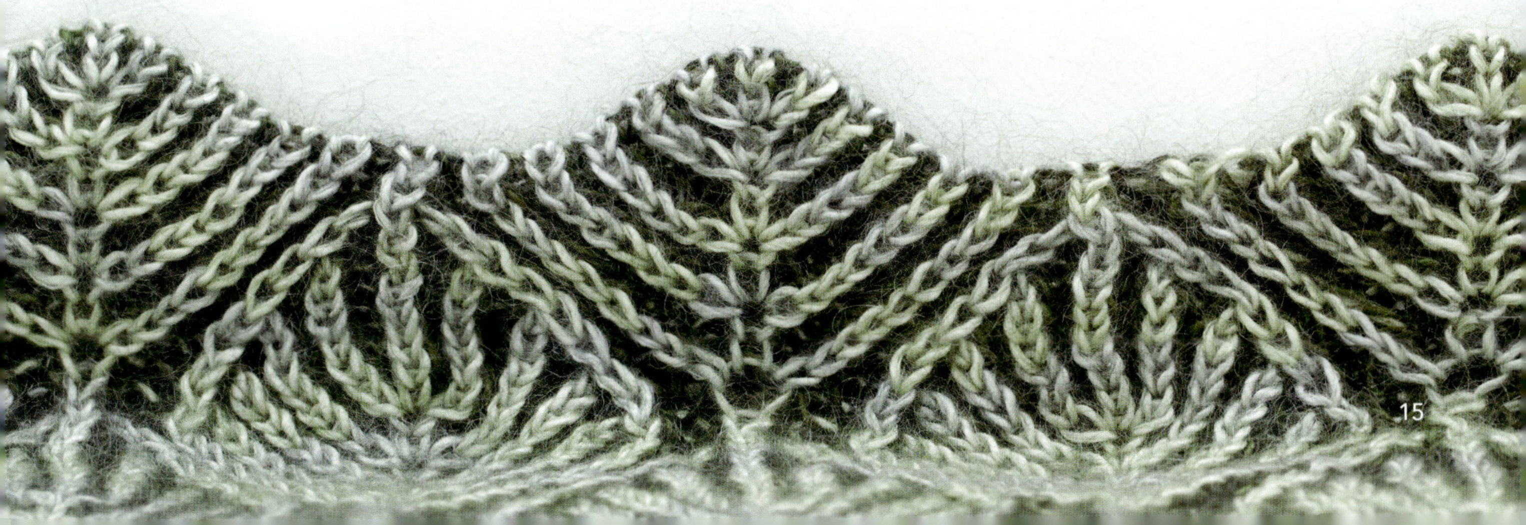

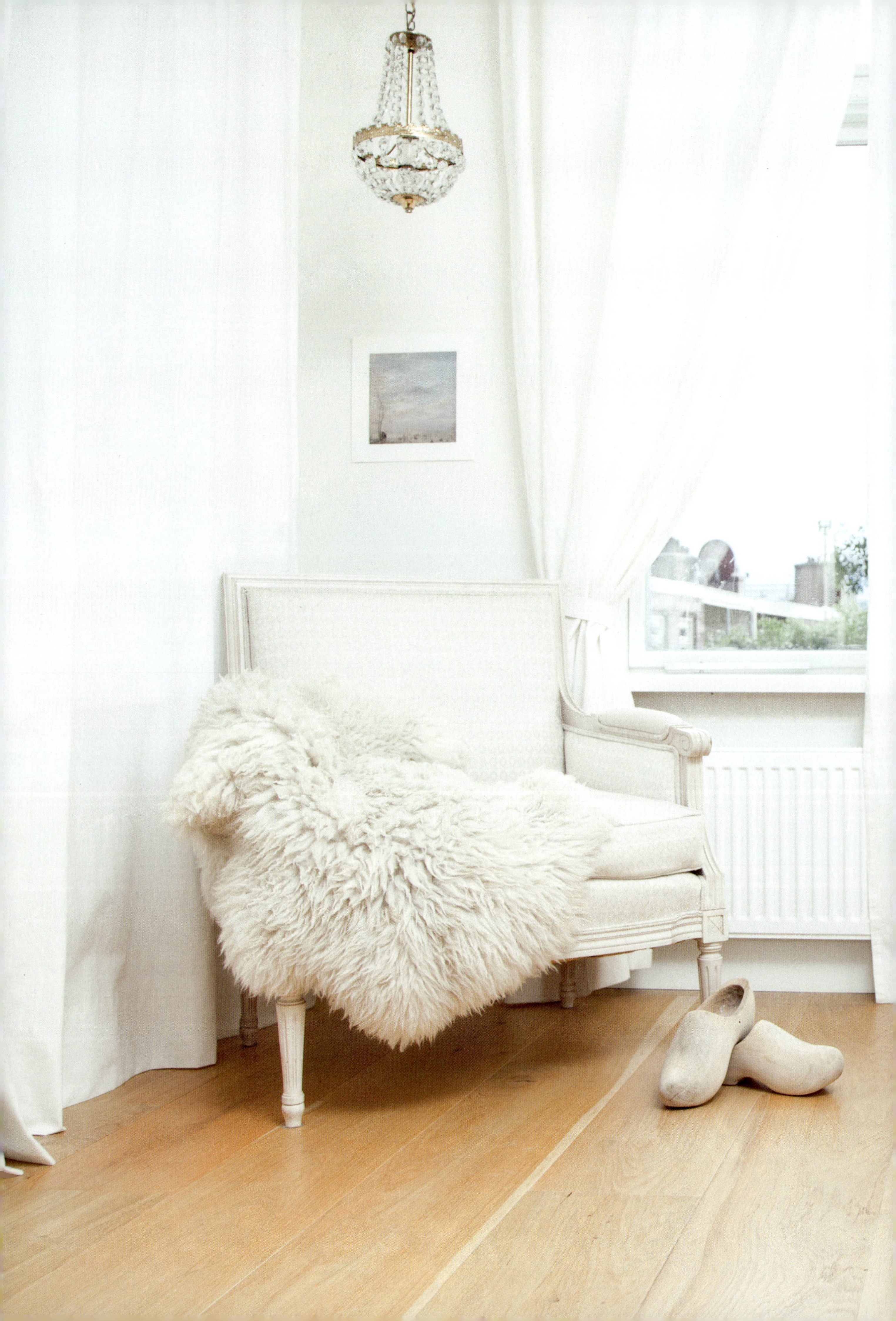

Bay Leaf

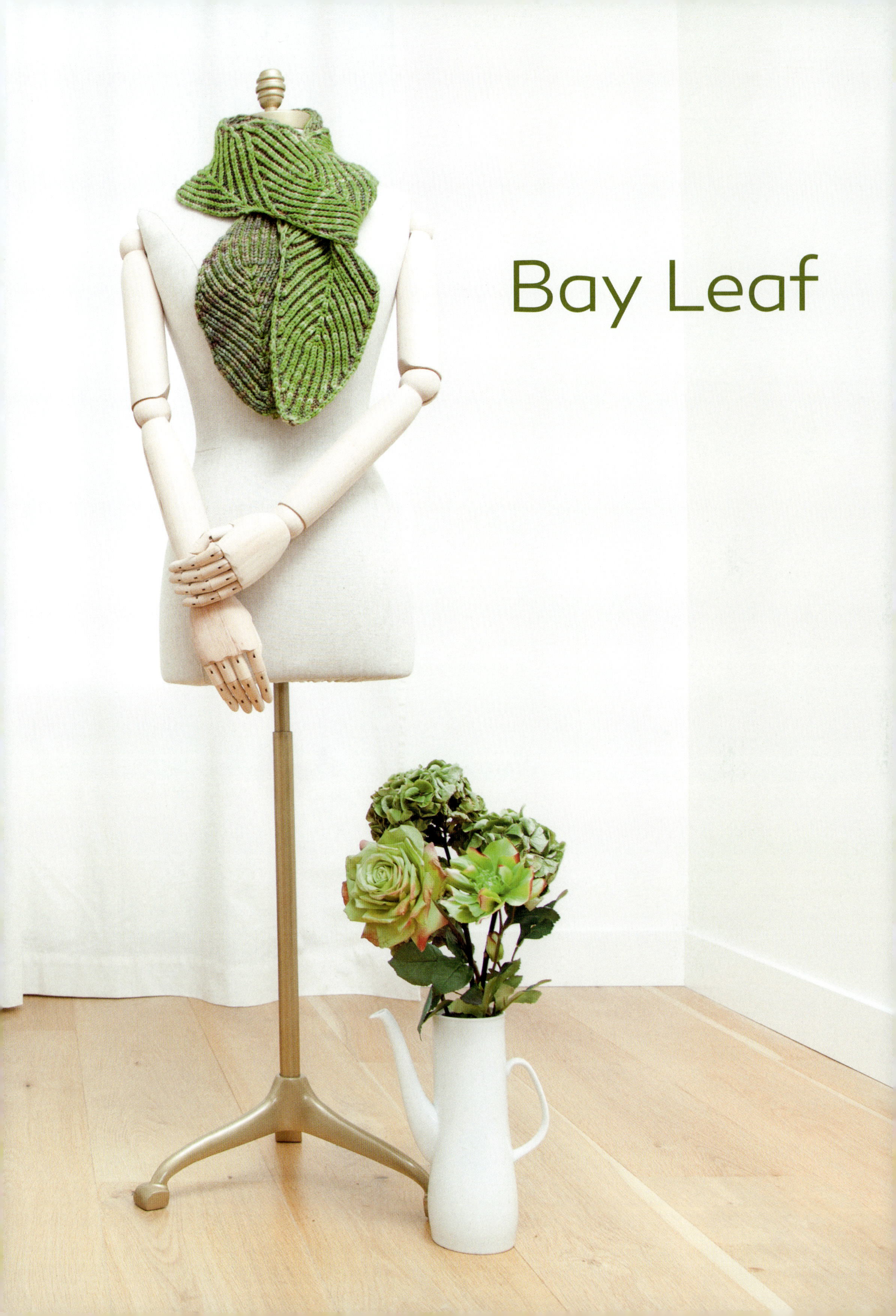

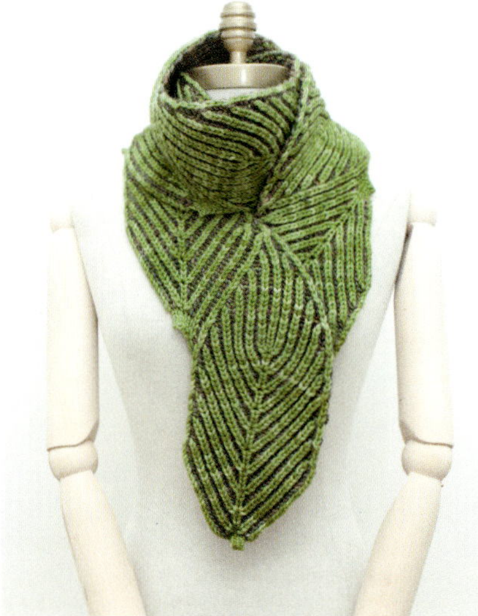

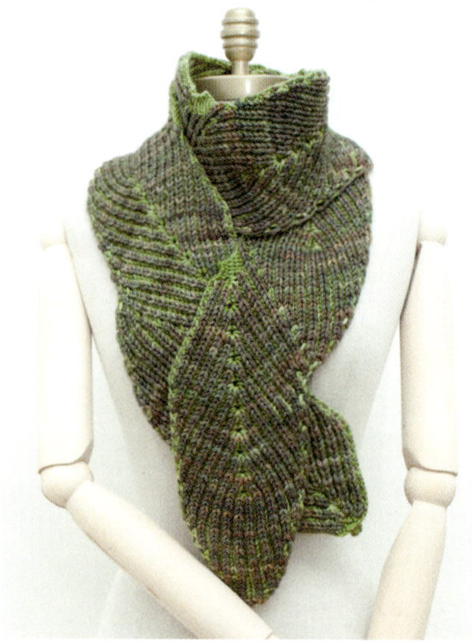

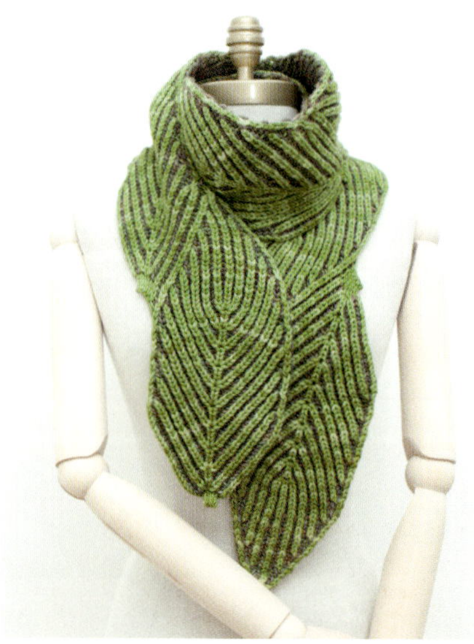

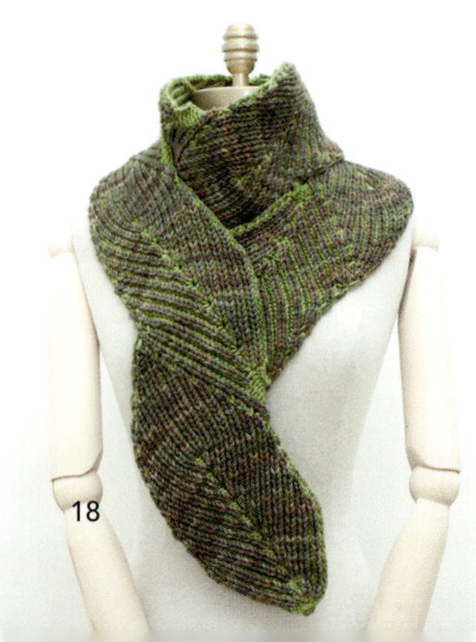

Bay Leaf

Ein elegantes langes Blattmotiv steht bei diesem Modell im Mittelpunkt. Zunächst stricken Sie über fünf Maschen einen Stiel. Daraus entsteht das erste Blatt, daran schließt sich ein zweites an, gleichzeitig beginnen die Abnahmen für die Blattspitze. Der abgebildete Schal besteht aus sieben Blättern.

FERTIGE MASSE
Breite: 13 cm, Länge: 170 cm

GARN
Malabrigo Rios,
100 % Wolle, LL 192 m/100 g,
Farben: HF = 1037 (Lettuce), DF = 859 (Primavera), pro Farbe 1 Strang

Der abgebildete Schal wiegt 175 g.

NADELN
Rundstricknadel 4 mm (Länge 40 cm) oder Nadelspiel

ZUBEHÖR
Zopfmusternadel (Zn), Maschenmarkierer

MASCHENPROBE
1 Blatt (in der Mitte gemessen) = 25 M (12 cm) x 18 R (10 cm)

HINWEISE
Bitte lesen Sie die Erläuterungen im Anhang (S. 94–99).

Setzen Sie die Markierer wie angegeben. So können Sie die Blätter leichter auseinanderhalten und deren Aufbau besser verstehen.

Die meisten meiner Schalmodelle haben zusätzliche Randmaschen. Bei diesem Schal werden die Ränder von Patentmaschen gebildet; die meisten DF-Reihen beginnen und enden also mit 1 M mit U abh. Achten Sie darauf, den dunklen Umschlag beim Abstricken der rechten oder linken Patentmasche in der folgenden Reihe mit zu erfassen.

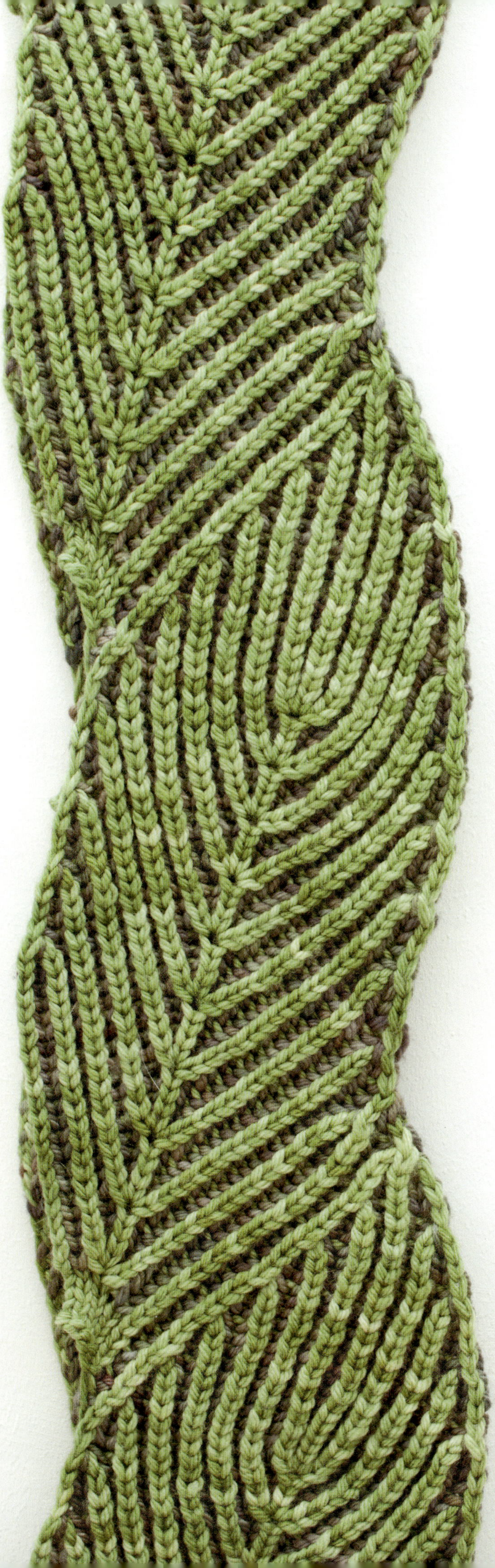

SCHAL

5 M aufschlingen.

ANFANG BLATTMOTIV
Siehe auch DIAGRAMM BAY LEAF (ANFANG)
5 R in HF wie folgt glatt re str:
R 1, 3 und 5: Alle M li.
R 2 und 4: Alle M re.

R 1 HS-HF: 1 M re, 1 M mit U abh, reUreUre, 1 M mit U abh, 1 M re. Nicht wenden, M zurückschieben.
R 1 HS-DF: 1 M mit U abh, 1 Pm li, 2x [1 M mit U abh, 1 M li], 1 M mit U abh, 1 Pm li, 1 M mit U abh. Wenden.

R 2 DS-HF und ALLE DS-HF-R: *1 Pm li, 1 M mit U abh; ab * bis zur letzten M wdh, 1 Pm li. Nicht wenden, M zurückschieben.
R 2 DS-DF und ALLE DS-DF-R: *1 M mit U abh, 1 Pm re; ab * bis zur letzten M wdh, 1 M mit U abh. Wenden.

R 3 HS-HF: *1 Pm re, 1 M mit U abh; ab * bis zur letzten M wdh, 1 Pm re. Nicht wenden, M zurückschieben.
R 3 HS-DF: *1 M mit U abh, 1 Pm li; ab * bis zur letzten M wdh, 1 M mit U abh.

R 5 HS-HF: 2x [1 Pm re, 1 M mit U abh], 4 Pm zun, 2x [1 M mit U abh, 1 Pm re]. Nicht wenden, M zurückschieben.
R 5 HS-DF: 2x [1 M mit U abh, 1 Pm li], 2x [1 M mit U abh, 1 M li], 2x [1 M mit U abh, 1 Pm li], 1 M mit U abh. Wenden.

R 7 HS-HF/HS-DF: wie **R 3 HS-HF/HS-DF.**

R 9 HS-HF: 3x [1 Pm re, 1 M mit U abh], 4 Pm zun, 3x [1 M mit U abh, 1 Pm re]. Nicht wenden, M zurückschieben.
R 9 HS-DF: 3x [1 M mit U abh, 1 Pm li], 2x [1 M mit U abh, 1 M li], 3x [1 M mit U abh, 1 Pm li], 1 M mit U abh. Wenden.

R 11 HS-HF/HS-DF: wie **R 3 HS-HF/HS-DF.**

R 13 HS-HF: 4x [1 Pm re, 1 M mit U abh], 4 Pm zun, 4x [1 M mit U abh, 1 Pm re]. Nicht wenden, M zurückschieben.
R 13 HS-DF: 4x [1 M mit U abh, 1 Pm li], 2x [1 M mit U abh, 1 M li], 4x [1 M mit U abh, 1 Pm li], 1 M mit U abh. Wenden.

R 15 HS-HF/HS-DF: wie **R 3 HS-HF/HS-DF.**

R 17 HS-HF: 5x [1 Pm re, 1 M mit U abh], 4 Pm zun, 5x [1 M mit U abh, 1 Pm re]. Nicht wenden, M zurückschieben.
R 17 HS-DF: 5x [1 M mit U abh, 1 Pm li], 2x [1 M mit U abh, 1 M li], 5x [1 M mit U abh, 1 Pm li], 1 M mit U abh. Wenden.

R 19 HS-HF/HS-DF: wie **R 3 HS-HF/HS-DF.**

R 21 HS-HF: 6x [1 Pm re, 1 M mit U abh], 4 Pm zun, 6x [1 M mit U abh, 1 Pm re]. Nicht wenden, M zurückschieben.
R 21 HS-DF: 6x [1 M mit U abh, 1 Pm li], 2x [1 M mit U abh, 1 M li], 6x [1 M mit U abh, 1 Pm li], 1 M mit U abh. Wenden.

R 23 HS-HF: Pm nach li abn, 1 M mit U abh, 11x [1 Pm re, 1 M mit U abh], Pm nach re abn. Nicht wenden, M zurückschieben.
R 23 HS-DF: *1 M mit U abh, 1 Pm li; ab * bis zur letzten M wdh, 1 M mit U abh. Wenden.

R 25 HS-HF/HS-DF: wie **R 21 HS-HF/HS-DF.**

R 27 HS-HF/HS-DF: wie **R 23 HS-HF/HS-DF.**

R 29 HS-HF/HS-DF: wie **R 21 HS-HF/HS-DF.**

R 31 HS-HF/HS-DF: wie **R 23 HS-HF/HS-DF.**

R 33 HS-HF/HS-DF: wie **R 21 HS-HF/HS-DF.**

Nach **R 34 DS-DF** sind 29 M auf der Nadel.
Nun mit dem zweiten Blatt beginnen.

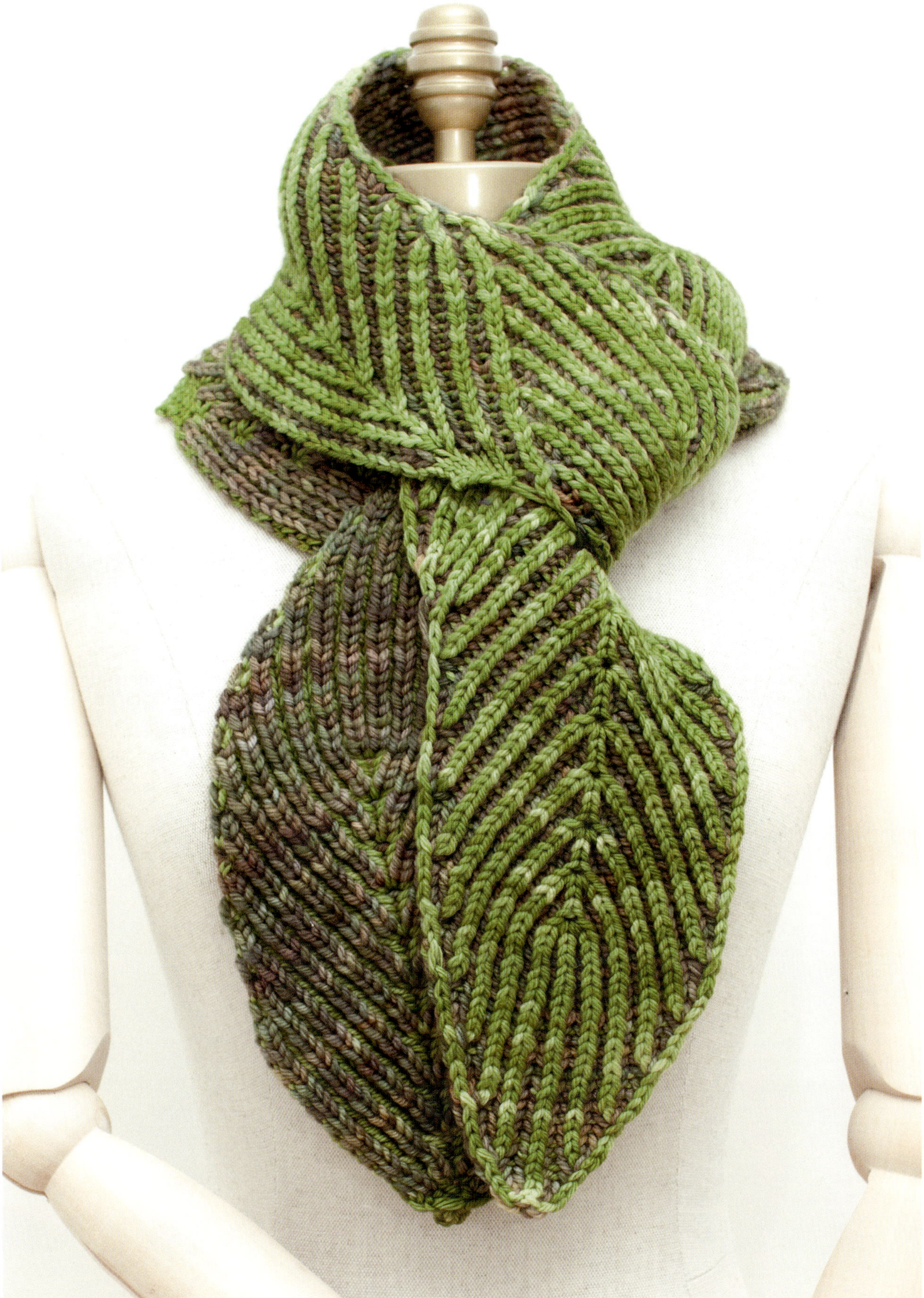

MITTLERE BLATTMOTIVE, Rapport beginnt hier.
Siehe auch DIAGRAMM BAY LEAF (MITTE)

R 35 HS-HF: Pm nach li abn, 1 M mit U abh, 11x [1 Pm re, 1 M mit U abh], Pm nach re abn, 6M aufschlingen. Nicht wenden, M zurückschieben.
R 35 HS-DF: 12x [1 M mit U abh, 1 Pm li] , 1 M mit U abh, 1 M li, DF nach vorn, 5 M abh. Wenden.

R 36 DS-HF: 5 M li, MM setz, *1 M mit U abh, 1 Pm li; ab * wdh. Nicht wenden, M zurückschieben.
R 36 DS-DF: 5 M abh, MM abh, DF aufnehmen, *1 Pm re, 1 M mit U abh; ab * wdh. Wenden.

R 37 HS-HF: 6x [1 Pm re, 1 M mit U abh], 4 Pm zun, 1 M mit U abh, 6x [1 Pm re, 1 M mit U abh], MM abh, 5 M re. Nicht wenden, M zurückschieben.
R 37 HS-DF: 6x [1 M mit U abh, 1 Pm li], 2x [1 M mit U abh, 1 M li], 7x [1 M mit U abh, 1 Pm li], DF nach vorn, MM abh, 5 M abh. Wenden.

R 38 DS-HF/DS-DF: wie **R 36 DS-HF/DS-DF.**

R 39 HS-HF: Pm nach li abn, 1 M mit U abh, 11x [1 Pm re, 1 M mit U abh], Pm nach re abn, 1 M mit U abh, MM abh, 5 M re. Nicht wenden, M zurückschieben.
R 39 HS-DF: 13x [1 M mit U abh, 1 Pm li], DF nach vorn, MM abh, 5 M abh. Wenden.

R 40 DS-HF/DS-DF: wie **R 36 DS-HF/DS-DF.**

R 41 HS-HF: 13x [1 Pm re, 1 M mit U abh], MM abh, 1 M re, 1 M mit U abh, reUreUre, 1 M mit U abh, 1 M re. Nicht wenden, M zurückschieben.
R 41 HS-DF: 13x [1 M mit U abh, 1 Pm li], MM abh, 1 M mit U abh, 1 Pm li, 2x [1 M mit U abh, 1 M li], 1 M mit U abh, 1 Pm li, 1 M mit U abh. Wenden.

R 42 DS-HF: *1 Pm li, 1 M mit U abh; ab * bis zur letzten M wdh, dabei MM ggf. abh, 1 Pm li. Nicht wenden, M zurückschieben.
R 42 DS-DF: *1 M mit U abh, 1 Pm re; ab * bis zur letzten M wdh, dabei MM ggf. abh, 1 M mit U abh. Wenden.

R 43 HS-HF: Pm nach li abn, 1 M mit U abh, 9x [1 Pm re, 1 M mit U abh], Pm nach re abn, 1 M mit U abh, MM abh, 4x [1 Pm re, 1 M mit U abh], 1 Pm re. Nicht wenden, M zurückschieben.
R 43 HS-DF: *1 M mit U abh, 1 Pm li; ab * bis zur letzten M wdh, dabei MM ggf. abh, 1 M mit U abh. Wenden.

R 44 DS-HF/DS-DF: wie **R 42 DS-HF/ DS-DF.**

R 45 HS-HF: 11x [1 Pm re, 1 M mit U abh], MM abh, 2x [1 Pm re, 1 M mit U abh], 4 Pm zun, 2x [1 M mit U abh, 1 Pm re]. Nicht wenden, M zurückschieben.
R 45 HS-DF: 11x [1 M mit U abh, 1 Pm li], MM abh, 2x [1 M mit U abh, 1 Pm li], 2x [1 M mit U abh, 1 M li], 2x [1 M mit U abh, 1 Pm li], 1 M mit U abh. Wenden.

R 46 DS-HF/DS-DF: wie **R 42 DS-HF/DS-DF.**

R 47 HS-HF: Pm nach li abn, 1 M mit U abh, 7x [1 Pm re, 1 M mit U abh], Pm nach re abn, 1 M mit U abh, MM abh, 6x [1 Pm re, 1 M mit U abh], 1 Pm re. Nicht wenden, M zurückschieben.
R 47 HS-DF: *1 M mit U abh, 1 Pm li; ab * bis zur letzten M wdh, dabei MM ggf. abh, 1 M mit U abh. Wenden.

R 48 DS-HF/DS-DF: wie **R 42 DS-HF/DS-DF.**

R 49 HS-HF: 9x [1 Pm re, 1 M mit U abh], MM abh, 3x [1 Pm re, 1 M mit U abh], 4 Pm zun, 3x [1 M mit U abh, 1 Pm re]. Nicht wenden, M zurückschieben.
R 49 HS-DF: 9x [1 M mit U abh, 1 Pm li], MM abh, 3x [1 M mit U abh, 1 Pm li], 2x [1 M mit U abh, 1 M li], 3x [1 M mit U abh, 1 Pm li], 1 M mit U abh. Wenden.

R 50 DS-HF/DS-DF: wie **R 42 DS-HF/DS-DF.**

R 51 HS-HF: Pm nach li abn, 1 M mit U abh, 5x [1 Pm re, 1 M mit U abh], Pm nach re abn, 1 M mit U abh, MM abh, 8x [1 Pm re, 1 M mit U abh], 1 Pm re. Nicht wenden, M zurückschieben.
R 51 HS-DF: *1 M mit U abh, 1 Pm li; ab * bis zur letzten M wdh, dabei MM ggf. abh, 1 M mit U abh. Wenden.

R 52 DS-HF/DS-DF: wie **R 42 DS-HF/DS-DF.**

R 53 HS-HF: 7x [1 Pm re, 1 M mit U abh], MM abh, 4x [1 Pm re, 1 M mit U abh], 4 Pm zun, 4x [1 M mit U abh, 1 Pm re]. Nicht wenden, M zurückschieben.
R 53 HS-DF: 7x [1 M mit U abh, 1 Pm li], MM abh, 4x [1 M mit U abh, 1 Pm li], 2x [1 M mit U abh, 1 M li], 4x [1 M mit U abh, 1 Pm li], 1 M mit U abh. Wenden.

R 54 DS-HF/DS-DF: wie **R 42 DS-HF/DS-DF.**

R 55 HS-HF: Pm nach li abn, 1 M mit U abh, 3x [1 Pm re, 1 M mit U abh], Pm nach re abn, 1 M mit U abh, MM abh, 10x [1 Pm re, 1 M mit U abh], 1 Pm re. Nicht wenden, M zurückschieben.
R 55 HS-DF: *1 M mit U abh, 1 Pm li; ab * bis zur letzten M wdh, dabei MM ggf. abh, 1 M mit U abh. Wenden.

R 56 DS-HF/DS-DF: wie **R 42 DS-HF/DS-DF.**
R 57 HS-HF: 5x [1 Pm re, 1 M mit U abh], MM abh, 5x [1 Pm re, 1 M mit U abh], 4 Pm zun, 5x [1 M mit U abh, 1 Pm re]. Nicht wenden, M zurückschieben.
R 57 HS-DF: 5x [1 M mit U abh, 1 Pm li], MM abh, 5x [1 M mit U abh, 1 Pm li], 2x [1 M mit U abh, 1 M li], 5x[1 M mit U abh, 1 Pm li], 1 M mit U abh. Wenden.
R 58 DS-HF/DS-DF: wie **R 42 DS-HF/DS-DF.**

R 59 HS-HF: Pm nach li abn, 1 M mit U abh, 1 Pm re, 1 M mit U abh, Pm nach re abn, 1 M mit U abh, MM abh, 12x [1 Pm re, 1 M mit U abh], 1 Pm re. Nicht wenden, M zurückschieben.
R 59 HS-DF: *1 M mit U abh, 1 Pm li; ab * bis zur letzten M wdh, dabei MM ggf. abh, 1 M mit U abh. Wenden.

R 60 DS-HF/DS-DF: wie **R 42 DS-HF/DS-DF.**

R 61 HS-HF: 3x [1 Pm re, 1 M mit U abh], MM abh, 6x [1 Pm re, 1 M mit U abh], 4 Pm zun, 6x [1 M mit U abh, 1 Pm re]. Nicht wenden, M zurückschieben.
R 61 HS-DF: 3x [1 M mit U abh, 1 Pm li], MM abh, 6x [1 M mit U abh, 1 Pm li], 2x [1 M mit U abh, 1 M li], 6x [1 M mit U abh, 1 Pm li], 1 M mit U abh. Wenden.

R 62 DS-HF/DS-DF: wie **R 42 DS-HF/DS-DF.**

R 63 HS-HF: 4 Pm abn, 1 M mit U abh, MM abh, Pm nach li abn, 1 M mit U abh, 11x [1 Pm re, 1 M mit U abh], Pm nach re abn. Nicht wenden, M zurückschieben.
R 63 HS-DF: *1 M mit U abh, 1 Pm li; ab * bis zur letzten M wdh, dabei MM ggf. abh, 1 M mit U abh. Wenden.

R 64 DS-HF: wie **R 42 DS-HF.**
R 64 DS-DF: *1 M mit U abh, 1 Pm re; ab * wdh bis 3 M vor R-Ende, 1 M mit U abh, MM entf, SSK (Pm). Wenden.

R 65 HS-HF: 2 Pm zus, 1 M mit U abh, 5x [1 Pm re, 1 M mit U abh], 4 Pm zun, 6x [1 M mit U abh, 1 Pm re]. Nicht wenden, M zurückschieben.
R 65 HS-DF: 6x [1 M mit U abh, 1 Pm li], 2x [1 M mit U abh, 1 M li], 6x [1 M mit U abh, 1 Pm li], 1 M mit U abh. Wenden.

R 66 DS-HF/DS-DF: wie **R 42 DS-HF/DS-DF.**

R 67 HS-HF: Pm nach li abn, 1 M mit U abh, 11x [1 Pm re, 1 M mit U abh], Pm nach re abn. Nicht wenden, M zurückschieben.
R 67 HS-DF: *1 M mit U abh, 1 Pm li; ab * bis zur letzten M wdh, 1 M mit U abh. Wenden.

R 68 DS-HF/DS-DF: wie **R 42 DS-HF/DS-DF.**

R 69 HS-HF: 6x [1 Pm re, 1 M mit U abh], 4 Pm zun, 6x [1 M mit U abh, 1 Pm re]. Nicht wenden, M zurückschieben.
R 69 HS-DF: 6x [1 M mit U abh, 1 Pm li], 2x [1 M mit U abh, 1 M li], 6x [1 M mit U abh, 1 Pm li], 1 M mit U abh. Wenden.

R 70 DS-HF/DS-DF: wie **R 42 DS-HF/DS-DF.**

R 71 HS-HF/HS-DF: wie **R 67 HS-HF/HS-DF.**

R 72 DS-HF/DS-DF: wie **R 42 DS-HF/DS-DF.**

R 73 HS-HF HS-DF: wie **R 69 HS-HF HS-DF.**

R 74 DS-HF DS-DF: wie **R 42 DS-HF DS-DF.**

Ab **R 35 HS-HF** bis zur gewünschten Länge wdh.
Nach **R 74 DS-DF** mit ENDE BLATTMOTIV abschließen.
Der abgebildete Schal besteht aus sieben Blattmotiven.

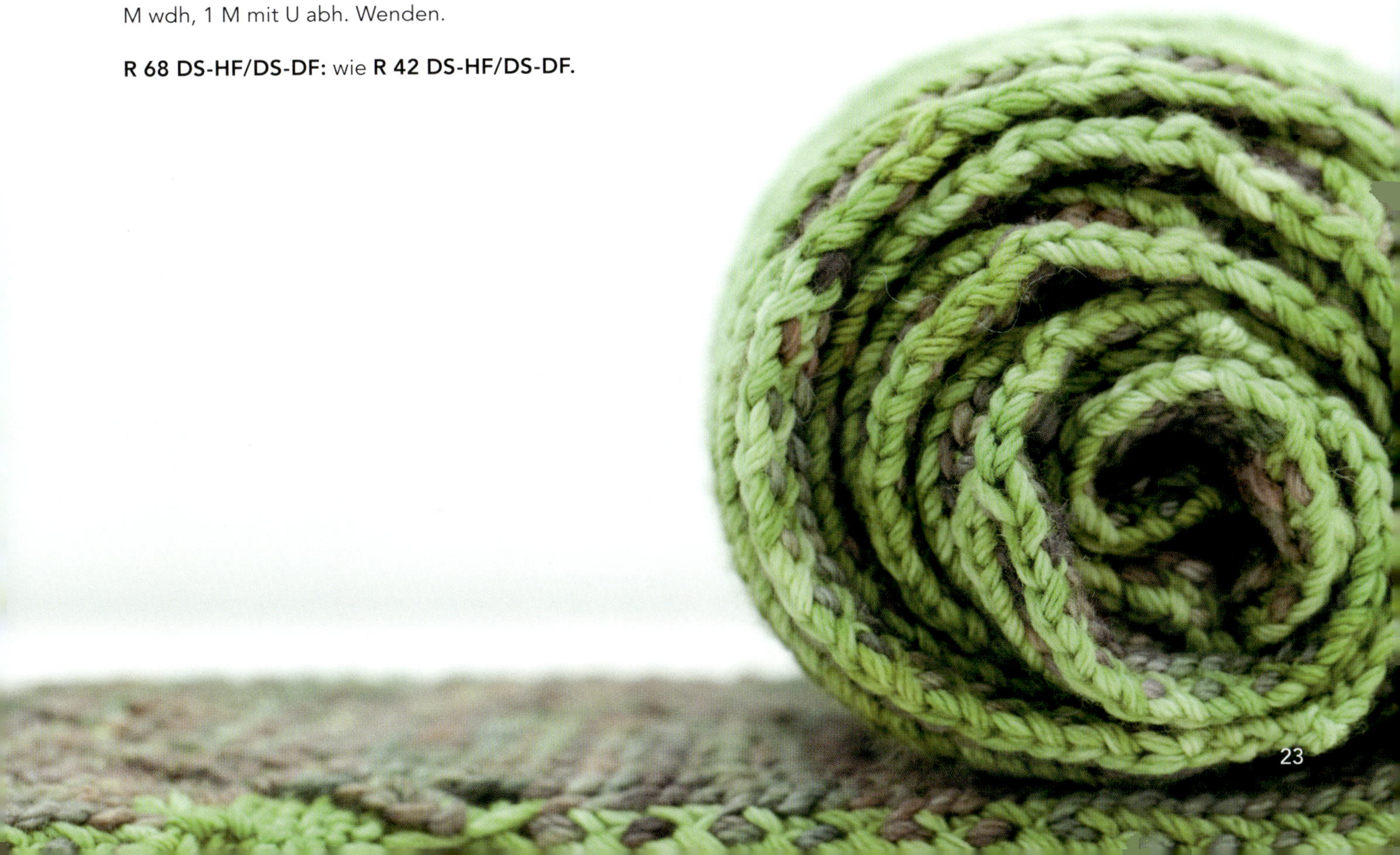

ENDE BLATTMOTIV
Siehe auch DIAGRAMM BAY LEAF (ENDE)

R 75 HS-HF: Pm nach li abn, 1 M mit U abh, 11x [1 Pm re, 1 M mit U abh], Pm nach re abn. Nicht wenden, M zurückschieben.
R 75 HS-DF: *1 M mit U abh, 1 Pm li; ab * bis zur letzten M wdh, 1 M mit U abh. Wenden.

R 76 DS-HF und ALLE DS-HF-R: *1 Pm li, 1 M mit U abh; ab * bis zur letzten M wdh, 1 Pm li. Nicht wenden, M zurückschieben.
R 76 DS-DF und ALLE DS-DF-R: *1 M mit U abh, 1 Pm re; ab * bis zur letzten M wdh, 1 M mit U abh. Wenden.

R 77 HS-HF: 6x [1 Pm re, 1 M mit U abh], 4 Pm zun, 6x [1 M mit U abh, 1 Pm re]. Nicht wenden, M zurückschieben.
R 77 HS-DF: 6x [1 M mit U abh, 1 Pm li], 2x [1 M mit U abh, 1 M li], 6x [1 M mit U abh, 1 Pm li], 1 M mit U abh. Wenden.

R 79 HS-HF/HS-DF: wie **R 75 HS-HF/HS-DF.**

R 81 HS-HF: *1 Pm re, 1 M mit U abh; ab * bis zur letzten M wdh, 1 Pm re. Nicht wenden, M zurückschieben.
R 81 HS-DF: *1 M mit U abh, 1 Pm li; ab * bis zur letzten M wdh, 1 M mit U abh. Wenden.

R 83 HS-HF: Pm nach li abn, 1 M mit U abh, 9x [1 Pm re, 1 M mit U abh], Pm nach re abn. Nicht wenden, M zurückschieben.
R 83 HS-DF: wie **R 81 HS-DF.**

R 85 HS-HF: wie **R 81 HS-HF.**
R 85 HS-DF: wie **R 81 HS-DF.**

R 87 HS-HF: Pm nach li abn, 1 M mit U abh, 7x [1 Pm re, 1 M mit U abh], Pm nach re abn. Nicht wenden, M zurückschieben.
R 87 HS-DF: wie **R 81 HS-DF.**

R 89 HS-HF/HS-DF: wie **R 81 HS-HF/HS-DF.**

R 91 HS-HF: Pm nach li abn, 1 M mit U abh, 5x [1 Pm re, 1 M mit U abh], Pm nach re abn. Nicht wenden, M zurückschieben.
R 91 HS-DF: wie **R 81 HS-DF.**

R 93 HS-HF/HS-DF: wie **R 81 HS-HF/HS-DF.**

R 95 HS-HF: Pm nach li abn, 1 M mit U abh, 3x [1 Pm re, 1 M mit U abh], Pm nach re abn. Nicht wenden, M zurückschieben.
R 95 HS-DF: wie **R 81 HS-DF.**

R 97 HS-HF/HS-DF: wie **R 81 HS-HF/HS-DF.**

R 99 HS-HF: Pm nach li abn, 1 M mit U abh, 1 Pm re, 1 M mit U abh, Pm nach re abn. Nicht wenden, M zurückschieben.
R 99 HS-DF: wie **R 81 HS-DF.**

R 101 HS-HF/HS-DF: wie **R 81 HS-HF/HS-DF.**

R 103 HS-HF: 4 Pm abn.

Die Fadenenden vernähen und das Strickstück nach Belieben spannen. Der Schal wurde leicht gedämpft und gespannt.

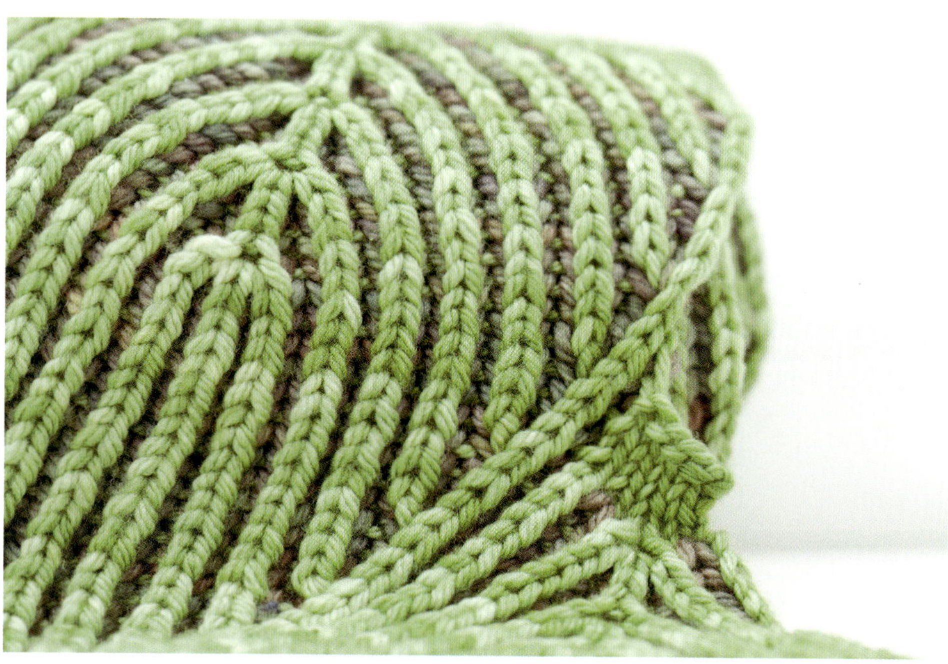

DIAGRAMM BAY LEAF (ANFANG) Spezialsymbole

= 1 M aufschlingen

= reUreUre

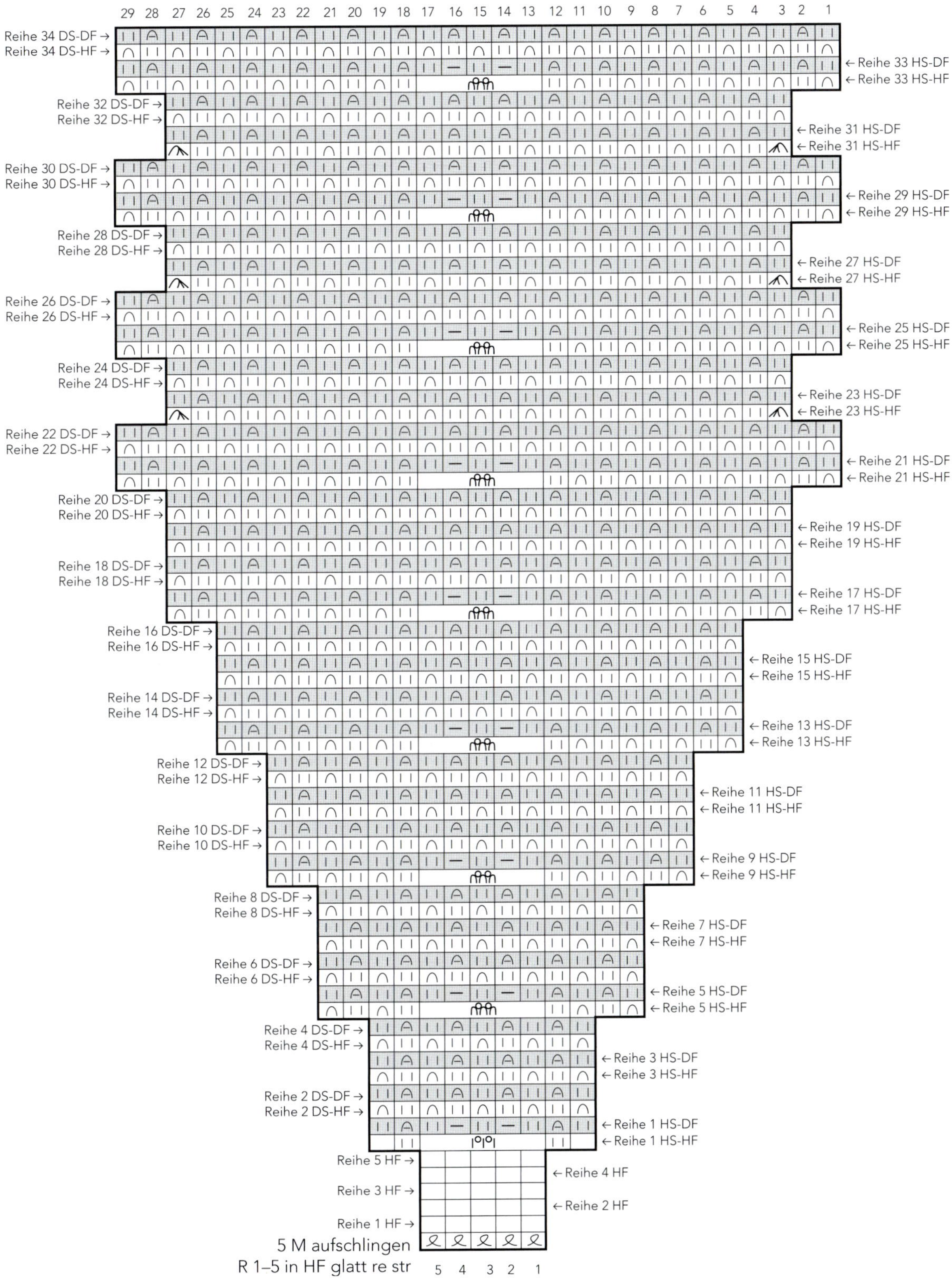

DIAGRAMM BAY LEAF (ANFANG)

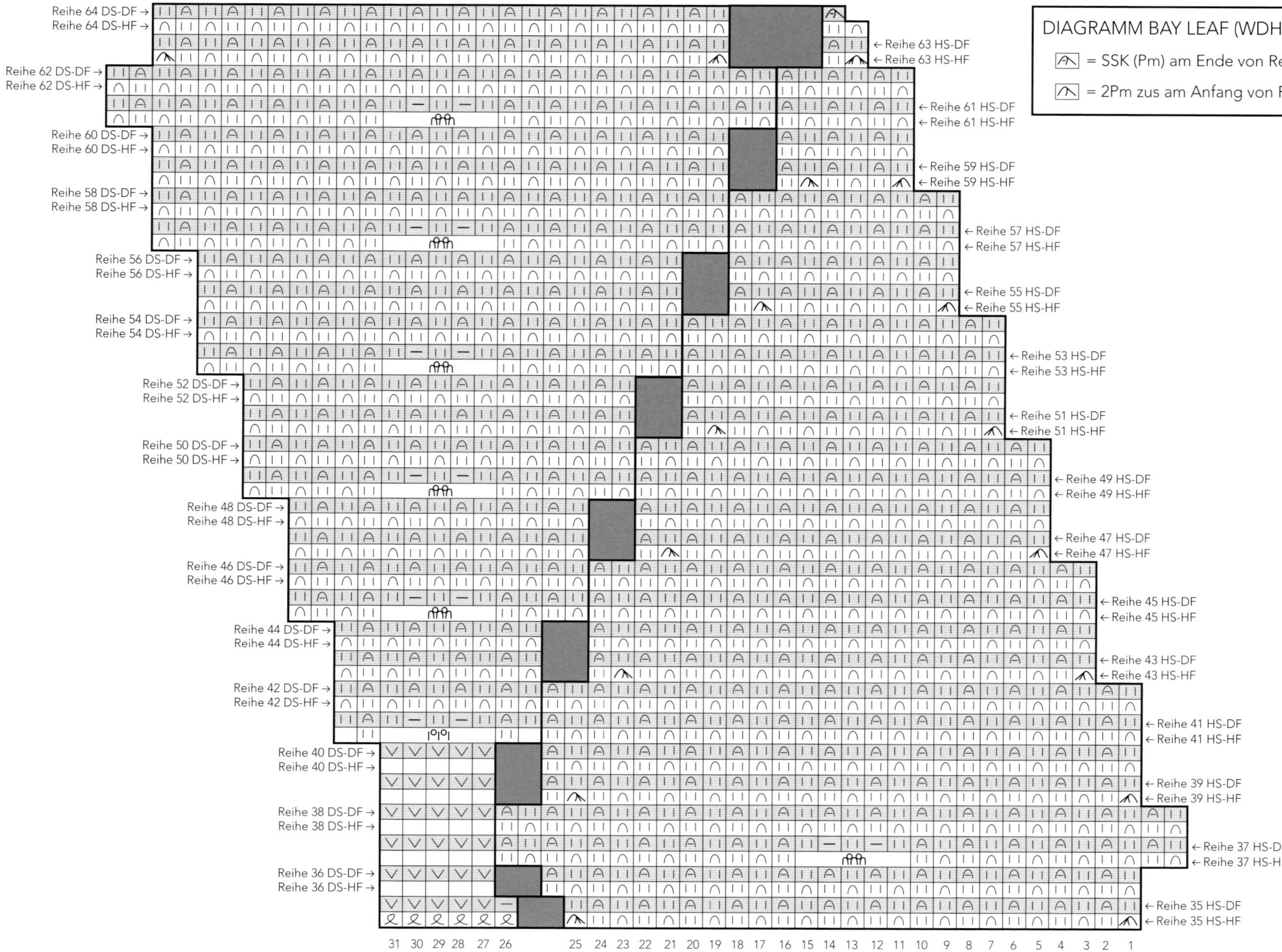

DIAGRAMM BAY LEAF (MITTE)

DIAGRAMM BAY LEAF (WDH) Spezialsymbole

- [symbol] = SSK (Pm) am Ende von Reihe 64 DS-DF
- [symbol] = 2Pm zus am Anfang von Reihe 65 HS-HF

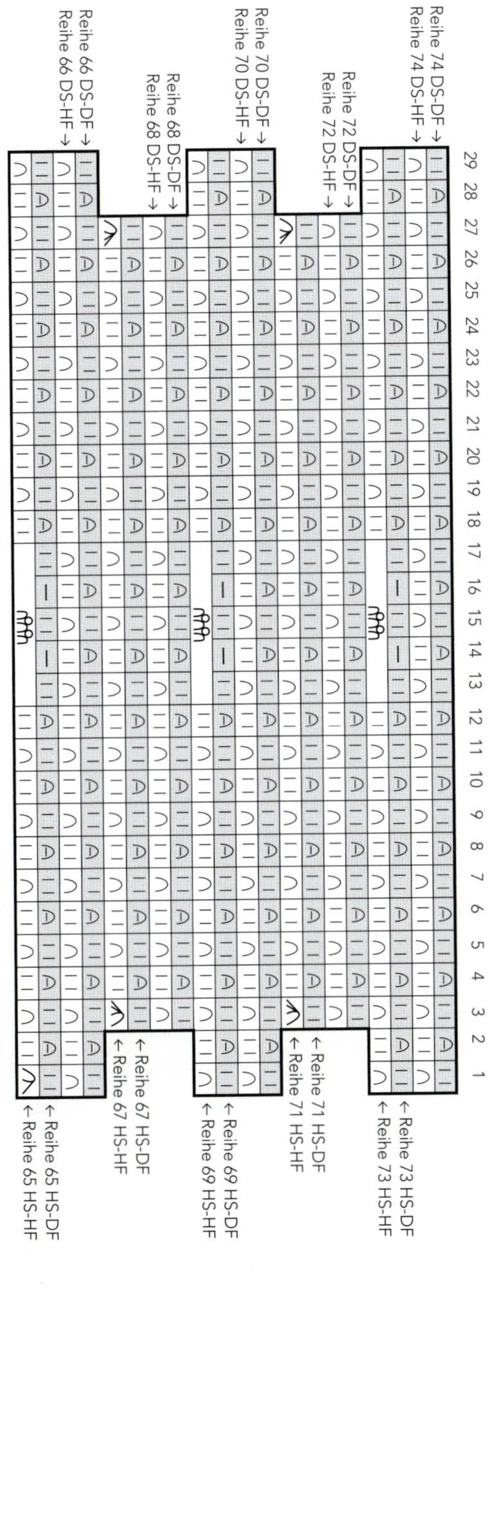

Reihe 66 DS-DF →
Reihe 66 DS-HF →
Reihe 68 DS-DF →
Reihe 68 DS-HF →
Reihe 70 DS-DF →
Reihe 70 DS-HF →
Reihe 72 DS-DF →
Reihe 72 DS-HF →
Reihe 74 DS-DF →
Reihe 74 DS-HF →
← Reihe 65 HS-DF
← Reihe 65 HS-HF
← Reihe 67 HS-DF
← Reihe 67 HS-HF
← Reihe 69 HS-DF
← Reihe 69 HS-HF
← Reihe 71 HS-DF
← Reihe 71 HS-HF
← Reihe 73 HS-DF
← Reihe 73 HS-HF

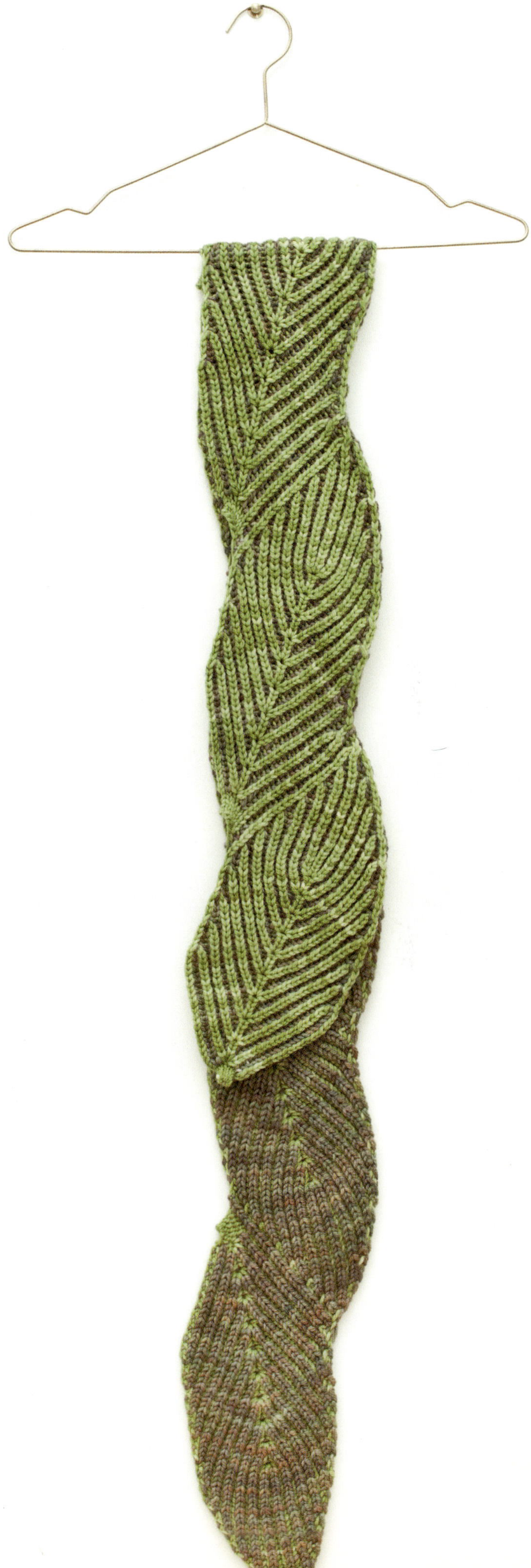

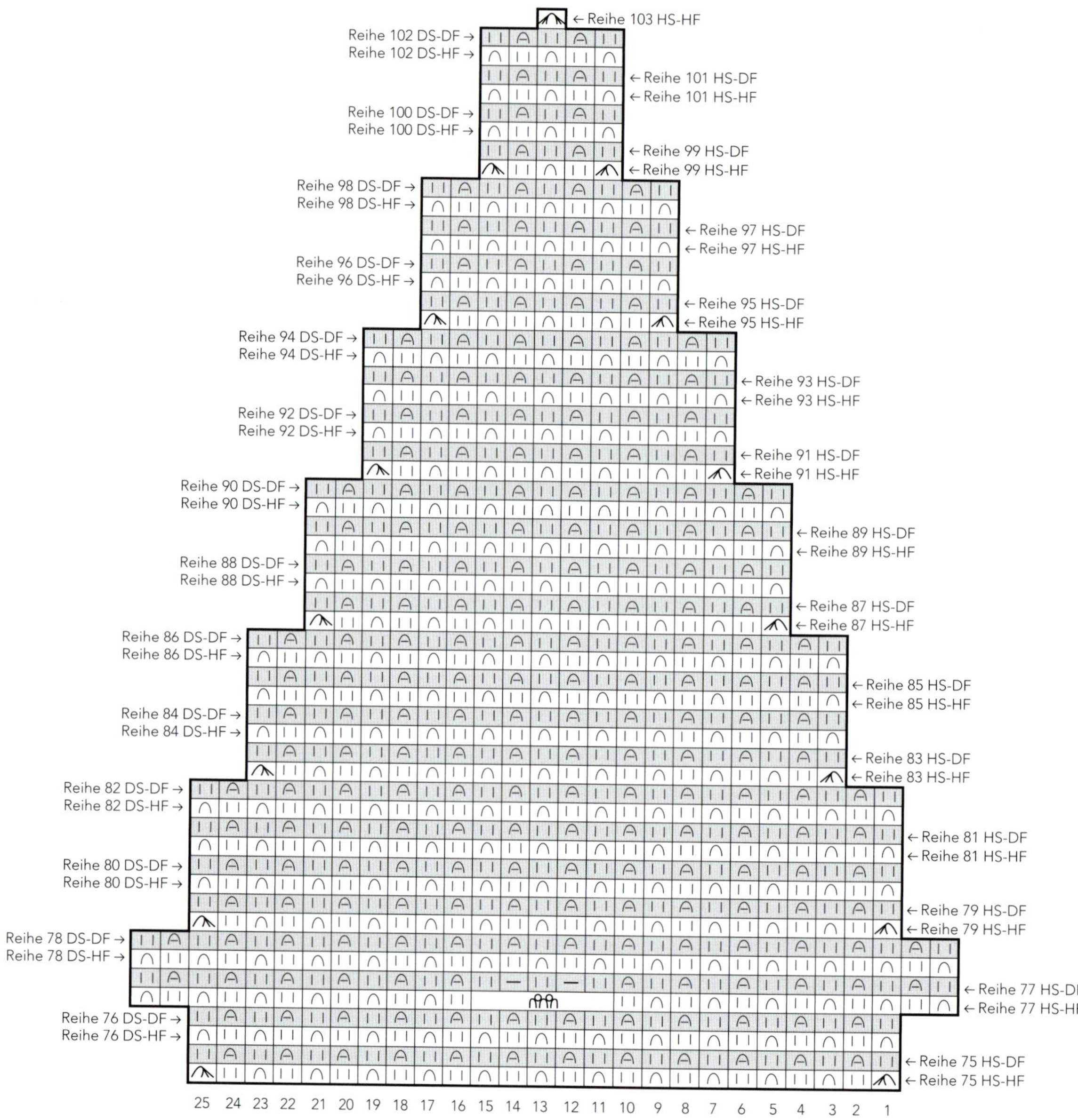

DIAGRAMM BAY LEAF (ENDE)

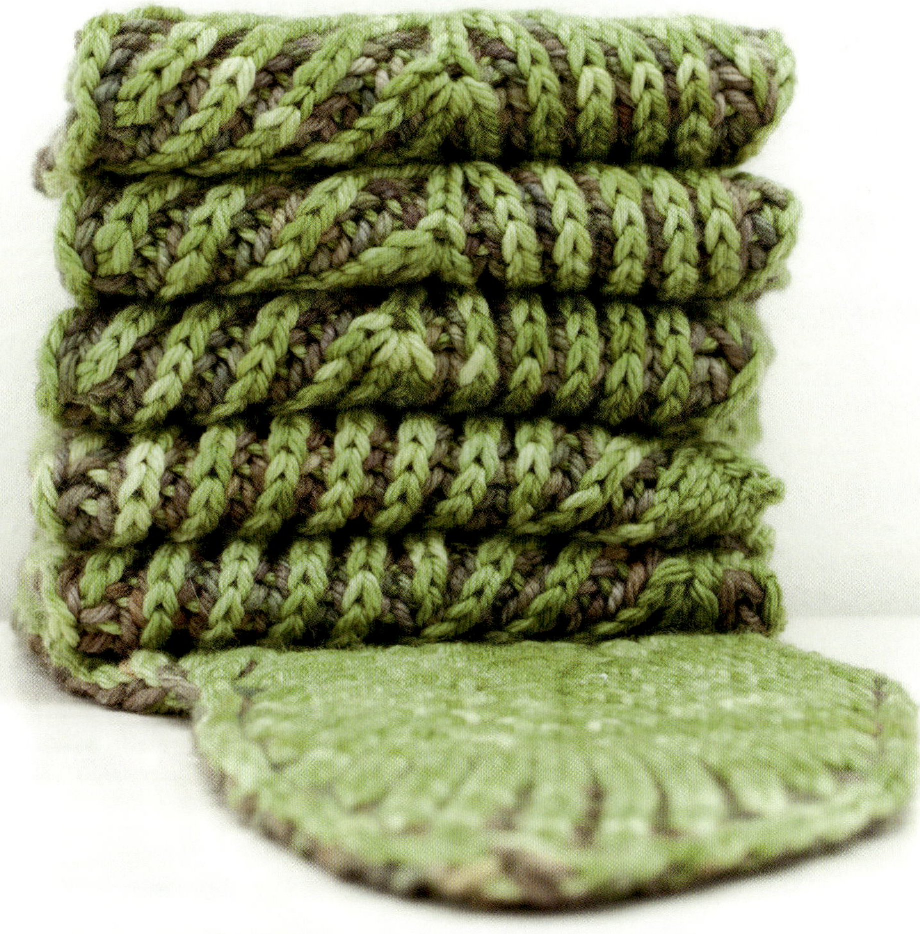

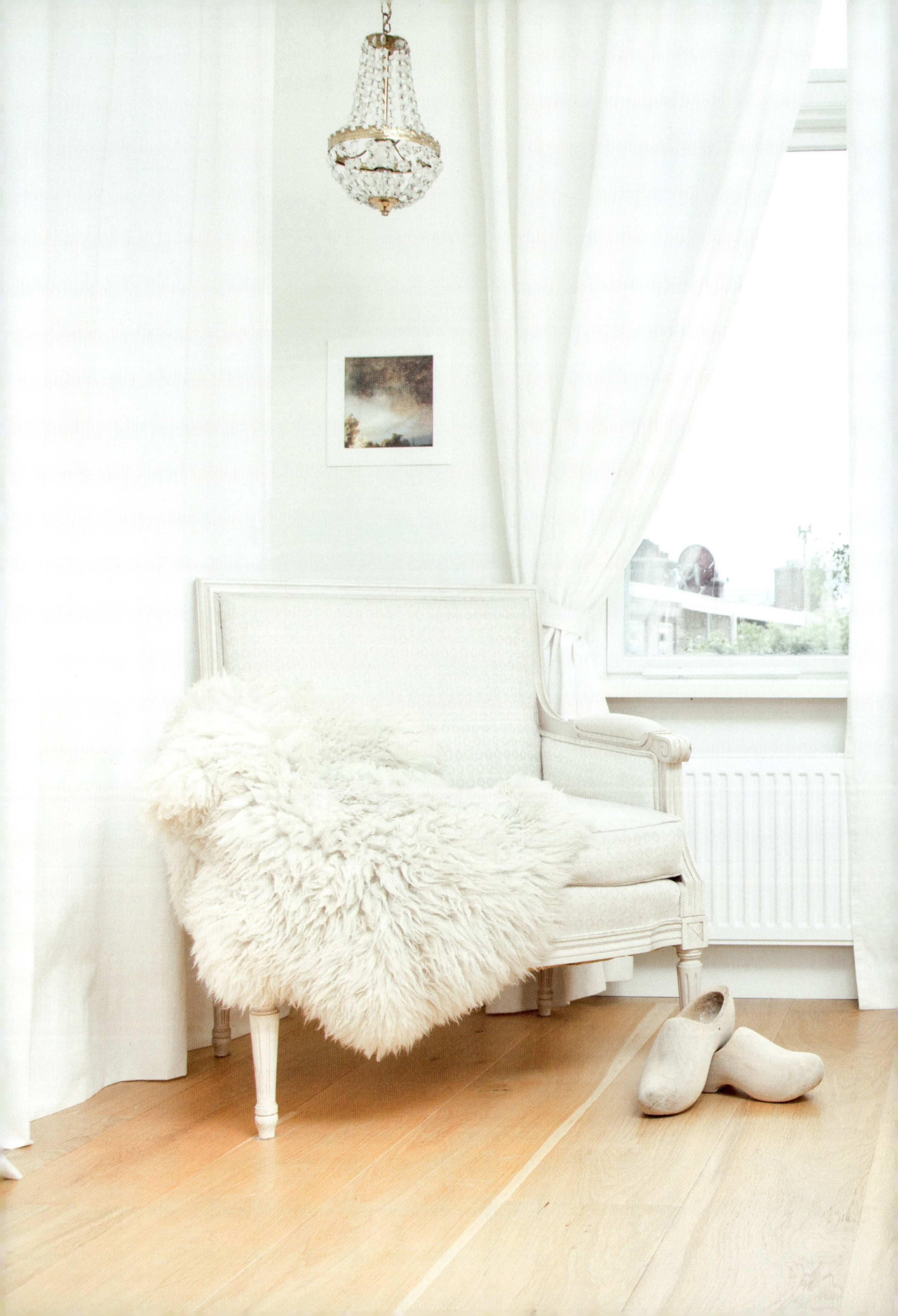

Woodland

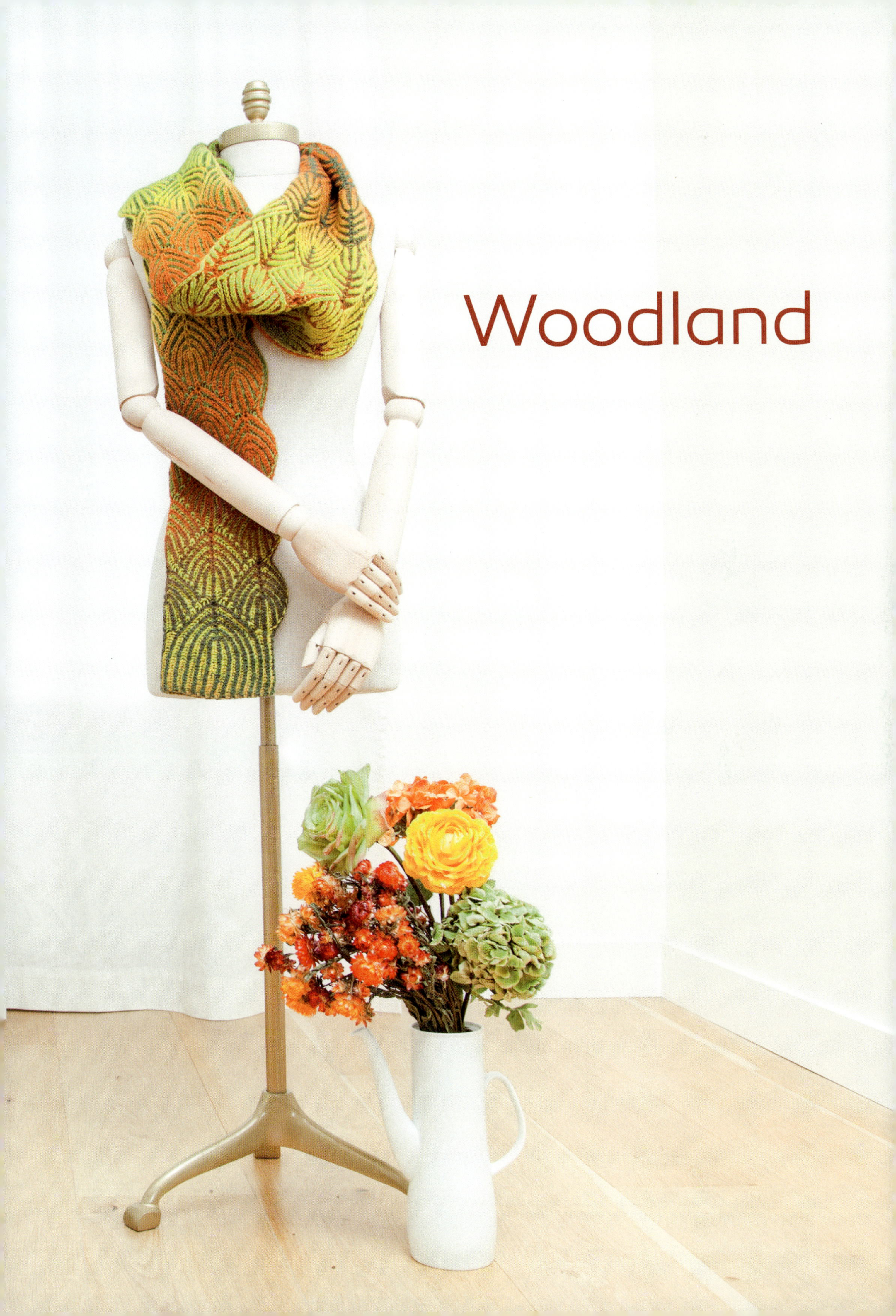

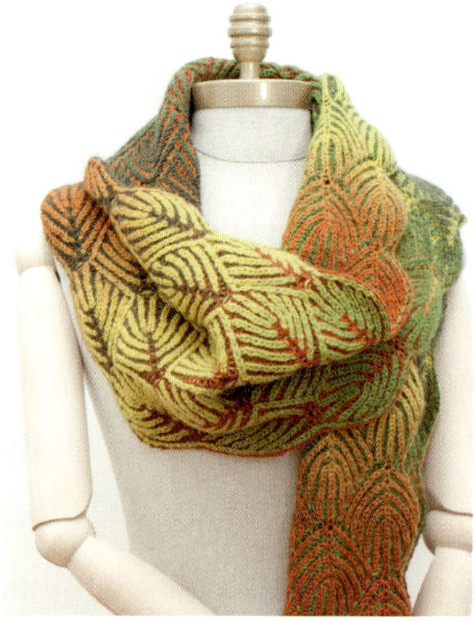

Woodland

Farbverlaufgarne kommen im zweifarbigen Reliefpatent sehr gut zur Geltung. Ich nehme gern zwei Stränge der gleichen Farbtöne, beginne aber an jeweils unterschiedlichen Stellen des Farbverlaufs. Die Herbstfarben in diesem Modell bilden beim Stricken daher immer wieder neue Kombinationen.

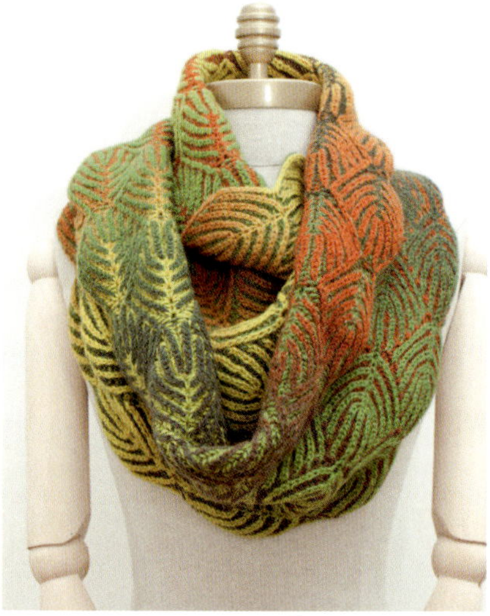

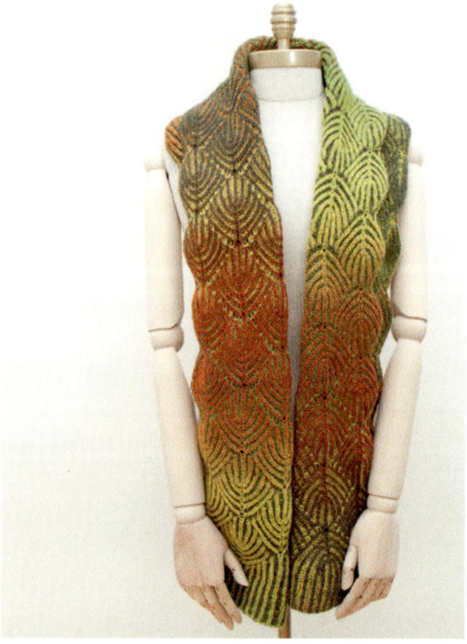

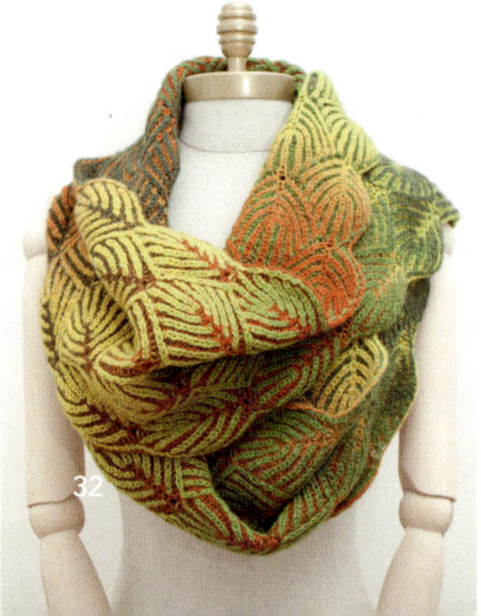

FERTIGE MASSE

Breite: 28 cm, Länge: 170 cm

Garn

Kauni Wolle 8/2 Effektgarn,
100 % Wolle, LL 400 m/100 g,
Farbe: EV (HF und DF), 2 Knäuel

Der abgebildete Schal wiegt 225 g.

NADELN

Rundstricknadel 3 mm (Länge 40 cm) oder Nadelspiel

ZUBEHÖR

Zopfmusternadel (Zn), Maschenmarkierer

MASCHENPROBE

1 Musterrapport: 24 M (11 cm) und 20 R (8,5 cm)

HINWEISE

Bitte lesen Sie vorab die Erläuterungen im Anhang (S. 94–99).

Die Maschenanzahl muss durch 24 + 5 teilbar sein.

Ich empfehle, zwischen den Musterrapporten Maschenmarkierer auf die Nadel zu setzen.

Die Zunahmen erfolgen bei diesem Modell in den HS-HF-Reihen, die Abnahmen in den DS-DF-Reihen. Die Maschenanzahl ändert sich daher nach diesen Reihen.

Wenn Sie für beide Farben das gleiche Farbverlaufsgarn verwenden, fangen Sie mit unterschiedlichen Stellen im Farbverlauf an. Um den Überblick zu behalten, setzen Sie einen Markierer auf die HS der Arbeit und hängen Sie einen Markierer an das HF-Garn direkt am Knäuel. Wegen der Farbverläufe ist die HF hier manchmal dunkler als die DF und umgekehrt.

Dieser Schal beginnt am unteren Rand mit einem Stück einfachem zweifarbigem Reliefpatent und endet am oberen Rand auf dieselbe Weise.

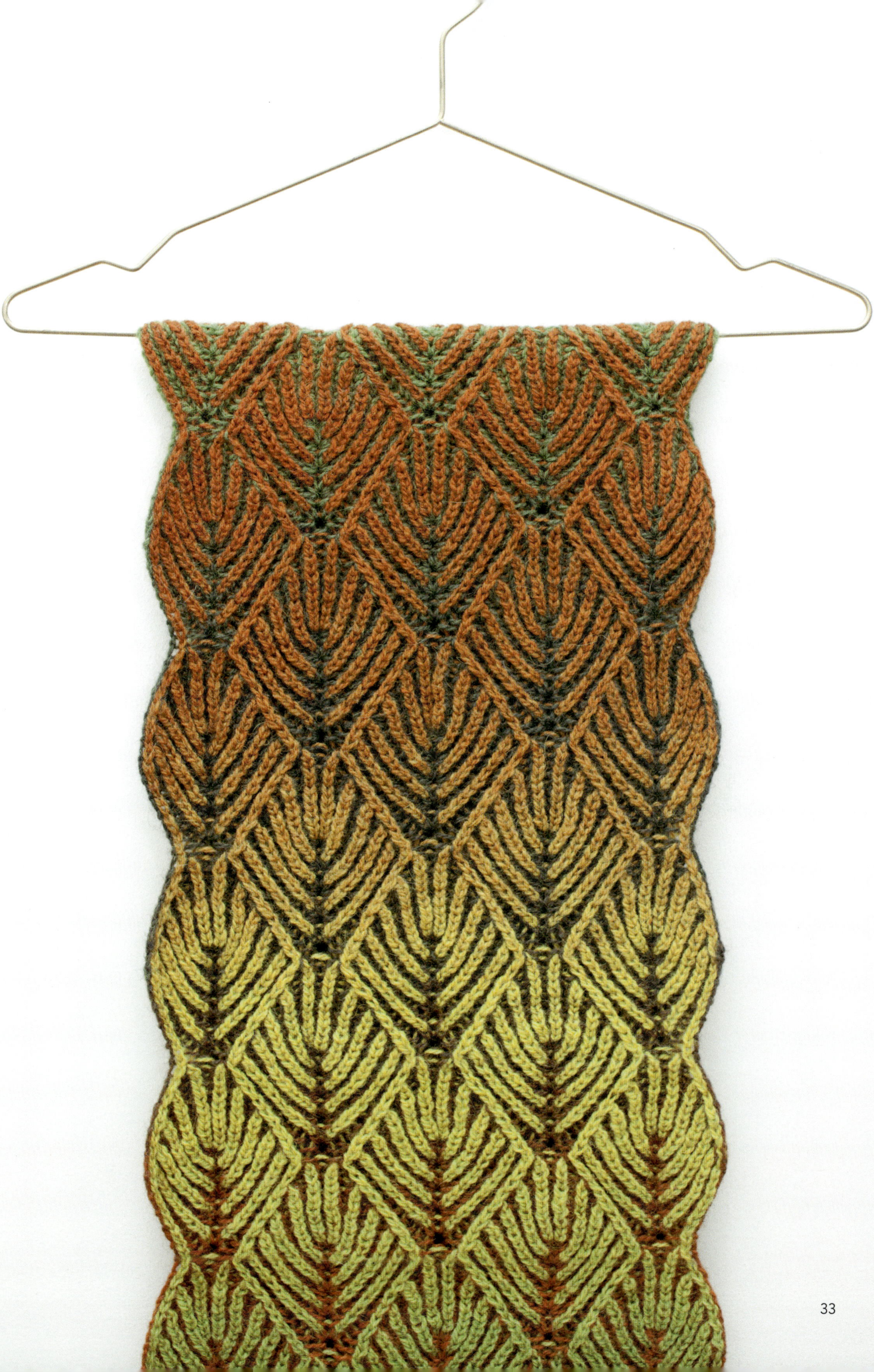

SCHAL

53 M zweifarbig im italienischen Anschlag, 1. und letzte M HF re.

Grund-R DS-HF: 1 M li, *1 M mit U abh, 1 M li; ab * wdh. Nicht wenden, M ans Ende der Nadel schieben.
Grund-R DS-DF: 1 M abh, *1 Pm re, 1 M mit U abh; ab * wdh bis 2 M vor R-Ende, 1 Pm re, DF nach hinten, 1 M abh. Wenden.

R 1 HS-HF: 1 M re, *1 M mit U abh, 1 Pm re; ab * wdh bis 2 M vor R-Ende, 1 M mit U abh, 1 M re. Nicht wenden, M zurückschieben.
R 1 HS-DF: 1 M abh, *1 Pm li, 1 M mit U abh; ab * wdh bis 2 M vor R-Ende, 1 Pm li, DF nach vorn, 1 M abh. Wenden.

R 2 DS-HF: 1 M li, *1 M mit U abh, 1 Pm li; ab * wdh bis 2 M vor R-Ende, 1 M mit U abh, 1 M li. Nicht wenden, M zurückschieben.
R 2 DS-DF: 1 M abh, *1 Pm re, 1 M mit U abh; ab * wdh bis 2 M vor R-Ende, 1 Pm re, DF nach hinten, 1 M abh. Wenden.

Ab **R 1 HS-HF** noch 8x wdh.

Siehe auch DIAGRAMM WOODLAND
R 1 HS-HF: 1 M re, 1 M mit U abh, *6x [1 Pm re, 1 M mit U abh], 4 Pm zun, 1 M mit U abh, 5x [1 Pm re, 1 M mit U abh]; ab * wdh bis 3 M vor R-Ende, 1 Pm re, 1 M mit U abh, 1 M re. Nicht wenden, M zurückschieben.
R 1 HS-DF: 1 M abh, 1 Pm li, *6x [1 M mit U abh, 1 Pm li], 2x [1 M mit U abh, 1 M li], 6x [1 M mit U abh, 1 Pm li]; ab * wdh bis 3 M vor R-Ende, 1 M mit U abh, 1 Pm li, 1 M abh. Wenden.

R 2 DS-HF: 1 M li, *1 M mit U abh, 1 Pm li; ab * wdh bis 2 M vor R-Ende, 1 M mit U abh, 1 M li. Nicht wenden, M zurückschieben.
R 2 DS-DF: 1 M abh, 1 Pm re, 1 M mit U abh, *4x [1 Pm re, 1 M mit U abh], Pm nach re abn, 1 M mit U abh, 2x [1 Pm re, 1 M mit U abh], Pm nach li abn, 1 M mit U abh, 4x [1 Pm re, 1 M mit U abh]; ab * wdh bis 2 M vor R-Ende, 1 Pm re, 1 M abh. Wenden.

R 3 HS-HF/HS-DF: wie **R 1 HS-HF/HS-DF.**

R 4 DS-HF: wie **R 2 DS-HF.**
R 4 DS-DF: 1 M abh, 1 Pm re, 1 M mit U abh, *3x [1 Pm re, 1 M mit U abh], Pm nach re abn, 1 M mit U abh, 4x [1 Pm re, 1 M mit U abh], Pm nach li abn, 1 M mit U abh, 3x [1 Pm re, 1 M mit U abh]; ab * wdh bis 2 M vor R-Ende, 1 Pm re, 1 M abh. Wenden.

R 5 HS-HF/HS-DF: wie **R 1 HS-HF/HS-DF.**

R 6 DS-HF: wie **R 2 DS-HF.**
R 6 DS-DF: 1 M abh, 1 Pm re, 1 M mit U abh, *2x [1 Pm re, 1 M mit U abh], Pm nach re abn, 1 M mit U abh, 6x [1 Pm re, 1 M mit U abh], Pm nach li abn, 1 M mit U abh, 2x [1 Pm re, 1 M mit U abh]; ab * wdh bis 2 M vor R-Ende, 1 Pm re, 1 M abh. Wenden.

R 7 HS-HF/HS-DF: wie **R 1 HS-HF/HS-DF.**

R 8 DS-HF: wie **R 2 DS-HF.**
R 8 DS-DF: 1 M abh, 1 Pm re, 1 M mit U abh, *1 Pm re, 1 M mit U abh, Pm nach re abn, 1 M mit U abh, 8x [1 Pm re, 1 M mit U abh], Pm nach li abn, 1 M mit U abh, 1 Pm re, 1 M mit U abh; ab * wdh bis 2 M vor R-Ende, 1 Pm re, 1 M abh. Wenden.

R 9 HS-HF/HS-DF: wie **R 1 HS-HF/HS-DF**

R 10 DS-HF: wie **R 2 DS-HF.**
R 10 DS-DF: 1 M abh, 1 Pm re, 1 M mit U abh, *Pm nach re abn, 1 M mit U abh, 10x [1 Pm re, 1 M mit U abh], Pm nach li abn, 1 M mit U abh; ab * wdh bis 2 M vor R-Ende, 1 Pm re, 1 M abh. Wenden.

------- MUSTERRAPPORT BEGINNT HIER -------

R 11 HS-HF: 1 M re, 1 M mit U abh, *4 Pm zun, 1 M mit U abh, 11x [1 Pm re, 1 M mit U abh]; ab * wdh bis 3 M vor R-Ende, 4 Pm zun, 1 M mit U abh, 1 M re. Nicht wenden, M zurückschieben.
R 11 HS-DF: 1 M abh, 1 Pm li, *2x [1 M mit U abh, 1 M li], 12x [1 M mit U abh, 1 Pm li]; ab * wdh bis 7 M vor R-Ende, 2x [1 M mit U abh, 1 M li], 1 M mit U abh, 1 Pm li, 1 M abh. Wenden.

R 12 DS-HF: wie **R 2 DS-HF.**
R 12 DS-DF: 1 M abh, 3x [1 Pm re, 1 M mit U abh], *Pm nach li abn, 1 M mit U abh, 8x [1 Pm re, 1 M mit U abh], Pm nach re abn, 1 M mit U abh, 2x [1 Pm re, 1 M mit U abh]; ab * wdh bis 2 M vor R-Ende, 1 Pm re, 1 M abh. Wenden.

R 13 HS-HF: 1 M re, 1 M mit U abh, 1 Pm re, 1 M mit U abh, *4 Pm zun, 1 M mit U abh, 11x [1 Pm re, 1 M mit U abh]; ab * wdh bis 5 M vor R-Ende, 4 Pm zun, 1 M mit U abh, 1 Pm re, 1 M mit U abh, 1 M re. Nicht wenden, M zurückschieben.
R 13 HS-DF: 1 M abh, 1 Pm li, 1 M mit U abh, 1 Pm li, *2x [1 M mit U abh, 1 M li], 12x [1 M mit U abh, 1 Pm li]; ab * wdh bis 9 M vor R-Ende, 2x [1 M mit U abh, 1 M li], 2x [1 M mit U abh, 1 Pm li], 1 M abh. Wenden.

R 14 DS-HF: wie **R 2 DS-HF.**
R 14 DS-DF: 1 M abh, 4x [1 Pm re, 1 M mit U abh], *1 Pm re, 1 M mit U abh, Pm nach li abn, 1 M mit U abh, 6x [1 Pm re, 1 M mit U abh], Pm nach re abn, 1 M mit U abh, 3x [1 Pm re, 1 M mit U abh]; ab * wdh bis 4 M vor R-Ende, 1 Pm re, 1 M mit U abh, 1 Pm re, 1 M abh. Wenden.

R 15 HS-HF: 1 M re, 1 M mit U abh, 2x [1 Pm re, 1 M mit U abh], *4 Pm zun, 1 M mit U abh, 11x [1 Pm re, 1 M mit U abh]; ab * wdh bis 7 M vor R-Ende, 4 Pm zun, 1 M mit U abh, 2x [1 Pm re, 1 M mit U abh], 1 M re. Nicht wenden, M zurückschieben.
R 15 HS-DF: 1 M abh, 1 Pm li, 2x [1 M mit U abh, 1 Pm li], *2x [1 M mit U abh, 1 M li], 12x [1 M mit U abh, 1 Pm li]; ab * wdh bis 11 M vor R-Ende, 2x [1 M mit U abh, 1 M li], 3x [1 M mit U abh, 1 Pm li], 1 M abh. Wenden.

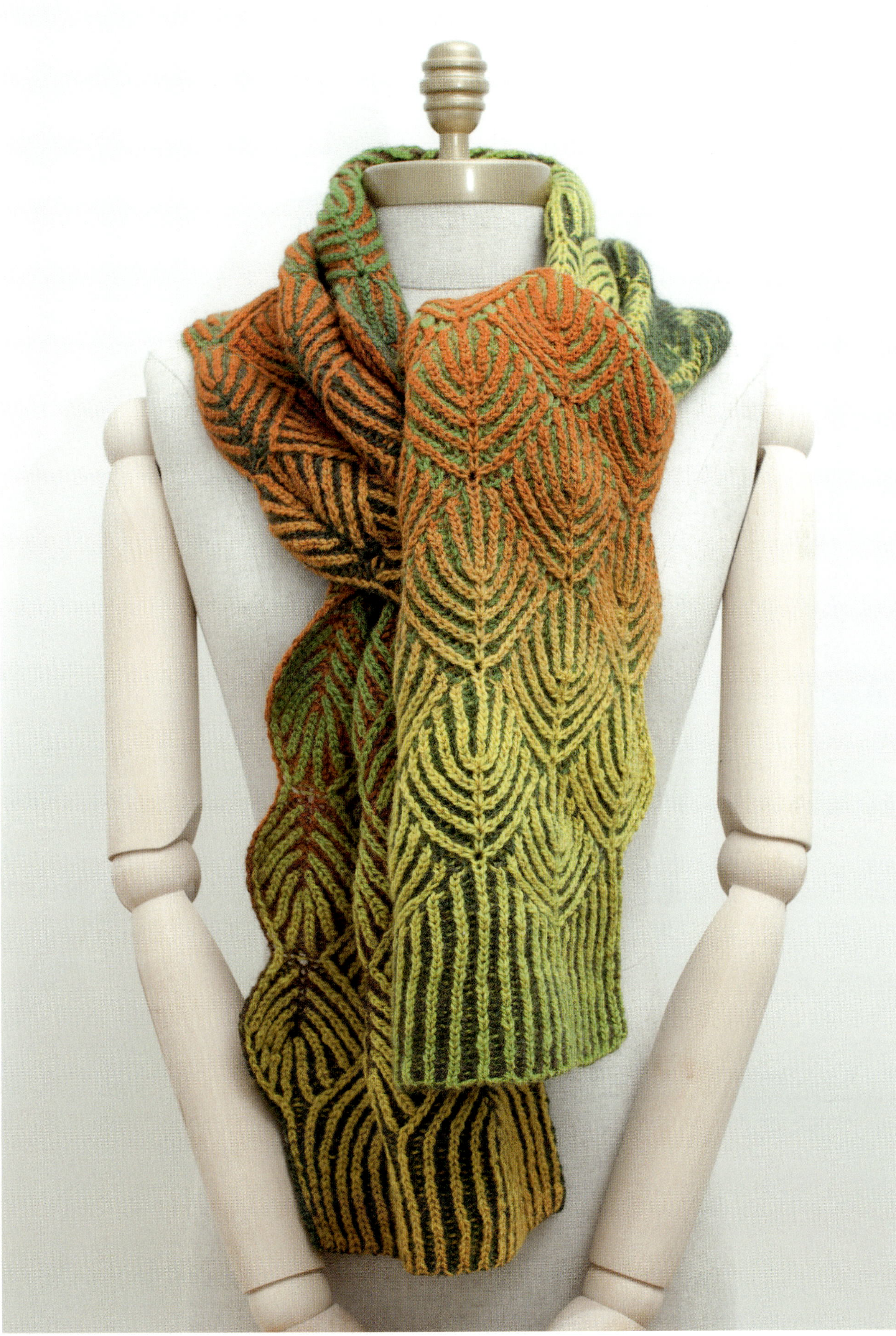

R 16 DS-HF: wie **R 2 DS-HF.**
R 16 DS-DF: 1 M abh, 5x [1 Pm re, 1 M mit U abh], *2x [1 Pm re, 1 M mit U abh], Pm nach li abn, 1 M mit U abh, 4x [1 Pm re, 1 M mit U abh], Pm nach re abn, 1 M mit U abh, 4x [1 Pm re, 1 M mit U abh]; ab * wdh bis 6 M vor R-Ende, 2x [1 Pm re, 1 M mit U abh], 1 Pm re, 1 M abh. Wenden.

R 17 HS-HF: 1 M re, 1 M mit U abh, 3x [1 Pm re, 1 M mit U abh], *4 Pm zun, 1 M mit U abh, 11x [1 Pm re, 1 M mit U abh]; ab * wdh bis 9 M vor R-Ende, 4 Pm zun, 1 M mit U abh, 3x [1 Pm re, 1 M mit U abh], 1 M re. Nicht wenden, M zurückschieben.
R 17 HS-DF: 1 M abh, 1 Pm li, 3x [1 M mit U abh, 1 Pm li], *2x [1 M mit U abh, 1 M li], 12x [1 M mit U abh, 1 Pm li]; ab * wdh bis 13 M vor R-Ende, 2x [1 M mit U abh, 1 M li], 4x [1 M mit U abh, 1 Pm li], 1 M abh. Wenden.

R 18 DS-HF: wie **R 2 DS-HF.**
R 18 DS-DF: 1 M abh, 6x [1 Pm re, 1 M mit U abh], *3x [1 Pm re, 1 M mit U abh], Pm nach li abn, 1 M mit U abh, 2x [1 Pm re, 1 M mit U abh], Pm nach re abn, 1 M mit U abh, 5x [1 Pm re, 1 M mit U abh]; ab * wdh bis 8 M vor R-Ende, 3x [1 Pm re, 1 M mit U abh], 1 Pm re, 1 M abh. Wenden.

R 19 HS-HF: 1 M re, 1 M mit U abh, 4x [1 Pm re, 1 M mit U abh], *4 Pm zun, 1 M mit U abh, 11x [1 Pm re, 1 M mit U abh]; ab * wdh bis 11 M vor R-Ende, 4 Pm zun, 1 M mit U abh, 4x [1 Pm re, 1 M mit U abh], 1 M re. Nicht wenden, M zurückschieben.
R 19 HS-DF: 1 M abh, 1 Pm li, 4x [1 M mit U abh, 1 Pm li], *2x [1 M mit U abh, 1 M li], 12x [1 M mit U abh, 1 Pm li]; ab * wdh bis 15 M vor R-Ende, 2x [1 M mit U abh, 1 M li], 5x [1 M mit U abh, 1 Pm li], 1 M abh. Wenden.

R 20 DS-HF: wie **R 2 DS-HF.**
R 20 DS-DF: 1 M abh, 7x [1 Pm re, 1 M mit U abh], *4x [1 Pm re, 1 M mit U abh], Pm nach li abn, 1 M mit U abh, Pm nach re abn, 1 M mit U abh, 6x [1 Pm re, 1 M mit U abh]; ab * wdh bis 10 M vor R-Ende, 4x [1 Pm re, 1 M mit U abh], 1 Pm re, 1 M abh. Wenden.

R 21 HS-HF: 1 M re, 1 M mit U abh, 5x [1 Pm re, 1 M mit U abh], *6x [1 Pm re, 1 M mit U abh], 4 Pm zun, 1 M mit U abh, 5x [1 Pm re, 1 M mit U abh]; ab * wdh bis 13 M vor R-Ende, 6x [1 Pm re, 1 M mit U abh], 1 M re. Nicht wenden, M zurückschieben.
R 21 HS-DF: 1 M abh, 1 Pm li, 5x [1 M mit U abh, 1 Pm li], *6x [1 M mit U abh, 1 Pm li], 2x [1 M mit U abh, 1 M li], 6x [1 M mit U abh, 1 Pm li]; ab * wdh bis 13 M vor R-Ende, 6x [1 M mit U abh, 1 Pm li], 1 M abh. Wenden.

R 22 DS-HF: wie **R 2 DS-HF.**
R 22 DS-DF: 1 M abh, Pm nach li abn, 1 M mit U abh, 4x [1 Pm re, 1 M mit U abh], *4x [1 Pm re, 1 M mit U abh], Pm nach re abn, 1 M mit U abh, 2x [1 Pm re, 1 M mit U abh], Pm nach li abn, 1 M mit U abh, 4x [1 Pm re, 1 M mit U abh]; ab * wdh bis 12 M vor R-Ende, 4x [1 Pm re, 1 M mit U abh], Pm nach re abn, 1 M abh. Wenden.

R 23 HS-HF: 1 M re, 1 M mit U abh, 4x [1 Pm re, 1 M mit U abh], *6x [1 Pm re, 1 M mit U abh], 4 Pm zun, 1 M mit U abh, 5x [1 Pm re, 1 M mit U abh]; ab * wdh bis 11 M vor R-Ende, 5x [1 Pm re, 1 M mit U abh], 1 M re. Nicht wenden, M zurückschieben.
R 23 HS-DF: 1 M abh, 1 Pm li, 4x [1 M mit U abh, 1 Pm li], *6x [1 M mit U abh, 1 Pm li], 2x [1 M mit U abh, 1 M li], 6x [1 M mit U abh, 1 Pm li]; ab * wdh bis 11 M vor R-Ende, 5x [1 M mit U abh, 1 Pm li], 1 M abh. Wenden.

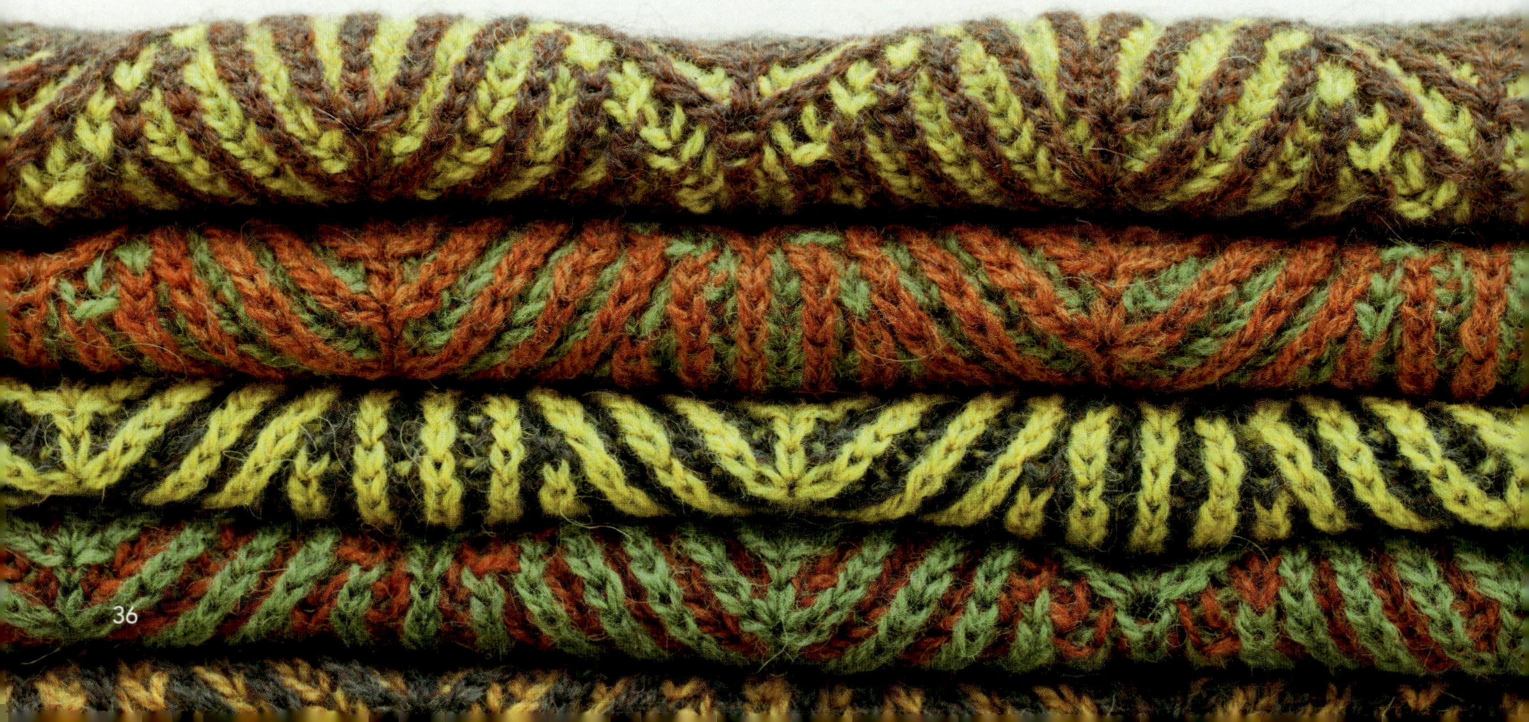

R 24 DS-HF: wie **R 2 DS-HF.**
R 24 DS-DF: 1 M abh, Pm nach li abn, 1 M mit U abh, 3x [1 Pm re, 1 M mit U abh], *3x [1 Pm re, 1 M mit U abh], Pm nach re abn, 1 M mit U abh, 4x [1 Pm re, 1 M mit U abh], Pm nach li abn, 1 M mit U abh, 3x [1 Pm re, 1 M mit U abh]; ab * wdh bis 10 M vor R-Ende, 3x [1 Pm re, 1 M mit U abh], Pm nach re abn, 1 M abh. Wenden.

R 25 HS-HF: 1 M re, 1 M mit U abh, 3x [1 Pm re, 1 M mit U abh], *6x [1 Pm re, 1 M mit U abh], 4 Pm zun, 1 M mit U abh, 5x [1 Pm re, 1 M mit U abh]; ab * wdh bis 9 M vor R-Ende, 4x [1 Pm re, 1 M mit U abh], 1 M re. Nicht wenden, M zurückschieben.
R 25 HS-DF: 1 M abh, 1 Pm li, 3x [1 M mit U abh, 1 Pm li], *6x [1 M mit U abh, 1 Pm li], 2x [1 M mit U abh, 1 M li], 6x [1 M mit U abh, 1 Pm li]; ab * wdh bis 9 M vor R-Ende, 4x [1 M mit U abh, 1 Pm li], 1 M abh. Wenden.

R 26 DS-HF: wie **R 2 DS-HF.**
R 26 DS-DF: 1 M abh, Pm nach li abn, 1 M mit U abh, 2x [1 Pm re, 1 M mit U abh], *2x [1 Pm re, 1 M mit U abh], Pm nach re abn, 1 M mit U abh, 6x [1 Pm re, 1 M mit U abh], Pm nach li abn, 1 M mit U abh, 2x [1 Pm re, 1 M mit U abh]; ab * wdh bis 8 M vor R-Ende, 2x [1 Pm re, 1 M mit U abh], Pm nach re abn, 1 M abh. Wenden.

R 27 HS-HF: 1 M re, 1 M mit U abh, 2x [1 Pm re, 1 M mit U abh], *6x [1 Pm re, 1 M mit U abh], 4 Pm zun, 1 M mit U abh, 5x [1 Pm re, 1 M mit U abh]; ab * wdh bis 7 M vor R-Ende, 3x [1 Pm re, 1 M mit U abh], 1 M re. Nicht wenden, M zurückschieben.
R 27 HS-DF: 1 M abh, 1 Pm li, 2x [1 M mit U abh, 1 Pm li], *6x [1 M mit U abh, 1 Pm li], 2x [1 M mit U abh, 1 M li], 6x [1 M mit U abh, 1 Pm li]; ab * wdh bis 7 M vor R-Ende, 3x [1 M mit U abh, 1 Pm li], 1 M abh. Wenden.

R 28 DS-HF: wie **R 2 DS-HF.**
R 28 DS-DF: 1 M abh, Pm nach li abn, 1 M mit U abh, 1 Pm re, 1 M mit U abh, *1 Pm re, 1 M mit U abh, Pm nach re abn, 1 M mit U abh, 8x [1 Pm re, 1 M mit U abh], Pm nach li abn, 1 M mit U abh, 1 Pm re, 1 M mit U abh; ab * wdh bis 6 M vor R-Ende, 1 Pm re, 1 M mit U abh, Pm nach re abn, 1 M abh. Wenden.

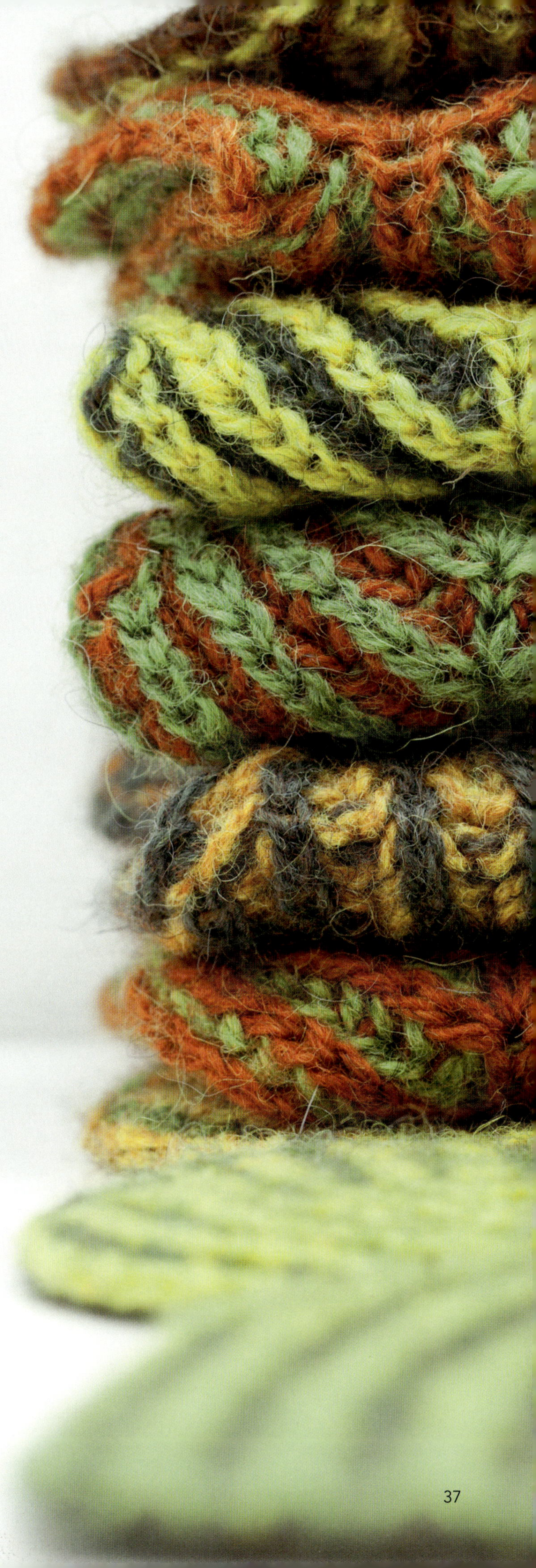

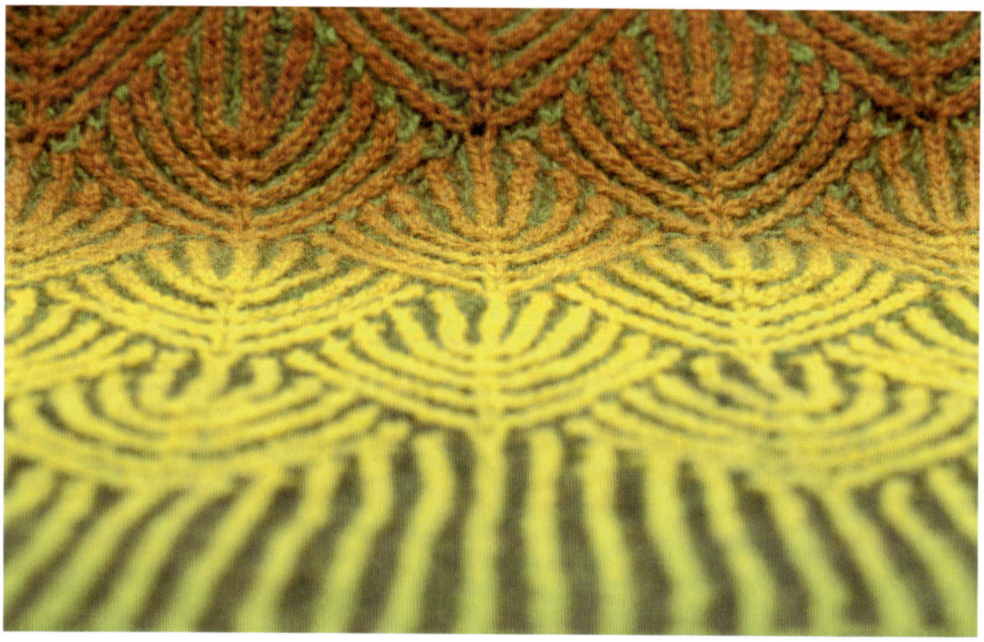

R 29 HS-HF: 1 M re, 1 M mit U abh, 1 Pm re, 1 M mit U abh, *6x [1 Pm re, 1 M mit U abh], 4 Pm zun, 1 M mit U abh, 5x [1 Pm re, 1 M mit U abh]; ab * wdh bis 5 M vor R-Ende, 2x [1 Pm re, 1 M mit U abh], 1 M re. Nicht wenden, M zurückschieben.
R 29 HS-DF: 1 M abh, 1 Pm li, 1 M mit U abh, 1 Pm li, *6x [1 M mit U abh, 1 Pm li], 2x [1 M mit U abh, 1 M li], 6x [1 M mit U abh, 1 Pm li]; ab * wdh bis 5 M vor R-Ende, 2x [1 M mit U abh, 1 Pm li], 1 M abh. Wenden.

R 30 DS-HF: wie **R 2 DS-HF.**
R 30 DS-DF: 1 M abh, Pm nach li abn, 1 M mit U abh, *Pm nach re abn, 1 M mit U abh, 10x [1 Pm re, 1 M mit U abh], Pm nach li abn, 1 M mit U abh; ab * wdh bis 4 M vor R-Ende, Pm nach re abn, 1 M abh. Wenden.

Ab **R 11 HS-HF** bis zur gewünschten Länge wdh.

Nach Erreichen der gewünschten Länge nach **R 20 DS-DF** oder **R 30 DS-DF** wie folgt in einfachem Reliefpatent fortfahren:
R 1 HS-HF: 1 M re, *1 M mit U abh, 1 Pm re; ab * wdh bis 2 M vor R-Ende, 1 M mit U abh, 1 M re. Nicht wenden, M zurückschieben.
R 1 HS-DF: 1 M abh, *1 Pm li, 1 M mit U abh; ab * wdh bis 2 M vor R-Ende, 1 Pm li, DF nach vorn, 1 M abh. Wenden.

R 2 DS-HF: 1 M li, *1 M mit U abh, 1 Pm li; ab * wdh bis 2 M vor R-Ende, 1 M mit U abh, 1 M li. Nicht wenden, M zurückschieben.
R 2 DS-DF: 1 M abh, *1 Pm re, 1 M mit U abh; ab * wdh bis 2 M vor R-Ende, 1 Pm re, DF nach hinten, 1 M abh. Wenden.

Ab **R 1 HS-HF** noch 8x wdh.

Italienisch bzw. der Anschlagtechnik entsprechend abketten. Die Fadenenden vernähen und das Strickstück nach Belieben spannen. Der abgebildete Schal wurde gedämpft und gespannt.

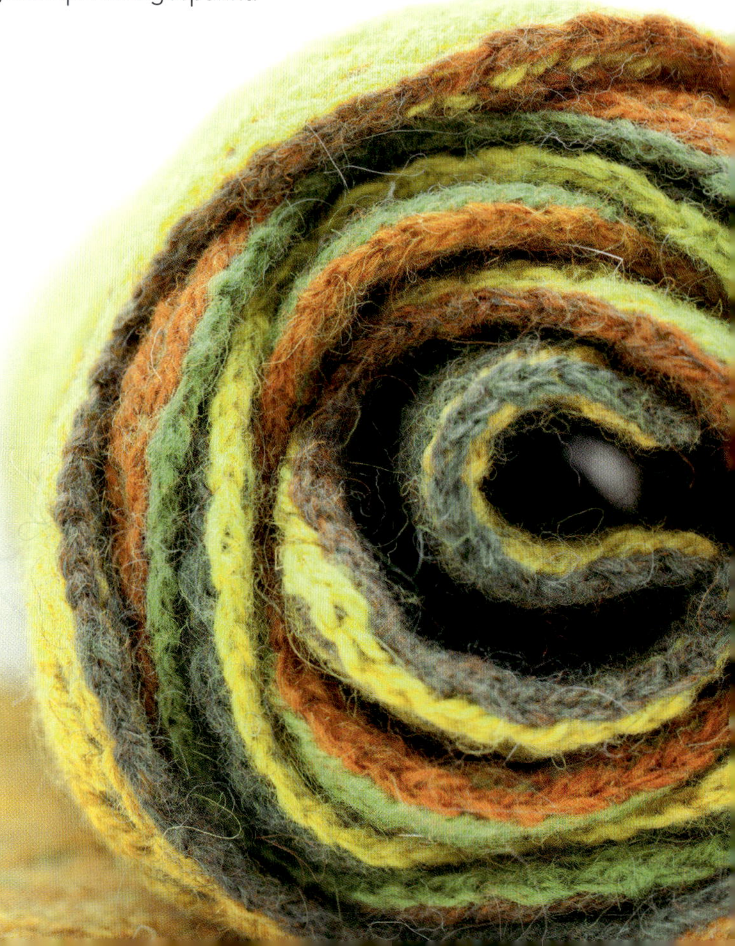

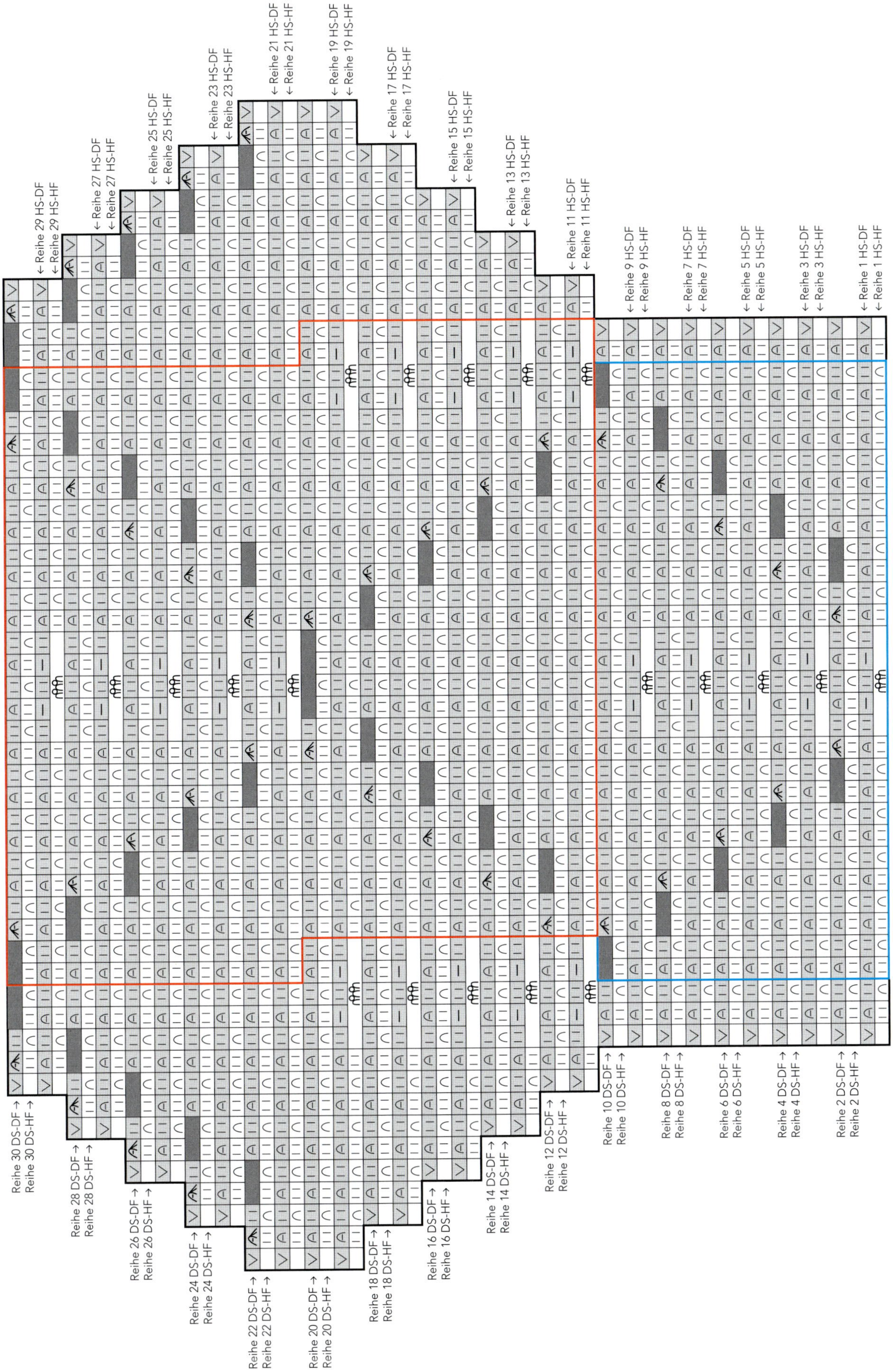

DIAGRAMM WOODLAND

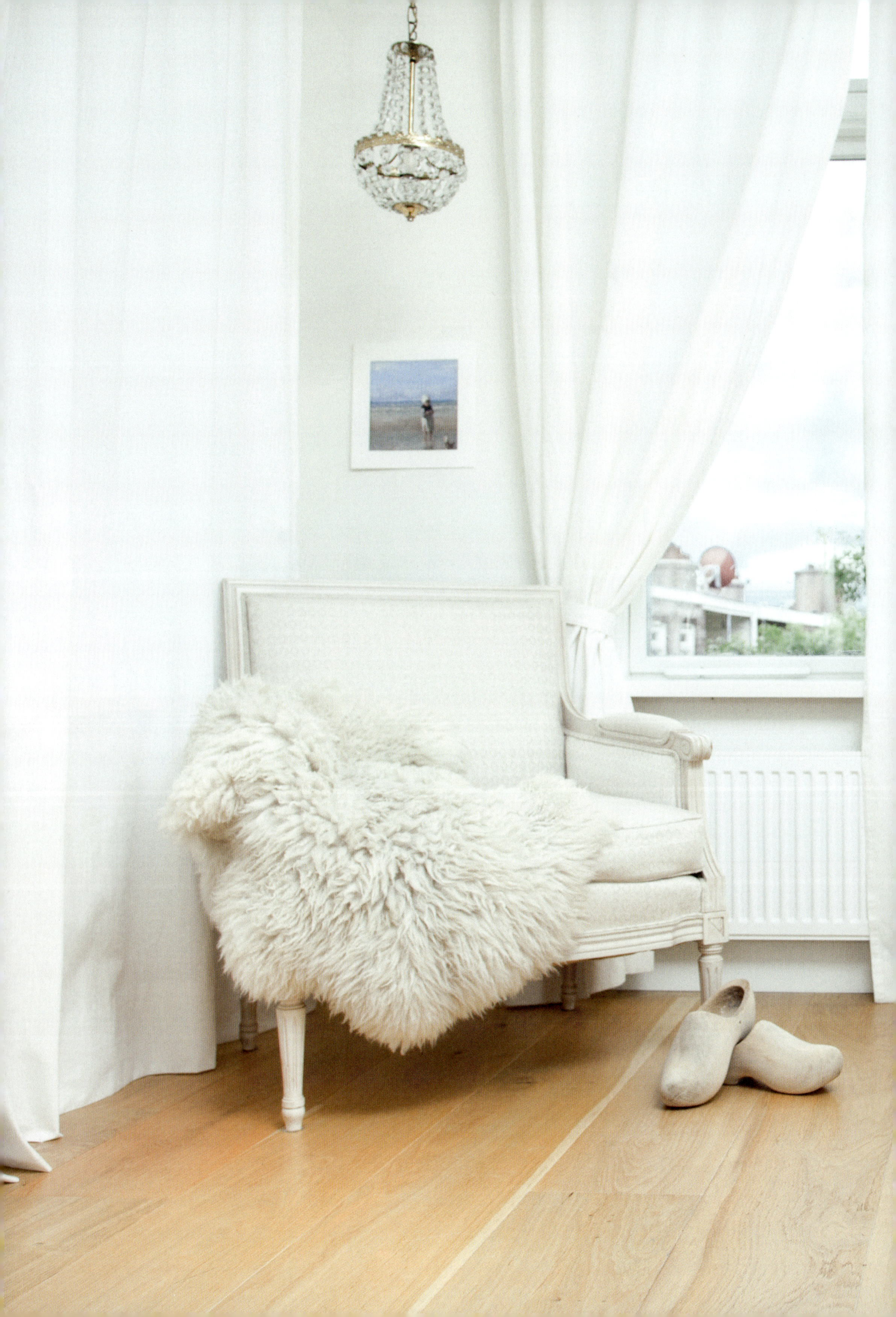

Primavera

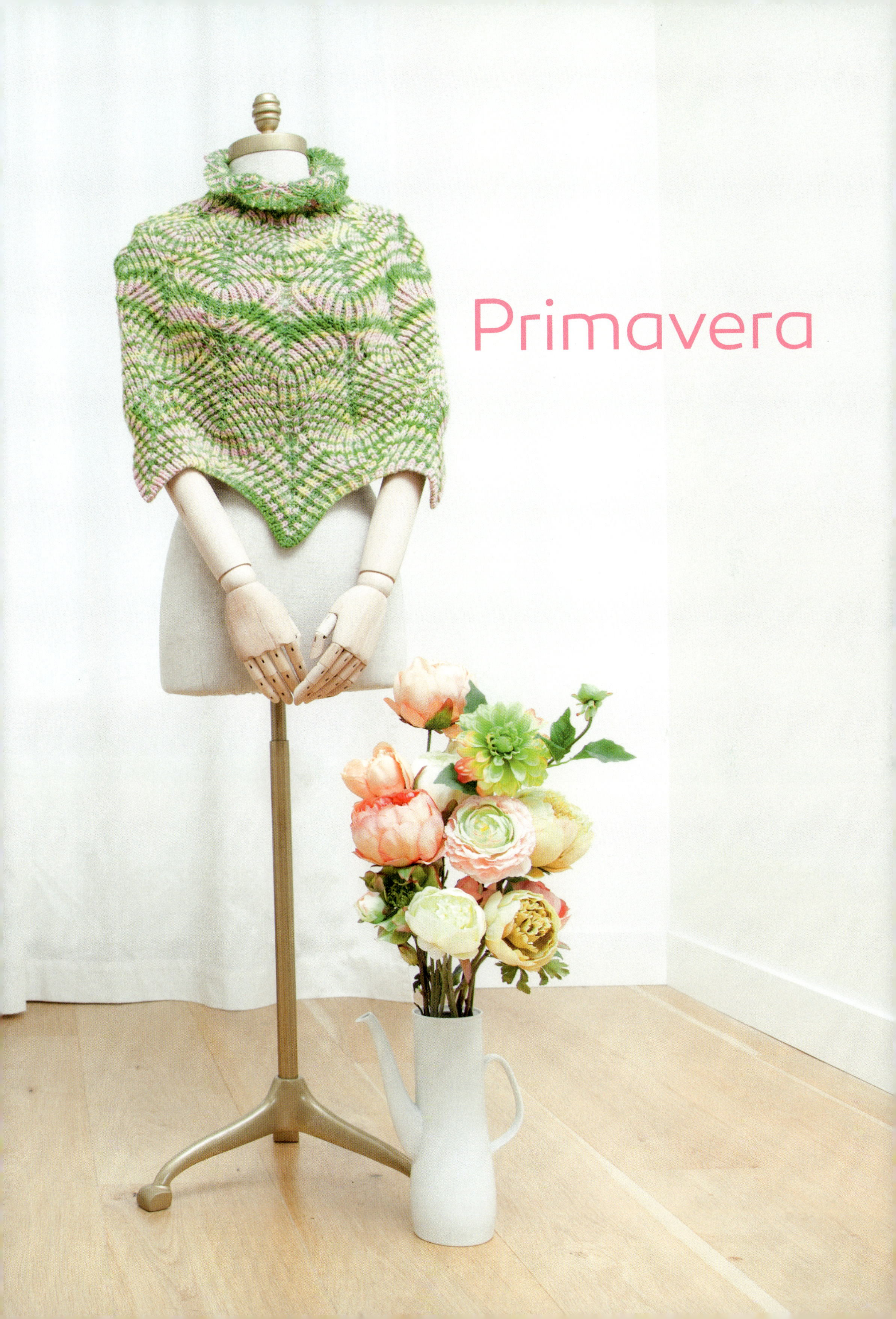

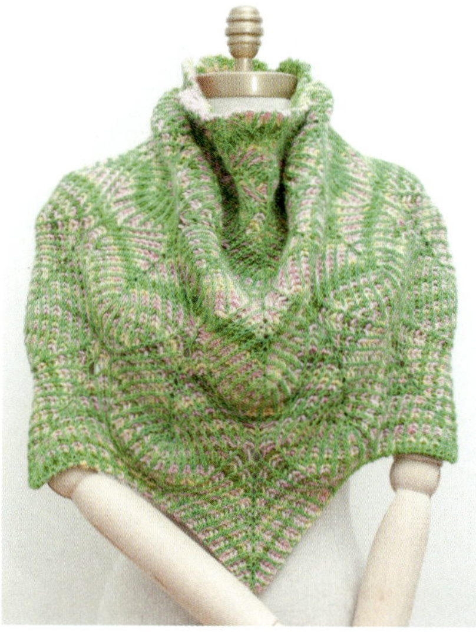

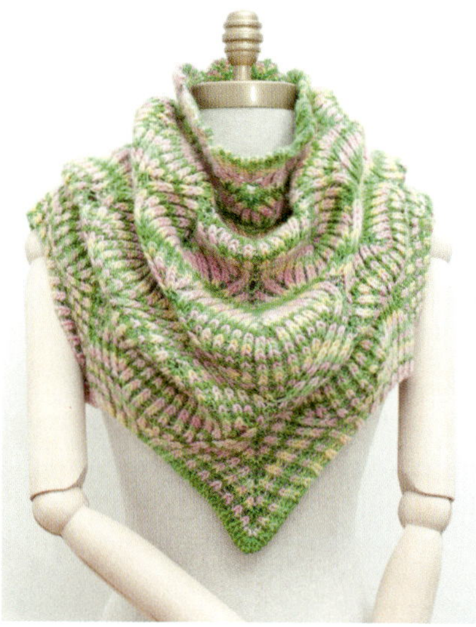

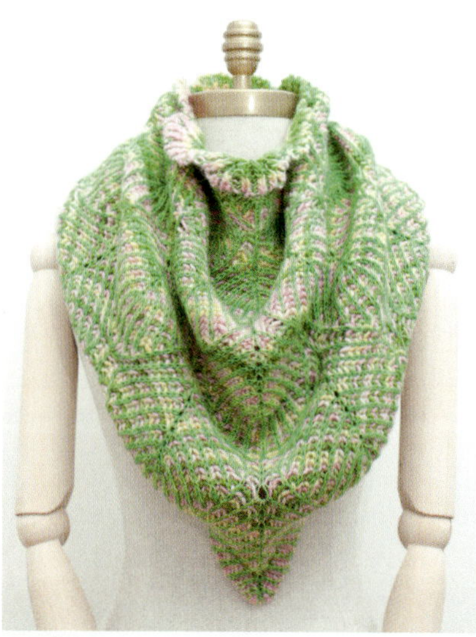

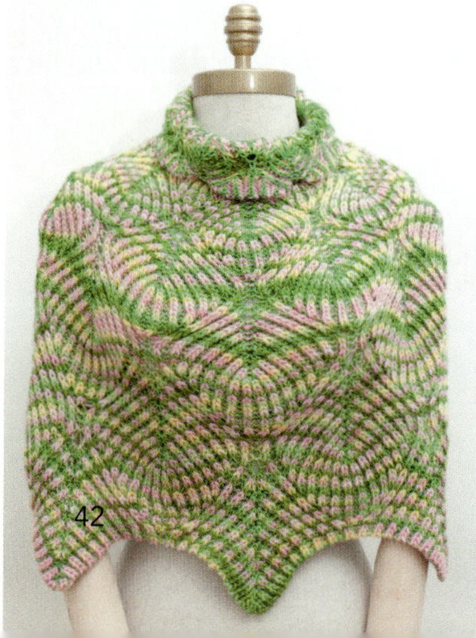

Primavera lange Version

Im Frühling sprießen die hellen, zarten jungen Blätter und wachsen rasch. Dieses Modell beginnt mit kleinen Blättern, die mit jeder Wiederholung größer werden. So wird auch das Cape immer größer und weiter. In der längeren Version habe ich ein dünneres Garn für die helle und ein deutlich dickeres für die dunkle Farbe verwendet.

FERTIGE MASSE

Halsumfang 50 cm, Umfang unten 112 cm, Höhe 53 cm (liegend, nicht gedehnt). Da das Cape mit relativ großer Nadelstärke aus einem dicken und einem dünnen Garn gestrickt wird, dehnt es sich auf über 125 cm.

GARN

HF: Sannsticks Handfärgad Blue Faced Leicester, handgefärbt, 100% BFL-Wolle, LL 400 m/100 g, Farbe 217 (Gelbgrün), 1 Strang

Das abgebildete Cape wiegt 70 g.

DF: Lorna's Laces Haymarket, 100% BFL-Wolle, LL 197 m/100 g, Farbe 513 (Medill); 2 Stränge, verwendet: 160 g
Die abgebildete Langversion wiegt 230 g.

NADELN

Rundstricknadel 4,5 mm (Länge 40 cm) oder Nadelspiel

ZUBEHÖR

Zopfmusternadel (Zn), Maschenmarkierer

MASCHENPROBE

22 M x 17 Rd HF + DF = 10 x 10 cm

HINWEISE

Bitte lesen Sie die Erläuterungen im Anhang (S. 94–99). Das Cape wird in Runden von oben nach unten gestrickt.

Die Maschenzahl muss durch 16 teilbar sein.

Bei einem so großen Projekt empfehle ich, ab und an einen Sicherungsfaden einzuziehen.

Rd 2 HF und DF werden zwischen den ungeraden Rd stets wiederholt. Rd 2 besteht aus 2 „einfachen" Muster-Rd ohne Zu- und Abnahmen.

Setzen Sie einen Markierer an den Beginn der Rd und in die erste Mustermasche (Rd 1 HF), damit Sie die Rd zählen können. Hilfreich sind auch zusätzliche Markierer zwischen den Rapporten.

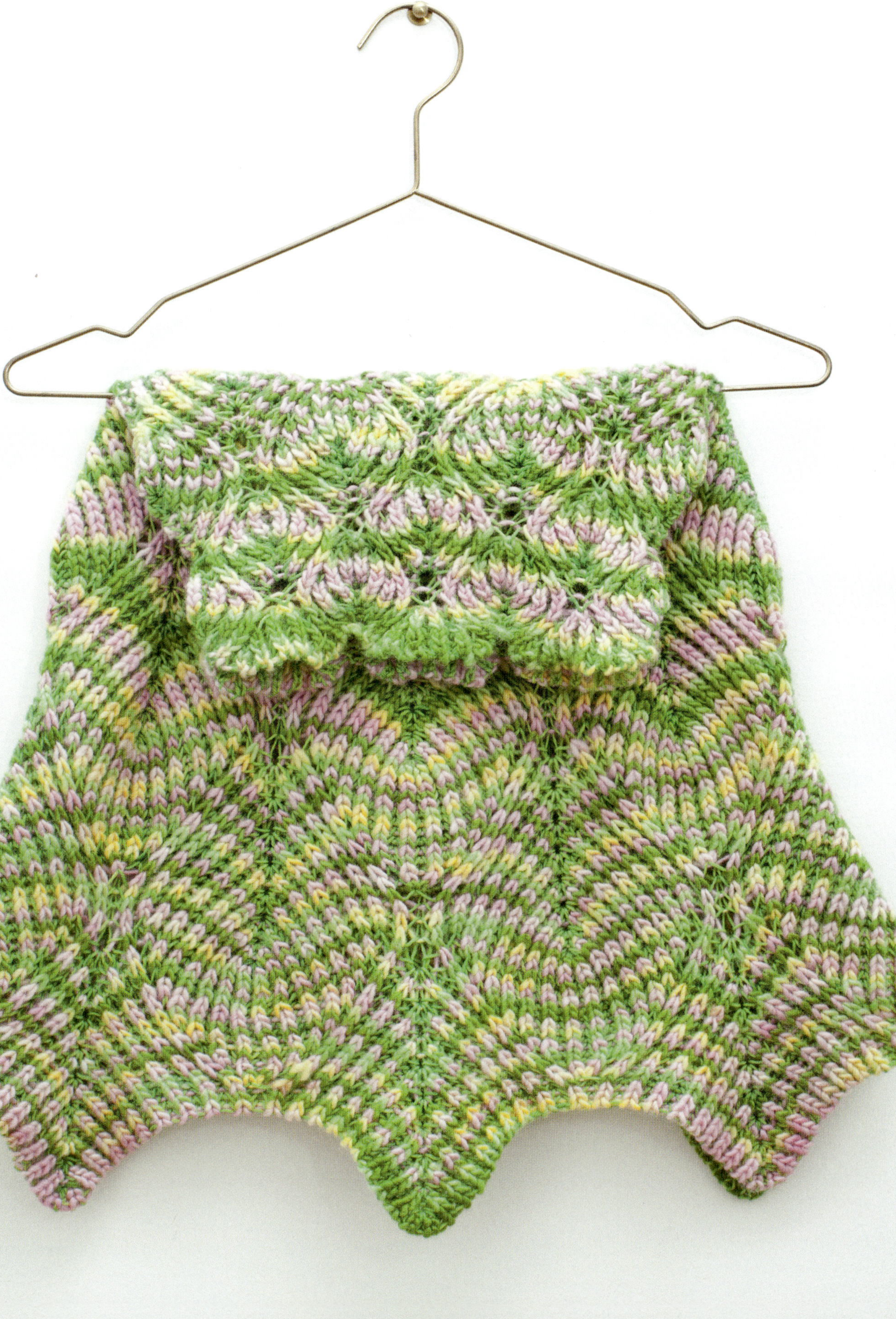

COWL

96 M zweifarbig italienisch anschl, beginnend mit 1 M HF „re" und 1 M DF „li".

Anschlag-R zur Rd schließen, dabei die M nicht verdrehen. Den ersten „Knoten" vor der ersten Anschlag-M wieder lösen.

Siehe auch DIAGRAMM A PRIMAVERA.
Grund-Rd HF: *1 M re, 1 M mit U abh; ab * bis Rd-Ende wdh.
Grund-Rd DF: *1 M mit U abh, 1 Pm li; ab * bis Rd-Ende wdh.

Rd 1 HF: *4 Pm zun, 1 M mit U abh, Pm nach li abn, 1 M mit U abh, 3x [1 Pm re, 1 M mit U abh], Pm nach re abn, 1 M mit U abh; ab * wdh.
Rd 1 DF: * 2x [1 M mit U abh, 1 M li], 6x [1 M mit U abh, 1 Pm li]; ab * wdh.

Rd 2 HF und ALLE geraden HF-Rd: *1 Pm re, 1 M mit U abh; ab * wdh.
Rd 2 DF und ALLE geraden DF-Rd: *1 M mit U abh, 1 Pm li; ab * wdh.

Rd 3 HF: *1 Pm re, 1 M mit U abh, 4 Pm zun, 1 M mit U abh, 1 Pm re, 1 M mit U abh, Pm nach li abn, 1 M mit U abh, 1 Pm re, 1 M mit U abh, Pm nach re abn, 1 M mit U abh; ab * wdh.
Rd 3 DF: *1 M mit U abh, 1 Pm li, 2x [1 M mit U abh, 1 M li], 5x [1 M mit U abh, 1 Pm li]; ab * wdh.

Rd 5 HF: *2x [1 Pm re, 1 M mit U abh], 4 Pm zun, 1 M mit U abh, 2x [1 Pm re, 1 M mit U abh], 4 Pm abn, 1 M mit U abh; ab * wdh.
Rd 5 DF: *2x [1 M mit U abh, 1 Pm li], 2x [1 M mit U abh, 1 M li], 4x [1 M mit U abh, 1 Pm li]; ab * wdh.

Rd 7 HF: *Pm nach li abn, 1 M mit U abh, 3x [1 Pm re, 1 M mit U abh], Pm nach re abn, 1 M mit U abh, 4 Pm zun, 1 M mit U abh; ab * wdh.
Rd 7 DF: *5x [1 M mit U abh, 1 Pm li], 2x [1 M mit U abh, 1 M li], 1 M mit U abh, 1 Pm li; ab * wdh.

Rd 9 HF: *Pm nach li abn, 1 M mit U abh, 1 Pm re, 1 M mit U abh, Pm nach re abn, 1 M mit U abh, 1 Pm re, 1 M mit U abh, 4 Pm zun, 1 M mit U abh, 1 Pm re, 1 M mit U abh; ab * wdh.
Rd 9 DF: *4x [1 M mit U abh, 1 Pm li], 2x [1 M mit U abh, 1 M li], 2x [1 M mit U abh, 1 Pm li]; ab * wdh.

Rd 11 HF: *4 Pm abn, 1 M mit U abh, 2x [1 Pm re, 1 M mit U abh], 4 Pm zun, 1 M mit U abh, 2x [1 Pm re, 1 M mit U abh]; ab * wdh.
Rd 11 DF: *3x [1 M mit U abh, 1 Pm li], 2x [1 M mit U abh, 1 M li], 3x [1 M mit U abh, 1 Pm li]; ab * wdh.

Rd 13 HF: *4 Pm zun, 1 M mit U abh, Pm nach li abn, 1 M mit U abh, 3x [1 Pm re, 1 M mit U abh], Pm nach re abn, 1 M mit U abh; ab * wdh.
Rd 13 DF: *2x [1 M mit U abh, 1 M li], 6x [1 M mit U abh, 1 Pm li]; ab * wdh.

Rd 15 HF: *1 Pm re, 1 M mit U abh, 4 Pm zun, 1 M mit U abh, 1 Pm re, 1 M mit U abh, Pm nach li abn, 1 M mit U abh, 1 Pm re, 1 M mit U abh, Pm nach re abn, 1 M mit U abh; ab * wdh.
Rd 15 DF: *1 M mit U abh, 1 Pm li, 2x [1 M mit U abh, 1 M li], 5x [1 M mit U abh, 1 Pm li]; ab * wdh.

Rd 17 HF: *2x [1 Pm re, 1 M mit U abh], 4 Pm zun, 1 M mit U abh, 2x [1 Pm re, 1 M mit U abh], 4 Pm abn, 1 M mit U abh; ab * wdh.
Rd 17 DF: *2x [1 M mit U abh, 1 Pm li], 2x [1 M mit U abh, 1 M li], 4x [1 M mit U abh, 1 Pm li]; ab * wdh.

Rd 19 HF: *3x [1 Pm re, 1 M mit U abh], 4 Pm zun, 1 M mit U abh, 4x [1 Pm re, 1 M mit U abh]; ab * wdh. 20 M pro Rapport.
Rd 19 DF: *3x [1 M mit U abh, 1 Pm li], 2x [1 M mit U abh, 1 M li], 5x [1 M mit U abh, 1 Pm li]; ab * wdh.

Rd 21 HF: Pm nach li abn, 1 M mit U abh, 5x [1 Pm re, 1 M mit U abh], Pm nach re abn, 1 M mit U abh, 4 Pm zun, 1 M mit U abh; ab * wdh.
Rd 21 DF: *7x [1 M mit U abh, 1 Pm li], 2x [1 M mit U abh, 1 M li], 1 M mit U abh, 1 Pm li; ab * wdh.

Rd 23 HF: *Pm nach li abn, 1 M mit U abh, 3x [1 Pm re, 1 M mit U abh], Pm nach re abn, 1 M mit U abh, 1 Pm re, 1 M mit U abh, 4 Pm zun, 1 M mit U abh, 1 Pm re, 1 M mit U abh; ab * wdh.
Rd 23 DF: *6x [1 M mit U abh, 1 Pm li], 2x [1 M mit U abh, 1 M li], 2x [1 M mit U abh, 1 Pm li]; ab * wdh.

Rd 25 HF: *Pm nach li abn, 1 M mit U abh, 1 Pm re, 1 M mit U abh, Pm nach re abn, 1 M mit U abh, 2x [1 Pm re, 1 M mit U abh], 4 Pm zun, 1 M mit U abh, 2x [1 Pm re, 1 M mit U abh]; ab * wdh.
Rd 25 DF: *5x [1 M mit U abh, 1 Pm li], 2x [1 M mit U abh, 1 M li], 3x [1 M mit U abh, 1 Pm li]; ab * wdh.

Rd 27 HF: *4 Pm abn, 1 M mit U abh, 3x [1 Pm re, 1 M mit U abh], 4 Pm zun, 1 M mit U abh, 3x [1 Pm re, 1 M mit U abh]; ab * wdh.
Rd 27 DF: *4x [1 M mit U abh, 1 Pm li], 2x [1 M mit U abh, 1 M li], 4x [1 M mit U abh, 1 Pm li]; ab * wdh.

Rd 29 HF: *5x [1 Pm re, 1 M mit U abh], 4 Pm zun, 1 M mit U abh, 4x [1 Pm re, 1 M mit U abh]; ab * wdh. 24 M pro Rapport.
Rd 29 DF: *5x [1 M mit U abh, 1 Pm li], 2x [1 M mit U abh, 1 M li], 5x [1 M mit U abh, 1 Pm li]; ab * wdh.

Rd 31 HF: *4 Pm zun, 1 M mit U abh, Pm nach li abn, 1 M mit U abh, 7x [1 Pm re, 1 M mit U abh], Pm nach re abn, 1 M mit U abh; ab * wdh.
Rd 31 DF: *2x [1 M mit U abh, 1 M li], 10x [1 M mit U abh, 1 Pm li]; ab * wdh.

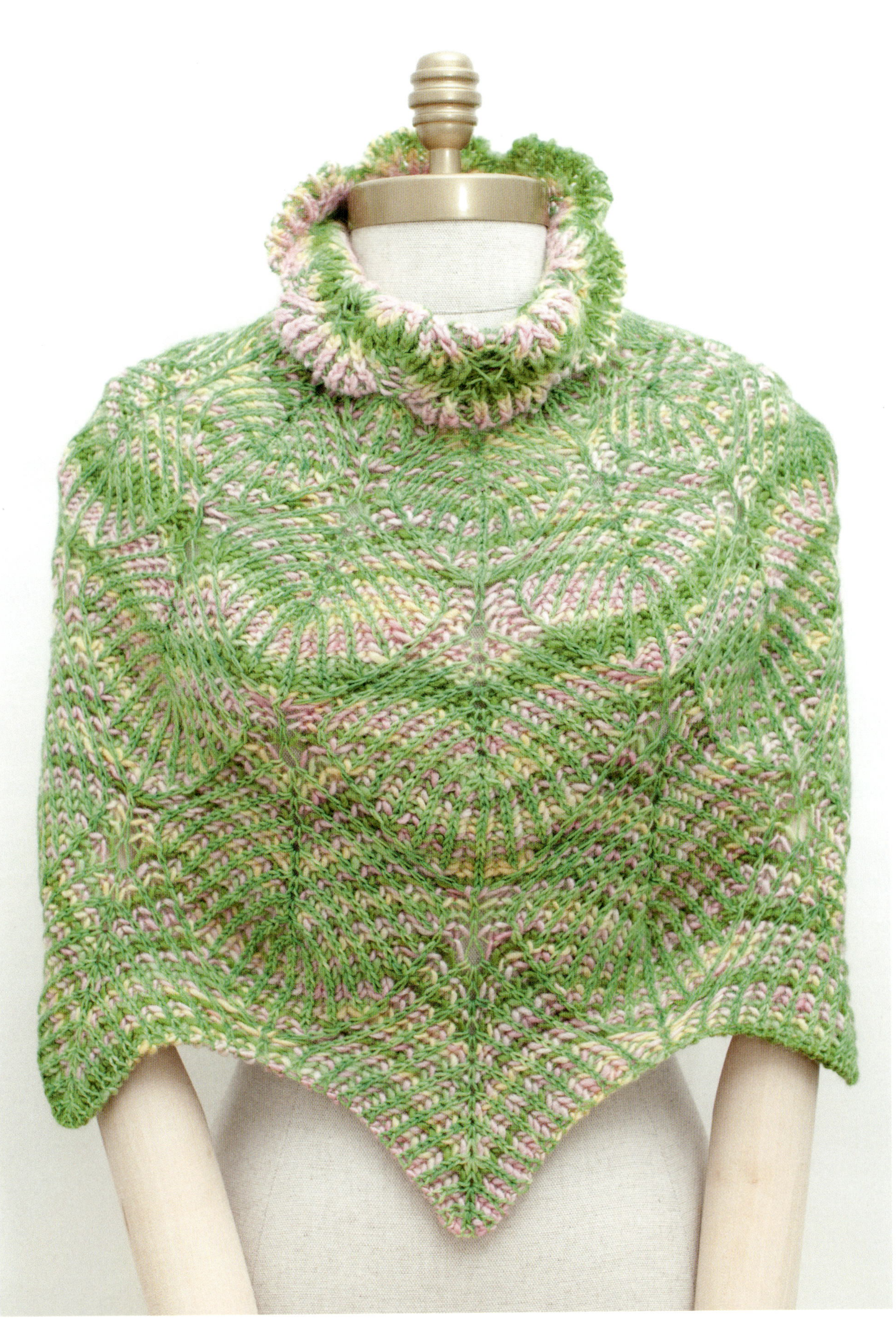

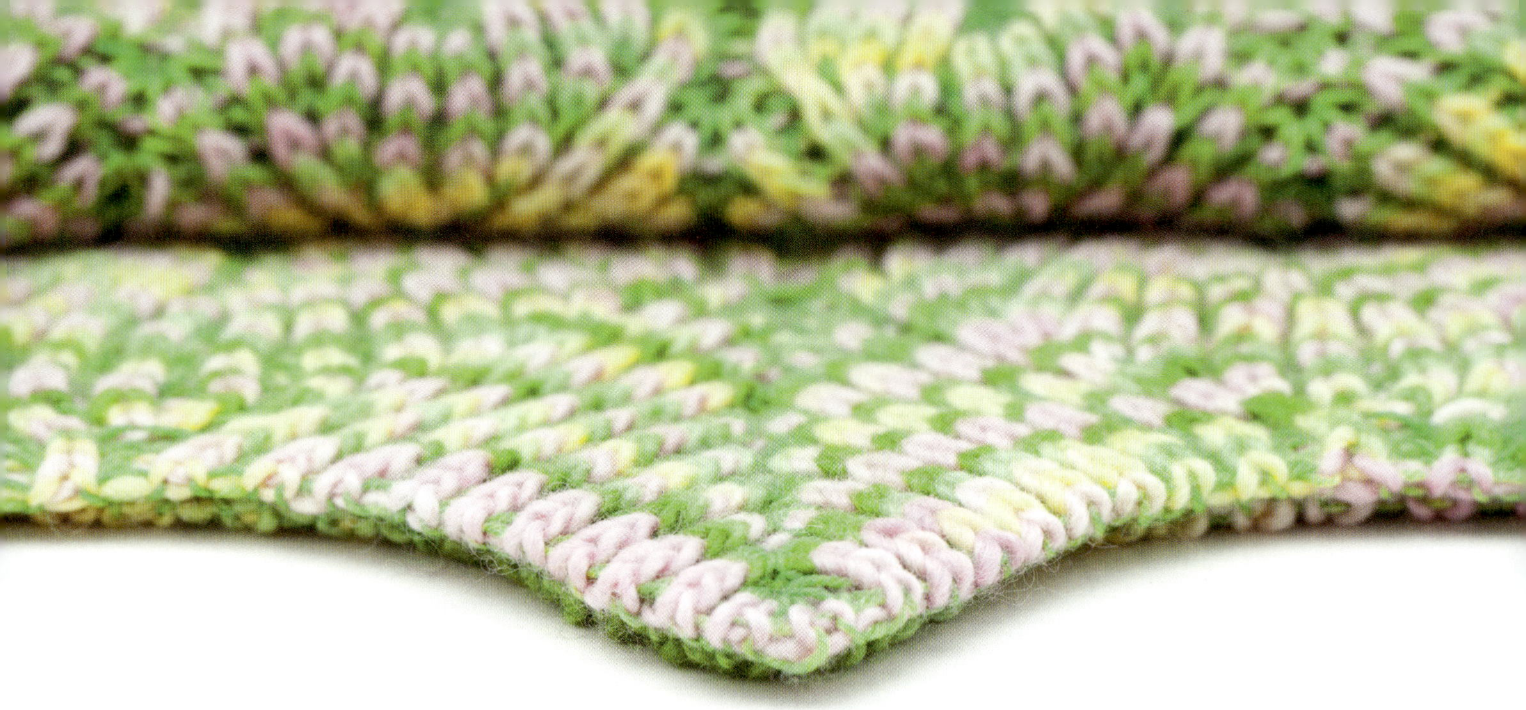

Rd 33 HF: *1 Pm re, 1 M mit U abh, 4 Pm zun, 1 M mit U abh, 1 Pm re, 1 M mit U abh, Pm nach li abn, 1 M mit U abh, 5x [1 Pm re, 1 M mit U abh], Pm nach re abn, 1 M mit U abh; ab * wdh.
Rd 33 DF: *1 M mit U abh, 1 Pm li, 2x [1 M mit U abh, 1 M li], 9x [1 M mit U abh, 1 Pm li]; ab * wdh.

Rd 35 HF: *2x [1 Pm re, 1 M mit U abh], 4 Pm zun, 1 M mit U abh, 2x [1 Pm re, 1 M mit U abh], Pm nach li abn, 1 M mit U abh, 3x [1 Pm re, 1 M mit U abh], Pm nach re abn, 1 M mit U abh; ab * wdh.
Rd 35 DF: *2x [1 M mit U abh, 1 Pm li], 2x [1 M mit U abh, 1 M li], 8x [1 M mit U abh, 1 Pm li]; ab * wdh.

Rd 37 HF: *3x [1 Pm re, 1 M mit U abh], 4 Pm zun, 1 M mit U abh, 3x [1 Pm re, 1 M mit U abh], Pm nach li abn, 1 M mit U abh, 1 Pm re, 1 M mit U abh, Pm nach re abn, 1 M mit U abh; ab * wdh.
Rd 37 DF: *3x [1 M mit U abh, 1 Pm li], 2x [1 M mit U abh, 1 M li], 7x [1 M mit U abh, 1 Pm li]; ab * wdh.

Rd 39 HF: *4x [1 Pm re, 1 M mit U abh], 4 Pm zun, 1 M mit U abh, 4x [1 Pm re, 1 M mit U abh], 4 Pm abn, 1 M mit U abh; ab * wdh.
Rd 39 DF: *4x [1 M mit U abh, 1 Pm li], 2x [1 M mit U abh, 1 M li], 6x [1 M mit U abh, 1 Pm li]; ab * wdh.

Rd 41 HF: *5x [1 Pm re, 1 M mit U abh], 4 Pm zun, 1 M mit U abh, 6x [1 Pm re, 1 M mit U abh]; ab * wdh. 28 M pro Rapport.
Rd 41 DF: *5x [1 M mit U abh, 1 Pm li], 2x [1 M mit U abh, 1 M li], 7x [1 M mit U abh, 1 Pm li]; ab * wdh.

Siehe auch DIAGRAMM B PRIMAVERA.

Rd 43 HF: Pm nach li abn, 1 M mit U abh, 9x [1 Pm re, 1 M mit U abh], Pm nach re abn, 1 M mit U abh, 4 Pm zun, 1 M mit U abh; ab * wdh.
Rd 43 DF: *11x [1 M mit U abh, 1 Pm li], 2x [1 M mit U abh, 1 M li], 1 M mit U abh, 1 Pm li; ab * wdh.

Rd 45 HF: *Pm nach li abn, 1 M mit U abh, 7x [1 Pm re, 1 M mit U abh], Pm nach re abn, 1 M mit U abh, 1 Pm re, 1 M mit U abh, 4 Pm zun, 1 M mit U abh, 1 Pm re, 1 M mit U abh; ab * wdh.
Rd 45 DF: *10x [1 M mit U abh, 1 Pm li], 2x [1 M mit U abh, 1 M li], 2x [1 M mit U abh, 1 Pm li]; ab * wdh.

Rd 47 HF: *Pm nach li abn, 1 M mit U abh, 5x [1 Pm re, 1 M mit U abh], Pm nach re abn, 1 M mit U abh, 2x [1 Pm re, 1 M mit U abh], 4 Pm zun, 1 M mit U abh, 2x [1 Pm re, 1 M mit U abh]; ab * wdh.
Rd 47 DF: *9x [1 M mit U abh, 1 Pm li], 2x [1 M mit U abh, 1 M li], 3x [1 M mit U abh, 1 Pm li]; ab * wdh.

Rd 49 HF: *Pm nach li abn, 1 M mit U abh, 3x [1 Pm re, 1 M mit U abh], Pm nach re abn, 1 M mit U abh, 3x [1 Pm re, 1 M mit U abh], 4 Pm zun, 1 M mit U abh, 3x [1 Pm re, 1 M mit U abh]; ab * wdh.
Rd 49 DF: *8x [1 M mit U abh, 1 Pm li], 2x [1 M mit U abh, 1 M li], 4x [1 M mit U abh, 1 Pm li]; ab * wdh.

Rd 51 HF: *Pm nach li abn, 1 M mit U abh, 1 Pm re, 1 M mit U abh, Pm nach re abn, 1 M mit U abh, 4x [1 Pm re, 1 M mit U abh], 4 Pm zun, 1 M mit U abh, 4x [1 Pm re, 1 M mit U abh]; ab * wdh.
Rd 51 DF: *7x [1 M mit U abh, 1 Pm li], 2x [1 M mit U abh, 1 M li], 5x [1 M mit U abh, 1 Pm li]; ab * wdh.

Rd 53 HF: *4 Pm abn, 1 M mit U abh, 5x [1 Pm re, 1 M mit U abh], 4 Pm zun, 1 M mit U abh, 5x [1 Pm re, 1 M mit U abh]; ab * wdh.
Rd 53 DF: *6x [1 M mit U abh, 1 Pm li], 2x [1 M mit U abh, 1 M li], 6x [1 M mit U abh, 1 Pm li]; ab * wdh.

Rd 55 HF: *7x [1 Pm re, 1 M mit U abh], 4 Pm zun, 1 M mit U abh, 6x [1 Pm re, 1 M mit U abh]; ab * wdh. 32 M pro Rapport.
Rd 55 DF: *7x [1 M mit U abh, 1 Pm li], 2x [1 M mit U abh, 1 M li], 7x [1 M mit U abh, 1 Pm li]; ab * wdh.

Rd 57 HF: *4 Pm zun, 1 M mit U abh, Pm nach li abn, 1 M mit U abh, 11x [1 Pm re, 1 M mit U abh], Pm nach re abn, 1 M mit U abh; ab * wdh.
Rd 57 DF: *2x [1 M mit U abh, 1 M li], 14x [1 M mit U abh, 1 Pm li]; ab * wdh.

Rd 59 HF: *1 Pm re, 1 M mit U abh, 4 Pm zun, 1 M mit U abh, 1 Pm re, 1 M mit U abh, Pm nach li abn, 1 M mit U abh, 9x [1 Pm re, 1 M mit U abh], Pm nach re abn, 1 M mit U abh; ab * wdh.
Rd 59 DF: *1 M mit U abh, 1 Pm li, 2x [1 M mit U abh, 1 M li], 13x [1 M mit U abh, 1 Pm li]; ab * wdh.

Rd 61 HF: *2x [1 Pm re, 1 M mit U abh], 4 Pm zun, 1 M mit U abh, 2x [1 Pm re, 1 M mit U abh], Pm nach li abn, 1 M mit U abh, 7x [1 Pm re, 1 M mit U abh], Pm nach re abn, 1 M mit U abh; ab * wdh.
Rd 61 DF: *2x [1 M mit U abh, 1 Pm li], 2x [1 M mit U abh, 1 M li], 12x [1 M mit U abh, 1 Pm li]; ab * wdh.

Rd 63 HF: *3x [1 Pm re, 1 M mit U abh], 4 Pm zun, 1 M mit U abh, 3x [1 Pm re, 1 M mit U abh], Pm nach li abn, 1 M mit U abh, 5x [1 Pm re, 1 M mit U abh], Pm nach re abn, 1 M mit U abh; ab * wdh.
Rd 63 DF: *3x [1 M mit U abh, 1 Pm li], 2x [1 M mit U abh, 1 M li], 11x [1 M mit U abh, 1 Pm li]; ab * wdh.

Rd 65 HF: *4x [1 Pm re, 1 M mit U abh], 4 Pm zun, 1 M mit U abh, 4x [1 Pm re, 1 M mit U abh], Pm nach li abn, 1 M mit U abh, 3x [1 Pm re, 1 M mit U abh], Pm nach re abn, 1 M mit U abh; ab * wdh.
Rd 65 DF: *4x [1 M mit U abh, 1 Pm li], 2x [1 M mit U abh, 1 M li], 10x [1 M mit U abh, 1 Pm li]; ab * wdh.

Rd 67 HF: *5x [1 Pm re, 1 M mit U abh], 4 Pm zun, 1 M mit U abh, 5x [1 Pm re, 1 M mit U abh], Pm nach li abn, 1 M mit U abh, 1 Pm re, 1 M mit U abh, Pm nach re abn, 1 M mit U abh; ab * wdh.
Rd 67 DF: *5x [1 M mit U abh, 1 Pm li], 2x [1 M mit U abh, 1 M li], 9x [1 M mit U abh, 1 Pm li]; ab * wdh.

Rd 69 HF: *6x [1 Pm re, 1 M mit U abh], 4 Pm zun, 1 M mit U abh, 6x [1 Pm re, 1 M mit U abh], 4 Pm abn, 1 M mit U abh; ab * wdh.
Rd 69 DF: *6x [1 M mit U abh, 1 Pm li], 2x [1 M mit U abh, 1 M li], 8x [1 M mit U abh, 1 Pm li]; ab * wdh.

Rd 71 HF: *7x [1 Pm re, 1 M mit U abh], 4 Pm zun, 1 M mit U abh, 8x [1 Pm re, 1 M mit U abh]; ab * wdh. 36 M pro Rapport.
Rd 71 DF: *7x [1 M mit U abh, 1 Pm li], 2x [1 M mit U abh, 1 M li], 9x [1 M mit U abh, 1 Pm li]; ab * wdh.

Siehe auch DIAGRAMM C PRIMAVERA.

Rd 73 HF: Pm nach li abn, 1 M mit U abh, 13x [1 Pm re, 1 M mit U abh], Pm nach re abn, 1 M mit U abh, 4 Pm zun, 1 M mit U abh; ab * wdh.
Rd 73 DF: *15x [1 M mit U abh, 1 Pm li], 2x [1 M mit U abh, 1 M li], 1 M mit U abh, 1 Pm li; ab * wdh.

Rd 75 HF: *Pm nach li abn, 1 M mit U abh, 11x [1 Pm re, 1 M mit U abh], Pm nach re abn, 1 M mit U abh, 1 Pm re, 1 M mit U abh, 4 Pm zun, 1 M mit U abh, 1 Pm re, 1 M mit U abh; ab * wdh.
Rd 75 DF: *14x [1 M mit U abh, 1 Pm li], 2x [1 M mit U abh, 1 M li], 2x [1 M mit U abh, 1 Pm li]; ab * wdh.

Rd 77 HF: *Pm nach li abn, 1 M mit U abh, 9x [1 Pm re, 1 M mit U abh], Pm nach re abn, 1 M mit U abh, 2x [1 Pm re, 1 M mit U abh], 4 Pm zun, 1 M mit U abh, 2x [1 Pm re, 1 M mit U abh]; ab * wdh.
Rd 77 DF: *13x [1 M mit U abh, 1 Pm li], 2x [1 M mit U abh, 1 M li], 3x [1 M mit U abh, 1 Pm li]; ab * wdh.

Rd 79 HF: *Pm nach li abn, 1 M mit U abh, 7x [1 Pm re, 1 M mit U abh], Pm nach re abn, 1 M mit U abh, 3x [1 Pm re, 1 M mit U abh], 4 Pm zun, 1 M mit U abh, 3x [1 Pm re, 1 M mit U abh]; ab * wdh.
Rd 79 DF: *12x [1 M mit U abh, 1 Pm li], 2x [1 M mit U abh, 1 M li], 4x [1 M mit U abh, 1 Pm li]; ab * wdh.

Rd 81 HF: *Pm nach li abn, 1 M mit U abh, 5x [1 Pm re, 1 M mit U abh], Pm nach re abn, 1 M mit U abh, 4x [1 Pm re, 1 M mit U abh], 4 Pm zun, 1 M mit U abh, 4x [1 Pm re, 1 M mit U abh]; ab * wdh.
Rd 81 DF: *11x [1 M mit U abh, 1 Pm li], 2x [1 M mit U abh, 1 M li], 5x [1 M mit U abh, 1 Pm li]; ab * wdh.

Rd 83 HF: *Pm nach li abn, 1 M mit U abh, 3x [1 Pm re, 1 M mit U abh], Pm nach re abn, 1 M mit U abh, 5x [1 Pm re, 1 M mit U abh], 4 Pm zun, 1 M mit U abh, 5x [1 Pm re, 1 M mit U abh]; ab * wdh.
Rd 83 DF: *10x [1 M mit U abh, 1 Pm li], 2x [1 M mit U abh, 1 M li], 6x [1 M mit U abh, 1 Pm li]; ab * wdh.

Rd 85 HF: *Pm nach li abn, 1 M mit U abh, 1 Pm re, 1 M mit U abh, Pm nach re abn, 1 M mit U abh, 6x [1 Pm re, 1 M mit U abh], 4 Pm zun, 1 M mit U abh, 6x [1 Pm re, 1 M mit U abh]; ab * wdh.
Rd 85 DF: *9x [1 M mit U abh, 1 Pm li], 2x [1 M mit U abh, 1 M li], 7x [1 M mit U abh, 1 Pm li]; ab * wdh.

Rd 87 HF: *4 Pm abn, 1 M mit U abh, 7x [1 Pm re, 1 M mit U abh], 4 Pm zun, 1 M mit U abh, 7x [1 Pm re, 1 M mit U abh]; ab * wdh.
Rd 87 DF: *8x [1 M mit U abh, 1 Pm li], 2x [1 M mit U abh, 1 M li], 8x [1 M mit U abh, 1 Pm li]; ab * wdh.

Rd 89 HF: *9x [1 Pm re, 1 M mit U abh], 4 Pm zun, 1 M mit U abh, 8x [1 Pm re, 1 M mit U abh]; ab * wdh. 40 M pro Rapport.
Rd 89 DF: *9x [1 M mit U abh, 1 Pm li], 2x [1 M mit U abh, 1 M li], 9x [1 M mit U abh, 1 Pm li]; ab * wdh.

Nach **Rd 90 DF** abk, vorzugsweise italienisch. Die Fadenenden vernähen und das Strickstück nach Belieben spannen. Der abgebildete Cowl wurde gedämpft und gespannt.

WEITER MIT DIAGRAMM B PRIMAVERA

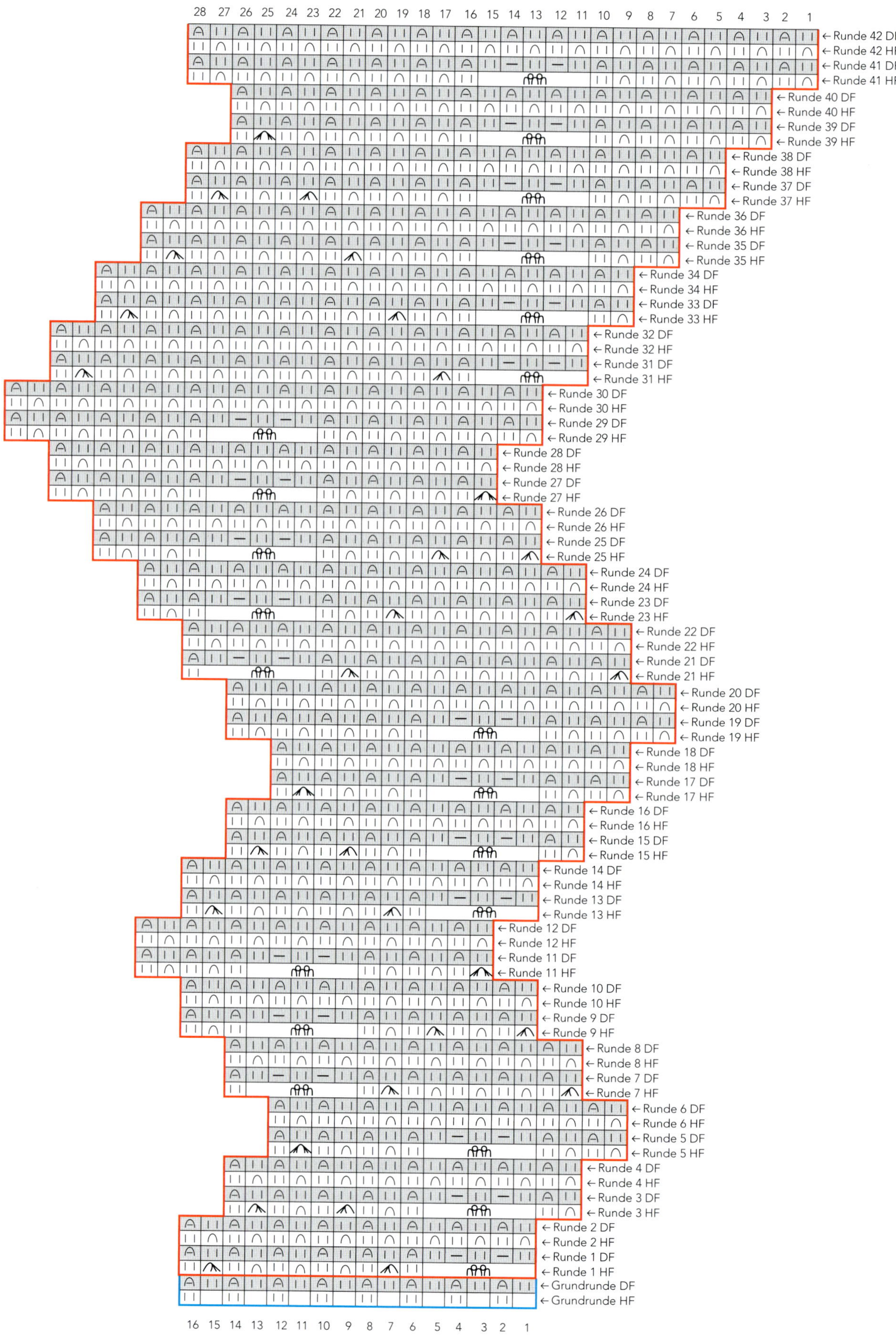

DIAGRAMM A PRIMAVERA

WEITER MIT DIAGRAMM C PRIMAVERA

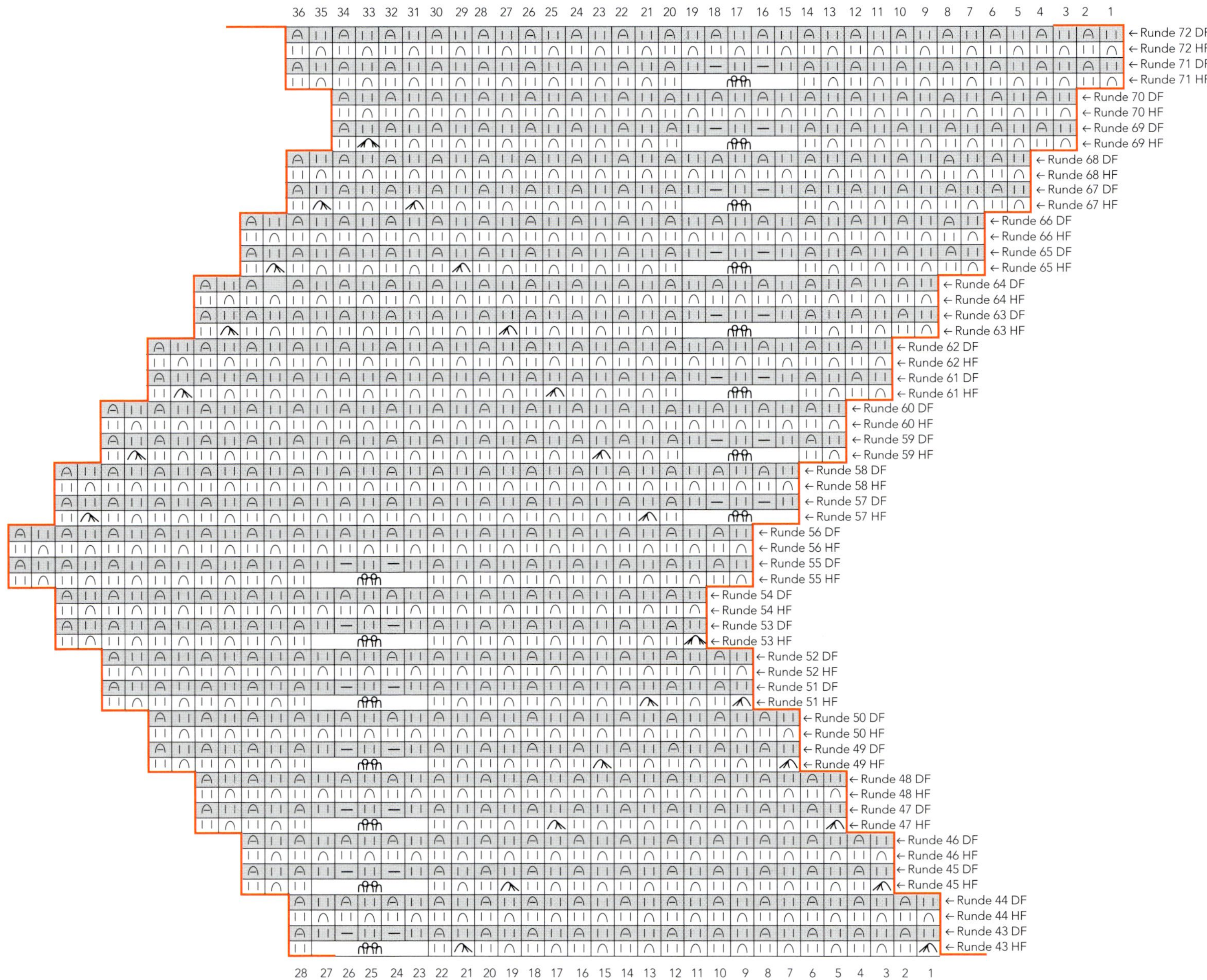

DIAGRAMM B PRIMAVERA

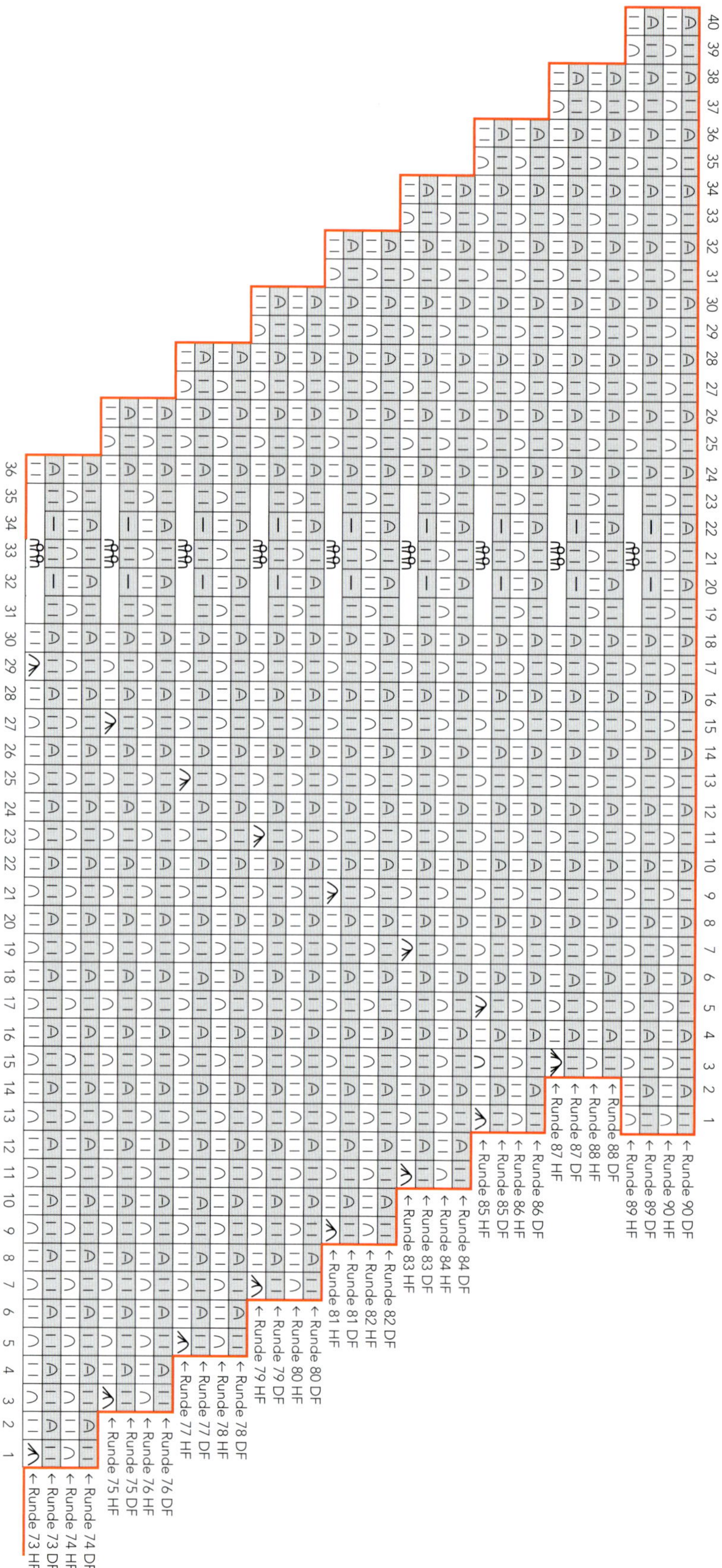

DIAGRAMM C PRIMAVERA

Primavera kurze Version

In der Kurzversion ist Primavera ein kuscheliger Cowl oder ein kleines Cape. Wegen der stark kontrastierenden Farben wirken die von oben fallenden Blätter hier etwas dramatischer.

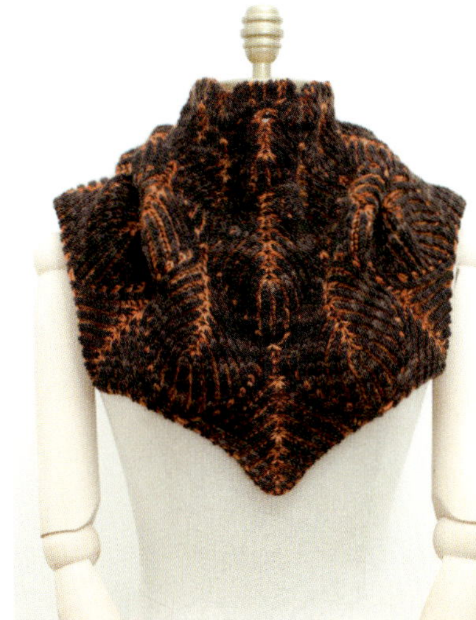

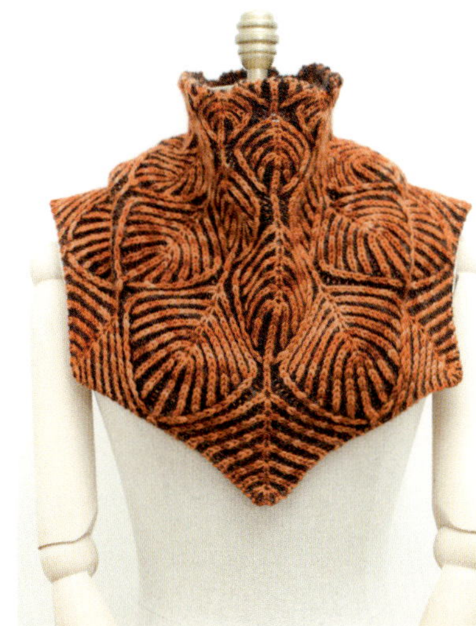

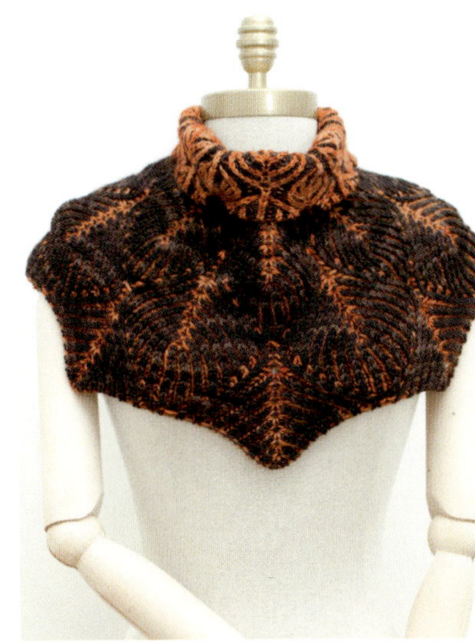

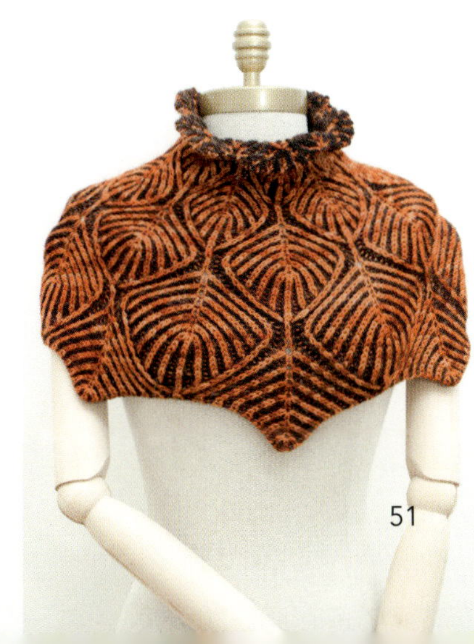

FERTIGE MASSE
Halsumfang 44 cm, Umfang unten 88 cm, Höhe 33 cm (liegend, nicht gedehnt)

GARN
Araucania Nature Wool,
100 % Wolle, LL 220 m/100 g,
Farben: HF = Tomat (26), DF = Choco (19), pro Farbe 1 Strang

Die abgebildete Kurzversion wiegt 175 g.

NADELN
Rundstricknadel 4,5 mm (Länge 40 cm) oder Nadelspiel

ZUBEHÖR
Zopfmusternadel (Zn) und Maschenmarkierer

MASCHENPROBE
18 M x 22 Rd = 10 x 10 cm

Für die Kurzversion von Primavera 96 M anschl und beide Grund-Rd wie bei der Langversion str. Mit Rd 7 HF fortfahren und bis Rd 72 DF arbeiten. Abketten.

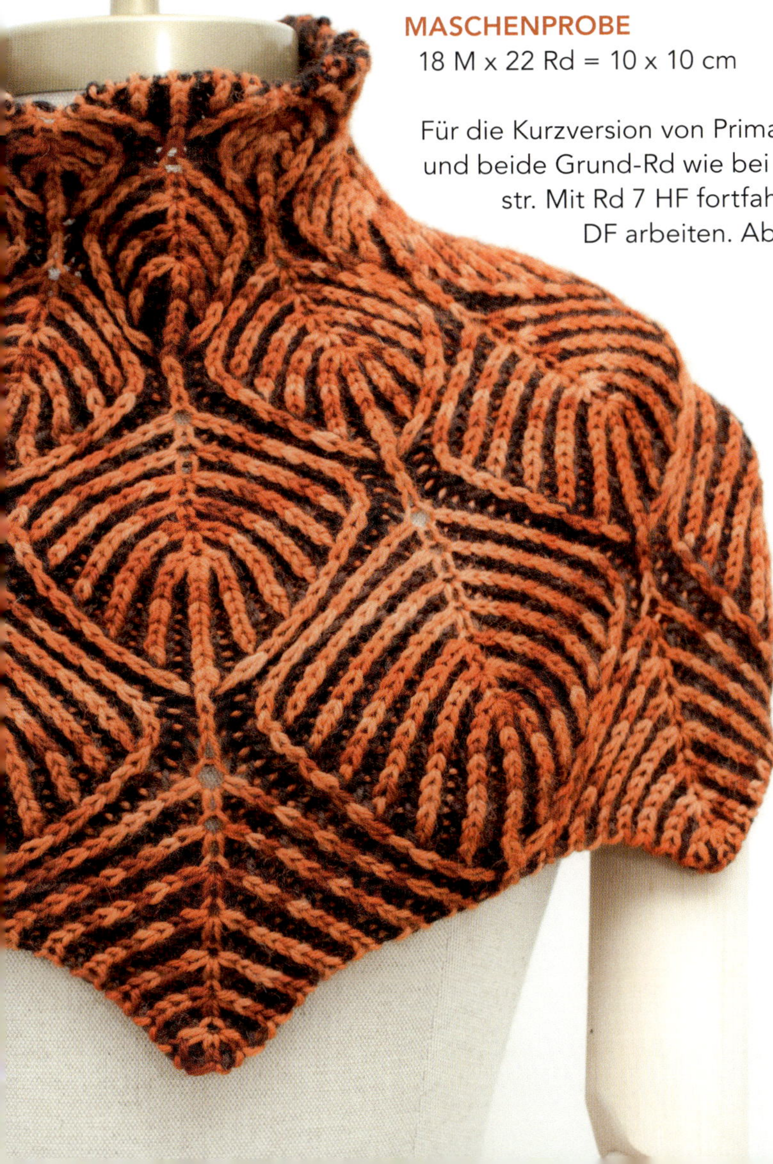

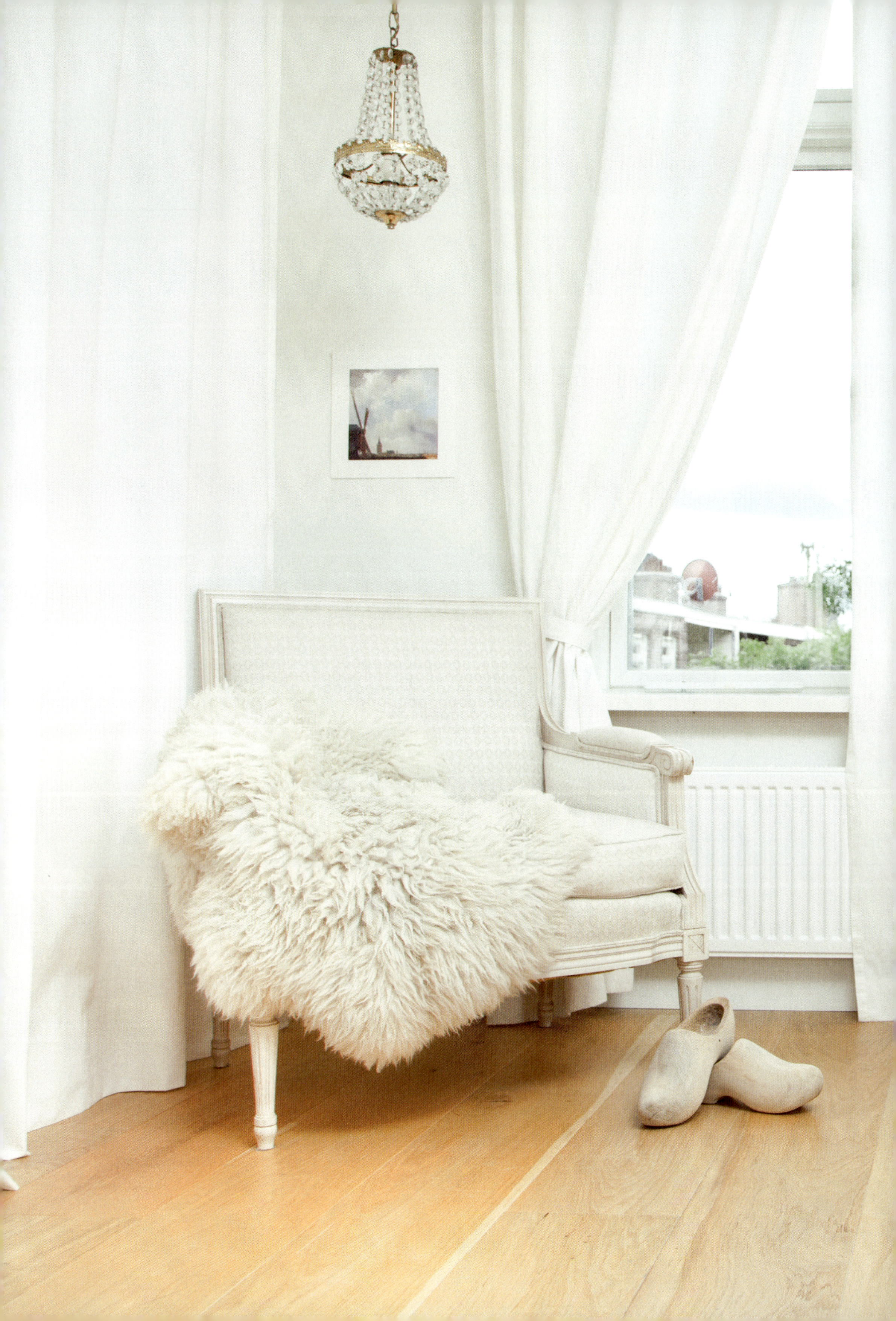

Autumn Lace

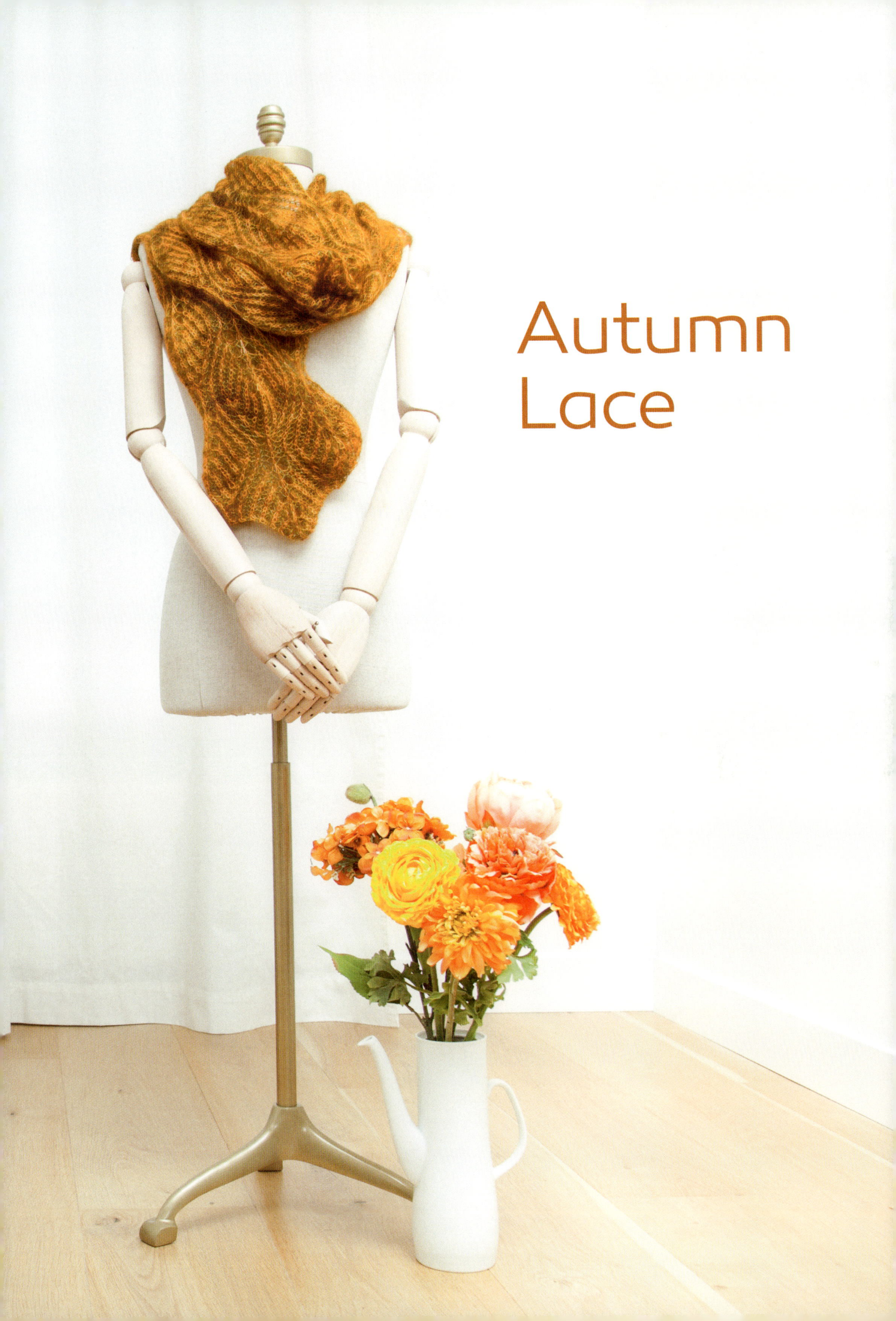

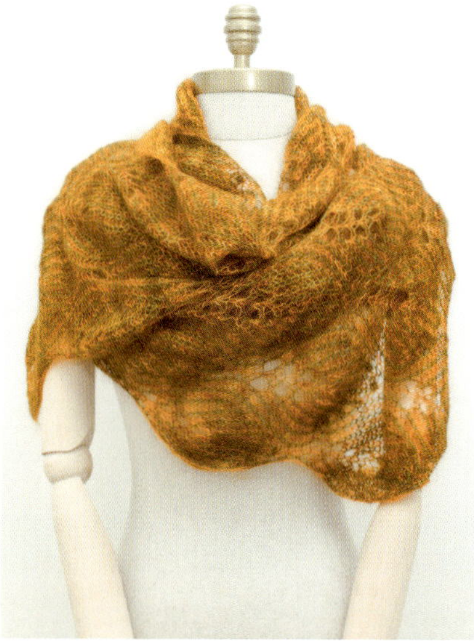

Autumn Lace

Wenn der Herbst kommt, verfärben sich die Blätter, vertrocknen und zerfallen schließlich. Blattmotive aus Lochmuster-Brioche in den intensiven Herbstfarben dieser Mohair-Seide-Mischung schienen mir das Herbstlaub am besten wiederzugeben.

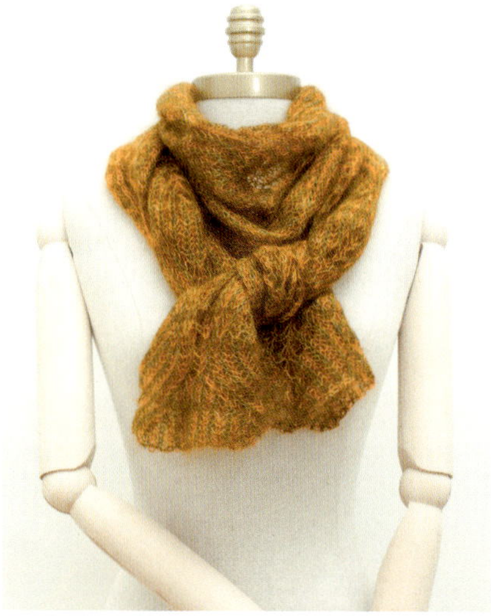

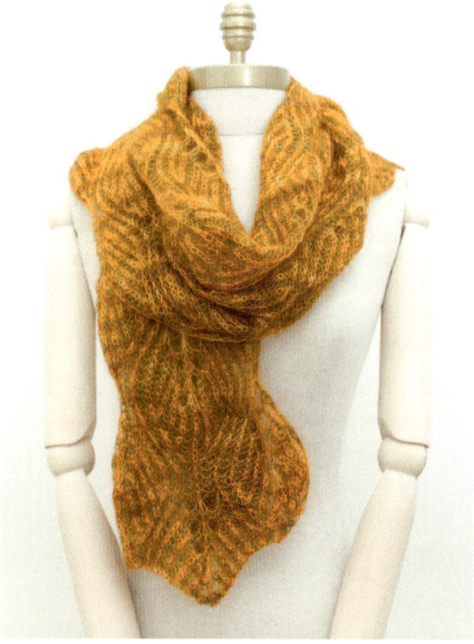

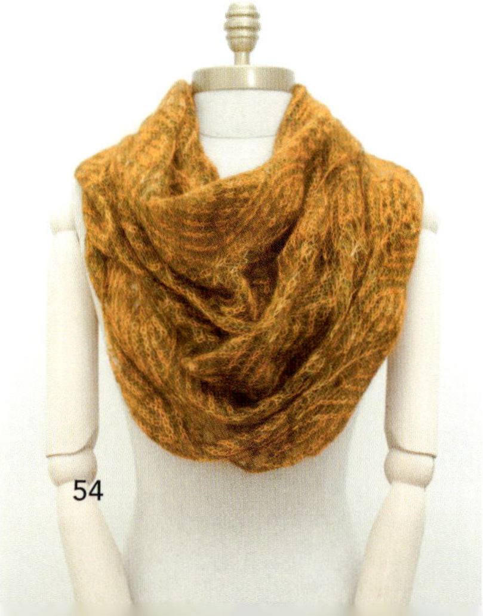

FERTIGE MASSE
Breite 35 cm, Länge 160 cm

GARN
Neighborhood Fiber Co. Loft,
60 % Kid Mohair, 40 % Seide,
LL 302 m/28 g,
Farben: HF = Lincoln Park, DF = Logan Circle, pro Farbe 1 Strang

Der abgebildete Schal wiegt 53 g.

NADELN
Rundstricknadel 4,5 mm (Länge 40 cm) oder Nadelspiel

ZUBEHÖR
Zopfmusternadel (Zn), Maschenmarkierer

MASCHENPROBE
1 Musterrapport = 28 M (14 cm) und 24 R (16 cm)

HINWEISE
Die Maschenanzahl muss durch 28 + 5 teilbar sein.

Bitte lesen Sie vorab im Anhang die Erläuterungen zum Stricken von Lochmusterzunahmen in zweifarbigem Reliefpatent (S. 95).

SCHAL
61 M zweifarbig italienisch anschl, 1. und letzte M HF „re".

Siehe auch DIAGRAMM AUTUMN LACE
Grund-R 1 DS-HF: 1 M li, *1 M mit U abh, 1 M li; ab * bis R-Ende wdh. Nicht wenden, M ans Ende der Nadel schieben, wo DF hängt.
Grund-R 1 DS-DF: 1 M abh, *1 Pm re, 1 M mit U abh; ab * wdh bis 2 M vor R-Ende, 1 Pm re, DF nach hinten, 1 M abh. Wenden.

Grund-R 2 HS-HF: 1 M re, 1 M mit U abh, *1 Pm re, 1 M mit U abh; ab * wdh bis 1 M vor R-Ende, 1 M re. Nicht wenden, M zurückschieben.
Grund-R 2 HS-DF: 1 M abh, *1 Pm li, 1 M mit U abh; ab * wdh bis 2 M vor R-Ende, 1 Pm li, DF nach vorn, 1 M abh. Wenden.

Grund-R 3 DS-HF: 1 M li, 1 M mit U abh, *1 Pm li, 1 M mit U abh; ab * wdh bis 1 M vor R-Ende, 1 M li. Nicht wenden, M zurückschieben.
Grund-R 3 DS-DF: 1 M abh, *1 Pm re, 1 M mit U abh; ab * wdh bis 2 M vor R-Ende, 1 Pm re, DF nach hinten, 1 M abh. Wenden.

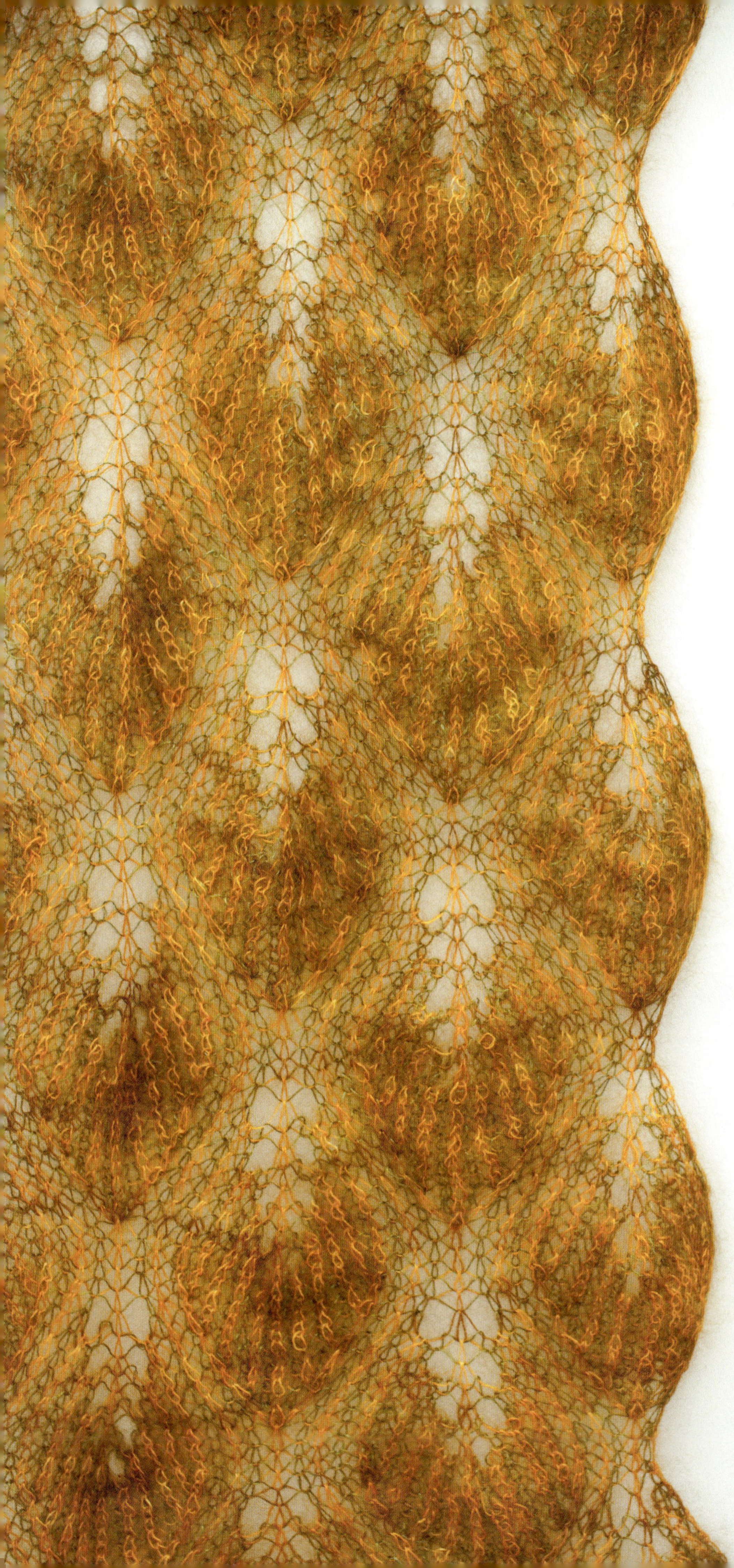

R 1 HS-HF: 1 M re, 1 M mit U abh, *doppU, 1 Pm re, doppU, 1 M mit U abh, 1 Pm re, 1 M mit U abh, Pm nach li abn, 1 M mit U abh, 7x [1 Pm re, 1 M mit U abh], Pm nach re abn, 1 M mit U abh, 1 Pm re, 1 M mit U abh; ab * wdh bis 3 M vor R-Ende, doppU, 1 Pm re, doppU, 1 M mit U abh, 1 M re. Nicht wenden, M zurückschieben.
R 1 HS-DF: 1 M abh, 1 Pm li, *2x [1 M mit U abh, 1 M li], 12x [1 M mit U abh, 1 Pm li]; ab * wdh bis 7 M vor R-Ende, 2x [1 M mit U abh, 1 M li], 1 M mit U abh, 1 Pm li, 1 M abh. Wenden.

R 2 und alle DS-HF-R: 1 M li, 1 M mit U abh, *1 Pm li, 1 M mit U abh; ab * wdh bis 1 M vor R-Ende, 1 M li. Nicht wenden, M zurückschieben.
R 2 und alle DS-DF-R: 1 M abh, *1 Pm re, 1 M mit U abh; ab * wdh bis 2 M vor R-Ende, 1 Pm re, 1 M abh. Wenden.

R 3 HS-HF: 1 M re, 1 M mit U abh, *1 Pm re, 1 M mit U abh, doppU, 1 Pm re, doppU, 1 M mit U abh, 2x [1 Pm re, 1 M mit U abh], Pm nach li abn, 1 M mit U abh, 5x [1 Pm re, 1 M mit U abh], Pm nach re abn, 1 M mit U abh, 1 Pm re, 1 M mit U abh; ab * wdh bis 7 M vor R-Ende, 1 Pm re, 1 M mit U abh, doppU, 1 Pm re, doppU, 1 M mit U abh, 1 Pm re, 1 M mit U abh, 1 M re. Nicht wenden, M zurückschieben.
R 3 HS-DF: 1 M abh, 1 Pm li, *1 M mit U abh, 1 Pm li, 2x [1 M mit U abh, 1 M li], 11x [1 M mit U abh, 1 Pm li]; ab * wdh bis 11 M vor R-Ende, 1 M mit U abh, 1 Pm li, 2x [1 M mit U abh, 1 M li], 2x [1 M mit U abh, 1 Pm li], 1 M abh. Wenden.

R 5 HS-HF: 1 M re, 1 M mit U abh, *2x [1 Pm re, 1 M mit U abh], doppU, 1 Pm re, doppU, 1 M mit U abh, 3x [1 Pm re, 1 M mit U abh], Pm nach li abn, 1 M mit U abh, 3x [1 Pm re, 1 M mit U abh], Pm nach re abn, 1 M mit U abh, 1 Pm re, 1 M mit U abh; ab * wdh bis 11 M vor R-Ende, 2x [1 Pm re, 1 M mit U abh], doppU, 1 Pm re, doppU, 1 M mit U abh, 2x [1 Pm re, 1 M mit U abh], 1 M re. Nicht wenden, M zurückschieben.
R 5 HS-DF: 1 M abh, 1 Pm li, *2x [1 M mit U abh, 1 Pm li], 2x [1 M mit U abh, 1 M li], 10x [1 M mit U abh, 1 Pm li]; ab * wdh bis 15 M vor R-Ende, 2x [1 M mit U abh, 1 Pm li], 2x [1 M mit U abh, 1 M li], 3x [1 M mit U abh, 1 Pm li], 1 M abh. Wenden.

R 7 HS-HF: 1 M re, 1 M mit U abh, *3x [1 Pm re, 1 M mit U abh], doppU, 1 Pm re, doppU, 1 M mit U abh, 4x [1 Pm re, 1 M mit U abh], Pm nach li abn, 1 M mit U abh, 1 Pm re, 1 M mit U abh, Pm nach re abn, 1 M mit U abh, 1 Pm re, 1 M mit U abh; ab * wdh bis 15 M vor R-Ende, 3x [1 Pm re, 1 M mit U abh], doppU, 1 Pm re, doppU, 1 M mit U abh, 3x [1 Pm re, 1 M mit U abh], 1 M re. Nicht wenden, M zurückschieben.
R 7 HS-DF: 1 M abh, 1 Pm li, *3x [1 M mit U abh, 1 Pm li], 2x [1 M mit U abh, 1 M li], 9x [1 M mit U abh, 1 Pm li]; ab * wdh bis 19 M vor R-Ende, 3x [1 M mit U abh, 1 Pm li], 2x [1 M mit U abh, 1 M li], 4x [1 M mit U abh, 1 Pm li], 1 M abh. Wenden.

R 9 HS-HF: 1 M re, 1 M mit U abh, *4x [1 Pm re, 1 M mit U abh], doppU, 1 Pm re, doppU, 1 M mit U abh, 5x [1 Pm re, 1 M mit U abh], 4 Pm abn, 1 M mit U abh, 1 Pm re, 1 M mit U abh; ab * wdh bis 19 M vor R-Ende, 4x [1 Pm re, 1 M mit U abh], doppU, 1 Pm re, doppU, 1 M mit U abh, 4x [1 Pm re, 1 M mit U abh], 1 M re. Nicht wenden, M zurückschieben.
R 9 HS-DF: 1 M abh, 1 Pm li, *4x [1 M mit U abh, 1 Pm li], 2x [1 M mit U abh, 1 M li], 8x [1 M mit U abh, 1 Pm li]; ab * wdh bis 23 M vor R-Ende, 4x [1 M mit U abh, 1 Pm li], 2x [1 M mit U abh, 1 M li], 5x [1 M mit U abh, 1 Pm li], 1 M abh. Wenden.

R 11 HS-HF: 1 M re, 1 M mit U abh, *1 Pm re, 1 M mit U abh; ab * wdh bis 1 M vor R-Ende, 1 M re. Nicht wenden, M zurückschieben.
R 11 HS-DF: 1 M abh, *1 Pm li, 1 M mit U abh; ab * wdh bis 2 M vor R-Ende, 1 Pm li, 1 M abh. Wenden.

R 13 HS-HF: 1 M re, 1 M mit U abh, *Pm nach li abn, 1 M mit U abh, 7x [1 Pm re, 1 M mit U abh], Pm nach re abn, 1 M mit U abh, 1 Pm re, 1 M mit U abh, doppU, 1 Pm re, doppU, 1 M mit U abh, 1 Pm re, 1 M mit U abh; ab * wdh bis 23 M vor R-Ende, Pm nach li abn, 1 M mit U abh, 7x [1 Pm re, 1 M mit U abh], Pm nach re abn, 1 M mit U abh, 1 M re. Nicht wenden, M zurückschieben.
R 13 HS-DF: 1 M abh, 1 Pm li, *10x [1 M mit U abh, 1 Pm li], 2x [1 M mit U abh, 1 M li], 2x [1 M mit U abh, 1 Pm li]; ab * wdh bis 19 M vor R-Ende, 9x [1 M mit U abh, 1 Pm li], 1 M abh. Wenden.

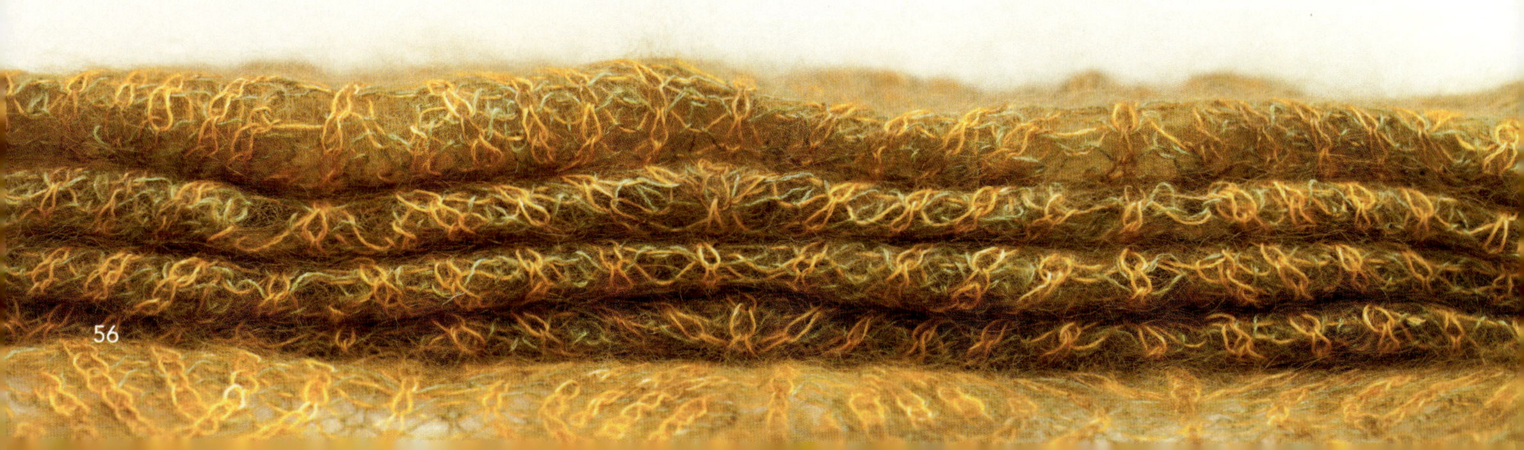

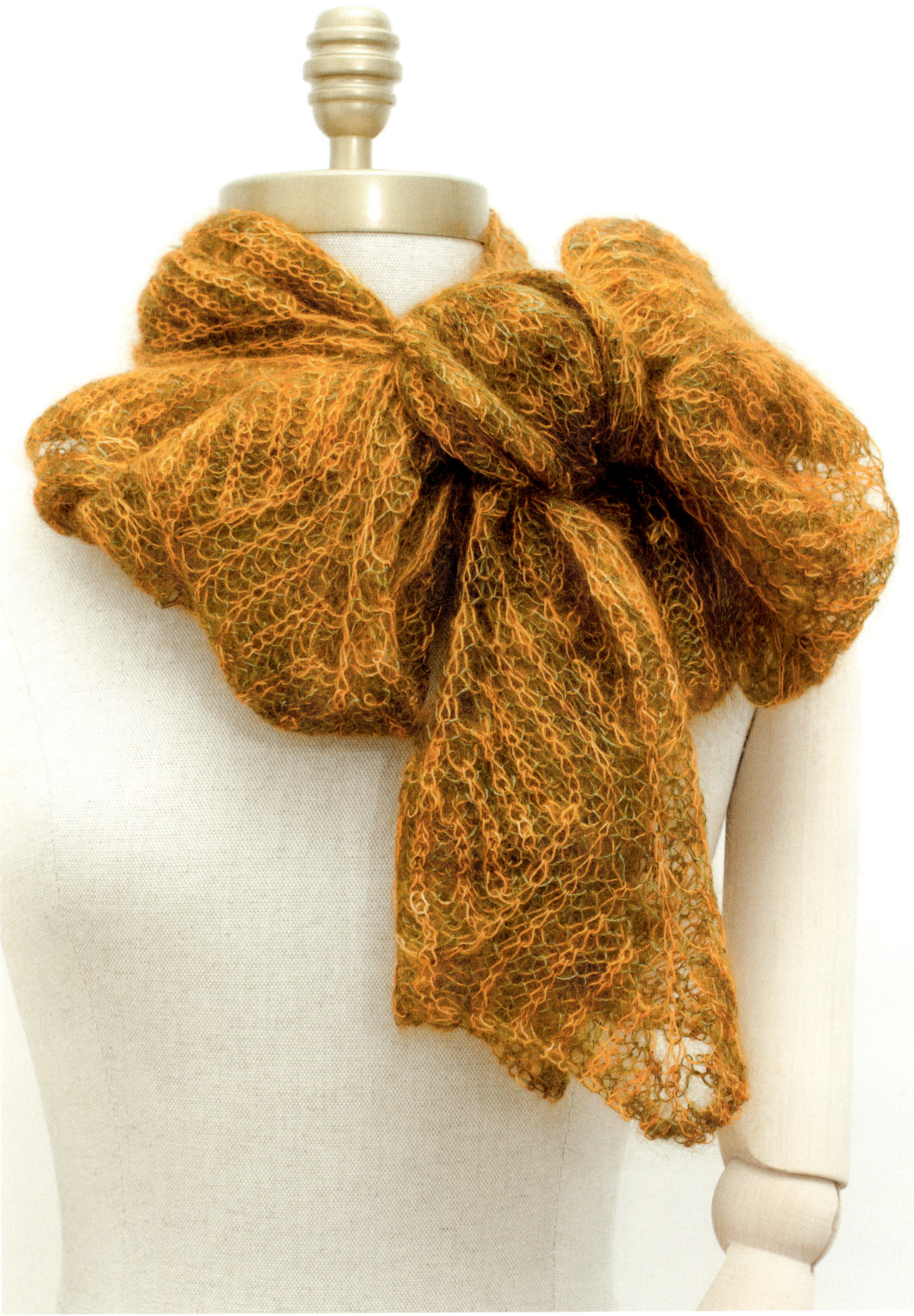

R 15 HS-HF: 1 M re, 1 M mit U abh, *Pm nach li abn, 1 M mit U abh, 5x [1 Pm re, 1 M mit U abh], Pm nach re abn, 1 M mit U abh, 2x [1 Pm re, 1 M mit U abh], doppU, 1 Pm re, doppU, 1 M mit U abh, 2x [1 Pm re, 1 M mit U abh]; ab * wdh bis 19 M vor R-Ende, Pm nach li abn, 1 M mit U abh, 5x [1 Pm re, 1 M mit U abh], Pm nach re abn, 1 M mit U abh, 1 M re. Nicht wenden, M zurückschieben.
R 15 HS-DF: 1 M abh, 1 Pm li, *9x [1 M mit U abh, 1 Pm li], 2x [1 M mit U abh, 1 M li], 3x [1 M mit U abh, 1 Pm li]; ab * wdh bis 15 M vor R-Ende, 7x [1 M mit U abh, 1 Pm li], 1 M abh. Wenden.

R 17 HS-HF: 1 M re, 1 M mit U abh, *Pm nach li abn, 1 M mit U abh, 3x [1 Pm re, 1 M mit U abh], Pm nach re abn, 1 M mit U abh, 3x [1 Pm re, 1 M mit U abh], doppU, 1 Pm re, doppU, 1 M mit U abh, 3x [1 Pm re, 1 M mit U abh]; ab * wdh bis 15 M vor R-Ende, Pm nach li abn, 1 M mit U abh, 3x [1 Pm re, 1 M mit U abh], Pm nach re abn, 1 M mit U abh, 1 M re. Nicht wenden, M zurückschieben.
R 17 HS-DF: 1 M abh, 1 Pm li, *8x [1 M mit U abh, 1 Pm li], 2x [1 M mit U abh, 1 M li], 4x [1 M mit U abh, 1 Pm li]; ab * wdh bis 11 M vor R-Ende, 5x [1 M mit U abh, 1 Pm li], 1 M abh. Wenden.

R 19 HS-HF: 1 M re, 1 M mit U abh, *Pm nach li abn, 1 M mit U abh, 1 Pm re, 1 M mit U abh, Pm nach re abn, 1 M mit U abh, 4x [1 Pm re, 1 M mit U abh], doppU, 1 Pm re, doppU, 1 M mit U abh, 4x [1 Pm re, 1 M mit U abh]; ab * wdh bis 11 M vor R-Ende, Pm nach li abn, 1 M mit U abh, 1 Pm re, 1 M mit U abh, Pm nach re abn, 1 M mit U abh, 1 M re. Nicht wenden, M zurückschieben.
R 19 HS-DF: 1 M abh, 1 Pm li, *7x [1 M mit U abh, 1 Pm li], 2x [1 M mit U abh, 1 M li], 5x [1 M mit U abh, 1 Pm li]; ab * wdh bis 7 M vor R-Ende, 3x [1 M mit U abh, 1 Pm li], 1 M abh. Wenden.

R 21 HS-HF: 1 M re, 1 M mit U abh, * 4 Pm abn, 1 M mit U abh, 5x [1 Pm re, 1 M mit U abh], doppU, 1 Pm re, doppU, 1 M mit U abh, 5x [1 Pm re, 1 M mit U abh]; ab * wdh bis 7 M vor R-Ende, 4 Pm abn, 1 M mit U abh, 1 M re. Nicht wenden, M zurückschieben.
R 21 HS-DF: 1 M abh, 1 Pm li, *6x [1 M mit U abh, 1 Pm li], 2x [1 M mit U abh, 1 M li], 6x [1 M mit U abh, 1 Pm li]; ab * wdh bis 3 M vor R-Ende, 1 M mit U abh, 1 Pm li, 1 M abh. Wenden.

R 23 HS-HF: 1 M re, 1 M mit U abh, *1 Pm re, 1 M mit U abh; ab * wdh bis 1 M vor R-Ende, 1 M re. Nicht wenden, M zurückschieben.
R 23 HS-DF: 1 M abh, *1 Pm li, 1 M mit U abh; ab * wdh bis 2 M vor R-Ende, 1 Pm li, 1 M abh. Wenden.

Nach **R 24 DS-DF** ab **R 1 HS-HF** bis zur gewünschten Länge wdh.

Nach Erreichen der gewünschten Länge nach **R 12 DS-DF** oder **R 24 DS-DF** italienisch bzw. der Anschlagtechnik entsprechend abketten. Die Fadenenden vernähen und das Strickstück nach Belieben spannen. Der abgebildete Schal wurde feucht gespannt.

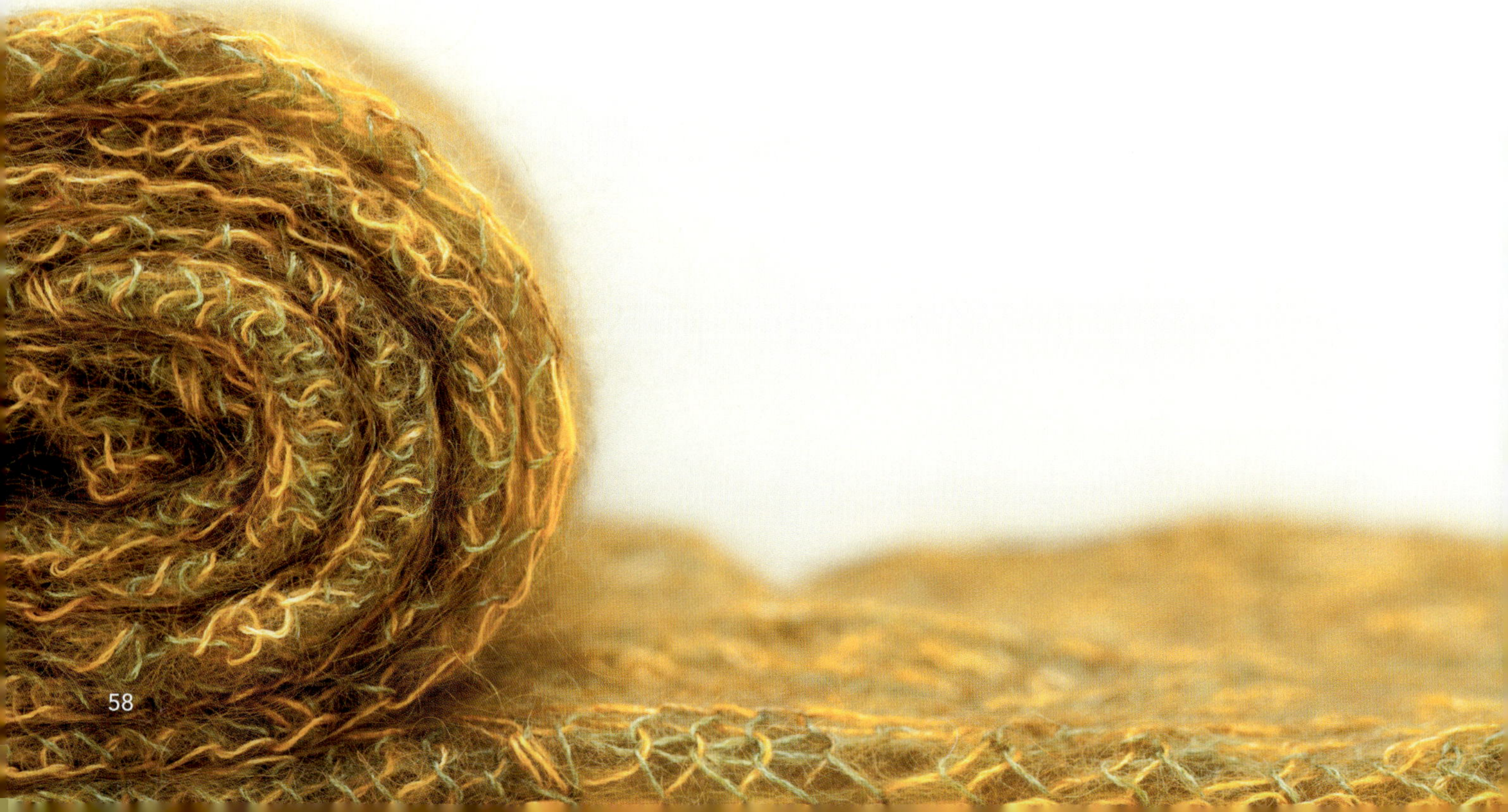

[ꝏ] = doppU (doppelter Umschlag)

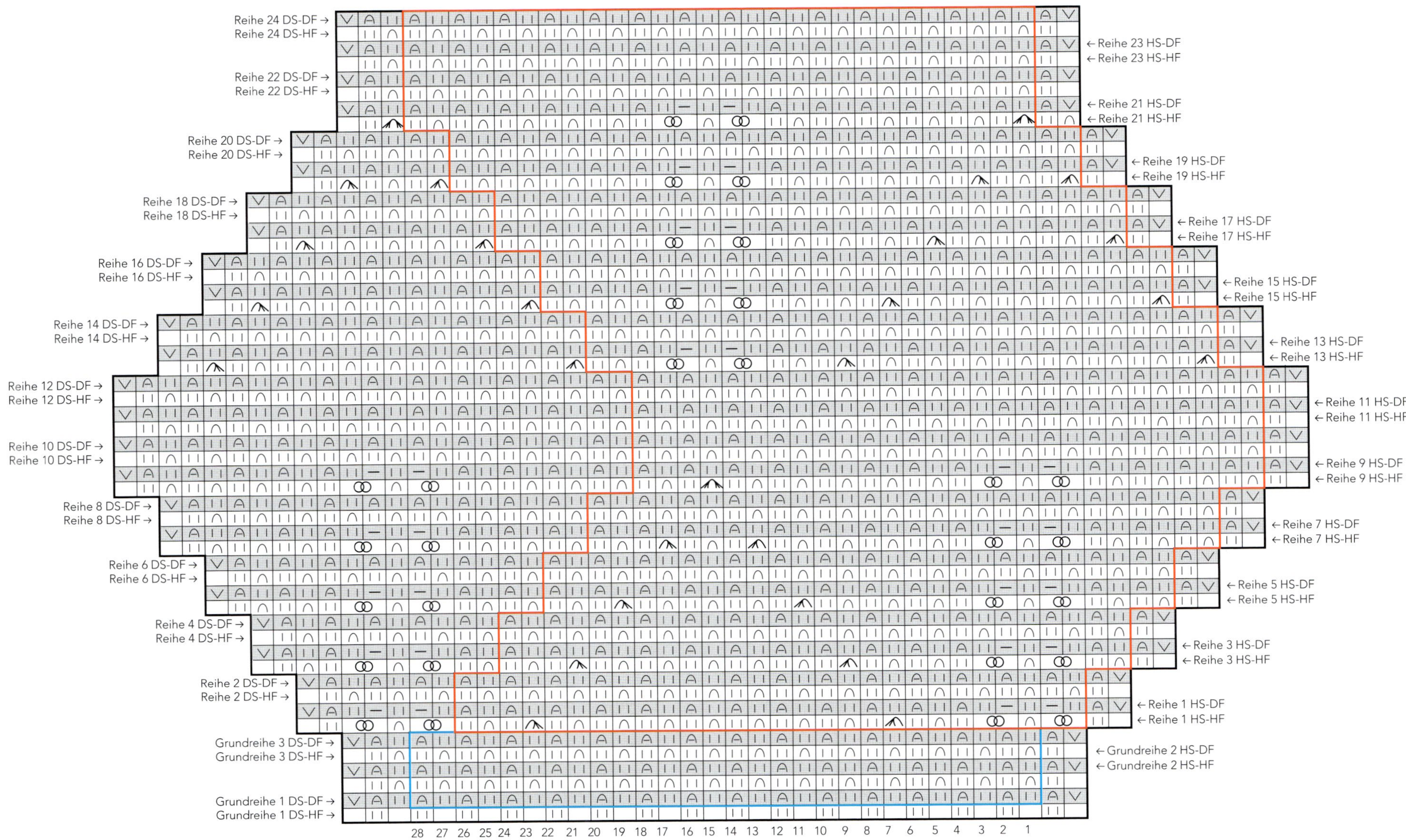

DIAGRAMM AUTUMN LACE

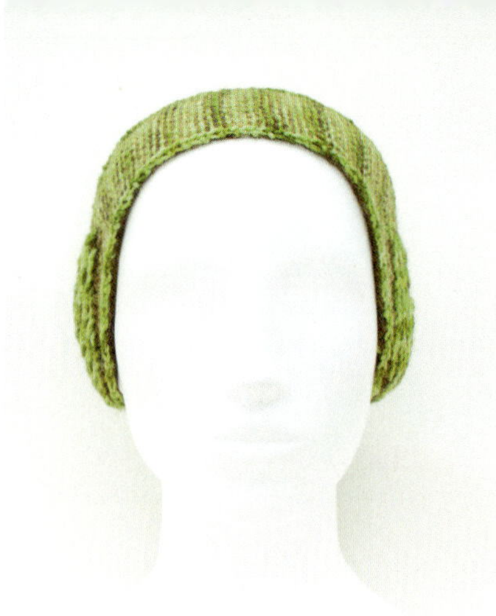

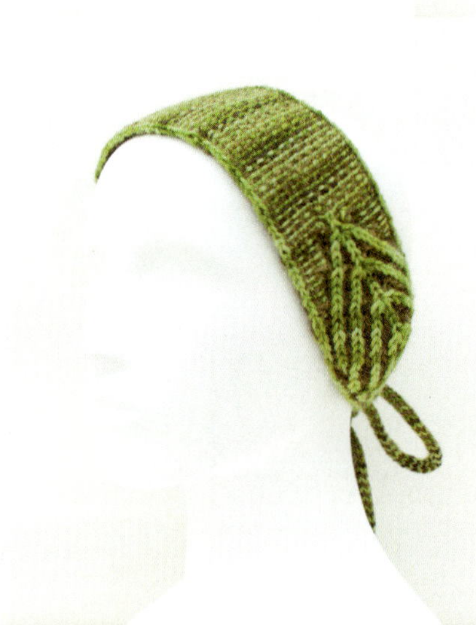

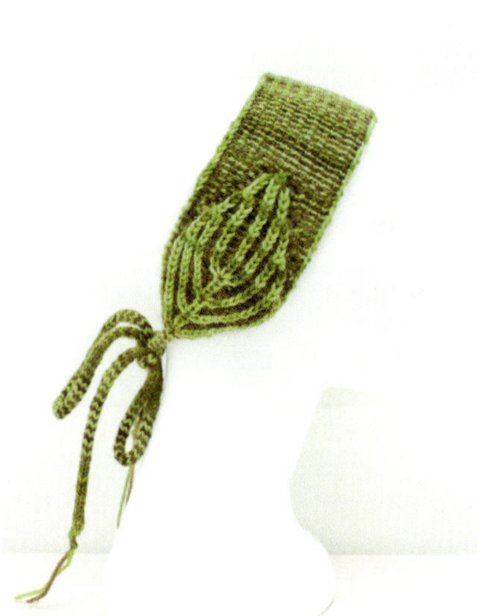

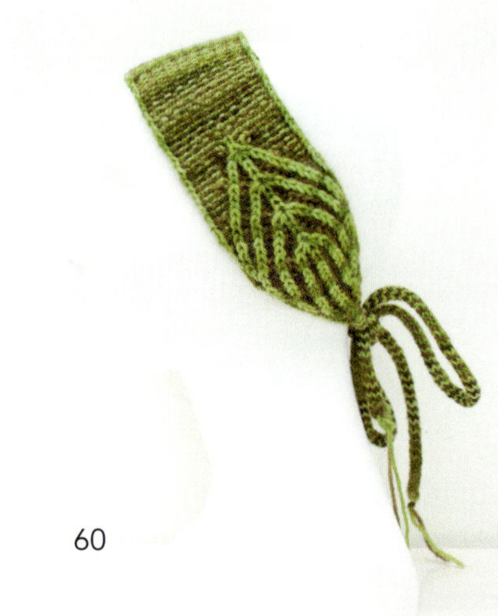

Linden Leaf

Dieses kleine Kopfband beginnt als Kordel, wird zu einem Brioche-Blattmotiv, geht in einen Leinenstich-Hintergrund über und endet dann wieder in einem Blatt und einer Kordel.

FERTIGE MASSE

Breite 8 cm, Länge 46,5 cm vom Anfang des ersten bis zum Ende des zweiten Blatts. Kordeln jeweils 40 cm.

GARN

Araucania Nature Wool,
100 % Wolle, LL 220 m/100 g,
Farben: HF = 27 (Green), DF = 20 (Forest), 15 g je Farbe

Das abgebildete Band wiegt 27 g.

NADELN

Rundstricknadel 3,5 mm (Länge 40 cm) oder Nadelspiel

ZUBEHÖR

Zopfmusternadel (Zn), Maschenmarkierer

MASCHENPROBE

Leinenstich: 21 M = 8 cm und 49 R = 10 cm

HINWEISE

Bitte lesen Sie vorab die Erläuterungen im Anhang (S. 94–99).

Beim Übergang vom Blattmotiv zum Leinenstich wird in den DS-DF-Reihen zugenommen und in den folgenden HS-HF-Reihen abgenommen. Nach R 16 DS-DF sind es beispielsweise 25 M, nach R 17 HS-HF sind es nur noch 21 M. Beim Stricken des zweiten Blattmotivs wird in einer DS-DF-Reihe bis auf 17 M abgenommen und in der folgenden HS-HF-Reihe wieder auf 21 M zugenommen. Achten Sie beim Übergang vom Blattmuster zum Leinenstich und umgekehrt außerdem besonders auf die DF-Reihen, da hier in derselben Reihe sowohl re M/Pm als auch li M/Pm gearbeitet werden.

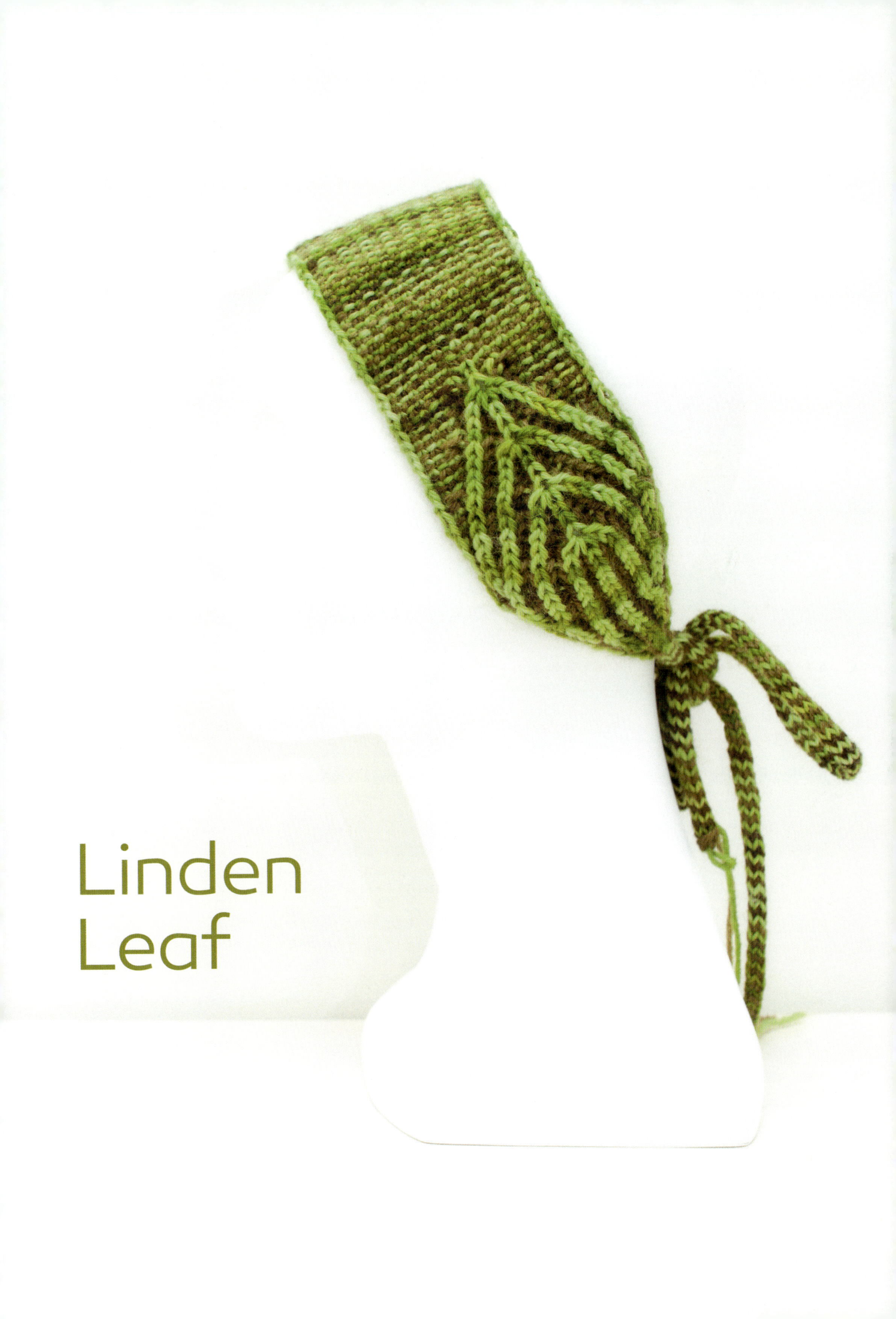

Linden Leaf

KOPFBAND

KORDEL

Fäden zusammenknoten, mit HF 5 M aufschl, nicht wenden, M zurückschieben.
Kordel str: *mit DF: 5 M re, nicht wenden, M zurückschieben. Mit HF: 5 M re, nicht wenden, M zurückschieben. Ab * wdh, bis die Kordel 40 cm misst, mit DF-R enden. Wenden.

ERSTES BLATTMOTIV

Siehe auch DIAGRAMM ERSTES BLATTMOTIV
Grund-R 1 DS-HF: 1 M li, 2x [1 M mit U abh, 1 M li]. Nicht wenden, M zurückschieben.
Grund-R 1 DS-DF: 1 M abh, DF nach hinten, 1 Pm re, 1 M mit U abh, 1 Pm re, 1 M abh. Wenden.

R 1 HS-HF: 1 M re, 1 M mit U abh, 4 Pm zun, 1 M mit U abh, 1 M re. Nicht wenden, M zurückschieben (= 9 M).
R 1 HS-DF: 1 M abh, 1 Pm li, 2x [1 M mit U abh, 1 M li], 1 M mit U abh, 1 Pm li, 1 M abh. Wenden.

R 2 DS-HF: 1 M li, *1 M mit U abh, 1 Pm li; ab * bis 2 M vor R-Ende wdh, 1 M mit U abh, 1 M li. Nicht wenden, M zurückschieben.
R 2 DS-DF: 1 M abh, *1 Pm re, 1 M mit U abh; ab * bis 2 M vor R-Ende wdh, 1 Pm re, 1 M abh. Wenden.

R 3 HS-HF: 1 M re, 1 M mit U abh, *1 Pm re, 1 M mit U abh; ab * bis zur letzten M wdh, 1 M re. Nicht wenden, M zurückschieben.
R 3 HS-DF: 1 M abh, *1 Pm li, 1 M mit U abh; ab * bis 2 M vor R-Ende wdh, 1 Pm li, 1 M abh. Wenden.

R 4 DS-HF: wie **R 2 DS-HF.**
R 4 DS-DF: wie **R 2 DS-DF.**

R 5 HS-HF: 1 M re, 1 M mit U abh, 1 Pm re, 1 M mit U abh, 4 Pm zun, 1 M mit U abh, 1 Pm re, 1 M mit U abh, 1 M re. Nicht wenden, M zurückschieben (= 13 M).
R 5 HS-DF: 1 M abh, 1 Pm li, 1 M mit U abh, 1 Pm li, 2x [1 M mit U abh, 1 M li], 2x [1 M mit U abh, 1 Pm li], 1 M abh. Wenden.

R 6 DS-HF/DS-DF: wie **R 2 DS-HF/DS-DF.**

R 7 HS-HF/HS-DF: wie **R 3 HS-HF/HS-DF.**

R 8 DS-HF/DS-DF: wie **R 2 DS-HF/DS-DF.**

R 9 HS-HF: 1 M re, 1 M mit U abh, 2x [1 Pm re, 1 M mit U abh], 4 Pm zun, 1 M mit U abh, 2x [1 Pm re, 1 M mit U abh], 1 M re. Nicht wenden, M zurückschieben (=17 M).
R 9 HS-DF: 1 M abh, 1 Pm li, 2x [1 M mit U abh, 1 Pm li], 2x [1 M mit U abh, 1 M li], 3x [1 M mit U abh, 1 Pm li], 1 M abh. Wenden.

R 10 DS-HF/DS-DF: wie **R 2 DS-HF/DS-DF.**

R 11 HS-HF/HS-DF: wie **R 3 HS-HF/HS-DF.**

R 12 DS-HF/DS-DF: wie **R 2 DS-HF/DS-DF.**

R 13 HS-HF: 1 M re, 1 M mit U abh, 3x [1 Pm re, 1 M mit U abh], 4 Pm zun, 1 M mit U abh, 3x [1 Pm re, 1 M mit U abh], 1 M re. Nicht wenden, M zurückschieben (= 21 M).
R 13 HS-DF: 1 M abh, 1 Pm li, 3x [1 M mit U abh, 1 Pm li], 2x [1 M mit U abh, 1 M li], 4x [1 M mit U abh, 1 Pm li], 1 M abh. Wenden.

R 14 DS-HF/DS-DF: wie **R 2 DS-HF/DS-DF.**

R 15 HS-HF/HS-DF: wie **R 3 HS-HF/HS-DF.**

Ab hier im LEINENSTICH arbeiten.
R 16 DS-HF/DS-DF: wie **R 2 DS-HF/DS-DF.**
R 16 DS-DF: 1 M abh, PmUPm, 1 M mit U abh, 8x [1 Pm re, 1 M mit U abh], PmUPm, 1 M abh. Wenden (= 25 M).

R 17 HS-HF: 1 M re, 1 M abh (FvdA), 1 M re, 1 M mit U abh, Pm nach re abn, 1 M mit U abh, 5x [1 Pm re, 1 M mit U abh], Pm nach li abn, 1 M mit U abh, 1 M re, 1 M abh (FvdA), 1 M re. Nicht wenden, M zurückschieben (= 21 M).
R 17 HS-DF: 1 M abh, Faden nach hinten, 1 M re, 1 M abh (FvdA), 7x [1 Pm li, 1 M mit U abh], 1 Pm li, 1 M abh (FvdA), 1 M re, 1 M abh. Wenden.

R 18 DS-HF: 1 M li, 1 M abh (FhdA), 1 M li, 7x [1 M mit U abh, 1 Pm li], 1 M mit U abh, 1 M li, 1 M abh (FhdA), 1 M li. Nicht wenden, M zurückschieben.
R 18 DS-DF: 1 M abh, 1 M li, 1 M abh (FhdA), 7x [1 Pm re, 1 M mit U abh], 1 Pm re, 1 M abh (FhdA), 1 M li, 1 M abh. Wenden.

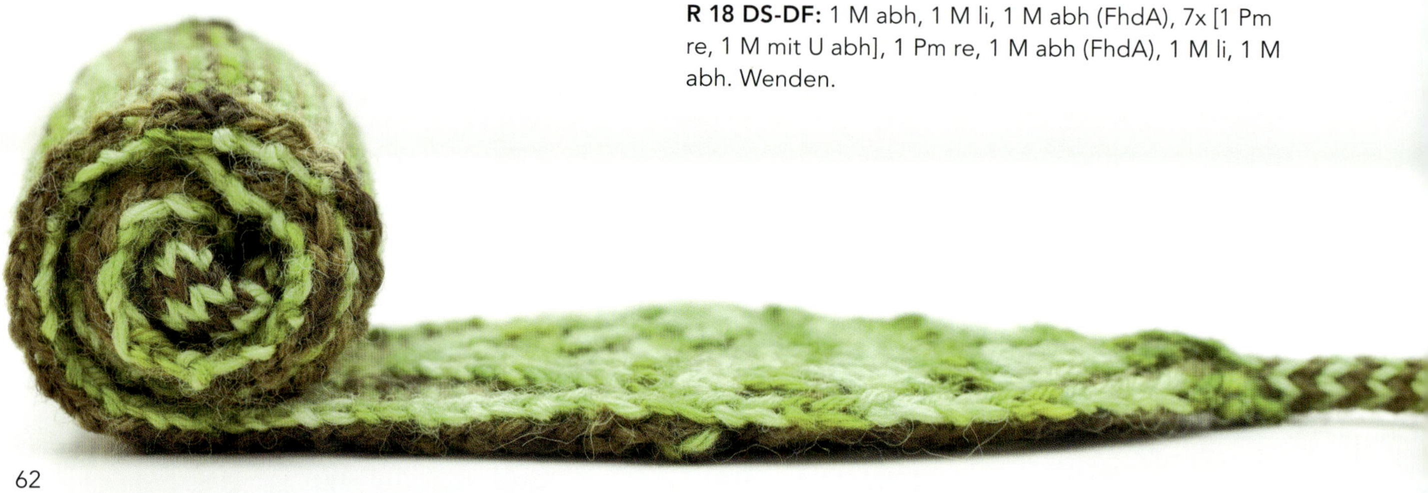

R 19 HS-HF: 1 M re, 1 M abh (FvdA), 1 M re, 1 M mit U abh, 7x [1 Pm re, 1 M mit U abh], 1 M re, 1 M abh (FvdA), 1 M re. Nicht wenden, M zurückschieben.
R 19 HS-DF: 1 M abh, 1 M re, 1 M abh (FvdA), 7x [1 Pm li, 1 M mit U abh], 1 Pm li, 1 M abh (FvdA), 1 M re, 1 M abh. Wenden.

R 20 DS-HF: 1 M li, 1 M abh (FhdA), 1 M li, 7x [1 M mit U abh, 1 Pm li], 1 M mit U abh, 1 M li, 1 M abh (FhdA), 1 M li. Nicht wenden, M zurückschieben.
R 20 DS-DF: 1 M abh, 1 M li, 1 M abh (FhdA), PmUPm, 1 M mit U abh, 6x [1 Pm re, 1 M mit U abh], PmUPm, 1 M abh (FhdA), 1 M li, 1 M abh. Wenden (= 25 M).

R 21 HS-HF: 2x [1 M re, 1 M abh (FvdA)], 1 M re, 1 M mit U abh, Pm nach re abn, 1 M mit U abh, 3x [1 Pm re, 1 M mit U abh], Pm nach li abn, 1 M mit U abh, 2x [1 M re, 1 M abh (FvdA)], 1 M re. Nicht wenden, M zurückschieben (= 21 M).
R 21 HS-DF: 1 M abh, 2x [1 M re, 1 M abh (FvdA)], 5x [1 Pm li, 1 M mit U abh], 1 Pm li, 2x [1 M abh (FvdA), 1 M re], 1 M abh. Wenden.

R 22 DS-HF: 2x [1 M li, 1 M abh (FhdA)], 1 M li, 5x [1 M mit U abh, 1 Pm li], 1 M mit U abh, 2x [1 M li, 1 M abh (FhdA)], 1 M li. Nicht wenden, M zurückschieben.
R 22 DS-DF: 1 M abh, 2x [1 M li, 1 M abh (FhdA)], 5x [1 Pm re, 1 M mit U abh], 1 Pm re, 2x [1 M abh (FhdA), 1 M li], 1 M abh. Wenden.

R 23 HS-HF: 2x [1 M re, 1 M abh (FvdA)], 1 M re, 1 M mit U abh, 5x [1 Pm re, 1 M mit U abh], 2x [1 M re, 1 M abh (FvdA)], 1 M re. Nicht wenden, M zurückschieben.
R 23 HS-DF: 1 M abh, 2x [1 M re, 1 M abh (FvdA)], 5x [1 Pm li, 1 M mit U abh], 1 Pm li, 2x [1 M abh (FvdA), 1 M re], 1 M abh. Wenden.

R 24 DS-HF: 2x [1 M li, 1 M abh (FhdA)], 1 M li, 5x [1 M mit U abh, 1 Pm li], 1 M mit U abh, 2x [1 M li, 1 M abh (FhdA)], 1 M li. Nicht wenden, M zurückschieben.
R 24 DS-DF: 1 M abh, 2x [1 M li, 1 M abh (FhdA)], PmUPm, 1 M mit U abh, 4x [1 Pm re, 1 M mit U abh], PmUPm, 2x [1 M abh (FhdA), 1 M li], 1 M abh. Wenden (= 25 M).

R 25 HS-HF: 3x [1 M re, 1 M abh (FvdA)], 1 M re, 1 M mit U abh, Pm nach re abn, 1 M mit U abh, 1 Pm re, 1 M mit U abh, Pm nach li abn, 1 M mit U abh, 3x [1 M re, 1 M abh (FvdA)], 1 M re. Nicht wenden, M zurückschieben. (21 M)
R 25 HS-DF: 1 M abh, 3x [1 M re, 1 M abh (FvdA)], 3x [1 Pm li, 1 M mit U abh], 1 Pm li, 3x [1 M abh (FvdA), 1 M re], 1 M abh. Wenden.

R 26 DS-HF: 3x [1 M li, 1 M abh (FhdA)], 1 M li, 3x [1 M mit U abh, 1 Pm li], 1 M mit U abh, 3x [1 M li, 1 M abh (FhdA)], 1 M li. Nicht wenden, M zurückschieben.
R 26 DS-DF: 1 M abh, 3x [1 M li, 1 M abh (FhdA)], 3x [1 Pm re, 1 M mit U abh], 1 Pm re, 3x [1 M abh (FhdA), 1 M li], 1 M abh. Wenden.

R 27 HS-HF: 3x [1 M re, 1 M abh (FvdA)], 1 M re, 1 M mit U abh, 3x [1 Pm re, 1 M mit U abh], 3x [1 M re, 1 M abh (FvdA)], 1 M re. Nicht wenden, M zurückschieben.
R 27 HS-DF: 1 M abh, 3x [1 M re, 1 M abh (FvdA)], 3x [1 Pm li, 1 M mit U abh], 1 Pm li, 3x [1 M abh (FvdA), 1 M re], 1 M abh. Wenden.

R 28 DS-HF: 3x [1 M li, 1 M abh (FhdA)], 1 M li, 3x [1 M mit U abh, 1 Pm li], 1 M mit U abh, 3x [1 M li, 1 M abh (FhdA)], 1 M li. Nicht wenden, M zurückschieben.
R 28 DS-DF: 1 M abh, 3x [1 M li, 1 M abh (FhdA)], PmUPm, 1 M mit U abh, 2x [1 Pm re, 1 M mit U abh], PmUPm, 3x [1 M abh (FhdA), 1 M li], 1 M abh. Wenden (= 25 M).

R 29 HS-HF: 5x [1 M re, 1 M abh (FvdA)], 4 Pm abn, 5x [1 M abh (FvdA), 1 M re]. Nicht wenden, M zurückschieben (= 21 M).
R 29 HS-DF: 1 M abh, 4x [1 M re, 1 M abh (FvdA)], 1 M re, 1 M mit U abh, 1 M re, 4x [1 M abh (FvdA), 1 M re], 1 M abh. Wenden.

R 30 DS-HF: 5x [1 M li, 1 M abh (FhdA)], 1 Pm li, 5x [1 M abh (FhdA), 1 M li]. Nicht wenden, M zurückschieben.
R 30 DS-DF: 1 M abh, *1 M li, 1 M abh (FhdA); ab * bis 2 M vor R-Ende wdh, 1 M li, 1 M abh. Wenden.

Weiter im ZWEIFARBIGEN LEINENSTICH, dazu folgende HS- und DS-R stets wdh:
R 31 HS-HF: *1 M re, 1 M abh (FvdA); ab * bis zur letzten M wdh, 1 M re. Nicht wenden, M zurückschieben.
R 31 HS-DF: 1 M abh, *1 M re, 1 M abh (FvdA); ab * bis 2 M vor R-Ende wdh, 1 M re, 1 M abh. Wenden.

R 32 DS-HF: *1 M li, 1 M abh (FhdA); ab * bis zur letzten M wdh, 1 M li. Nicht wenden, M zurückschieben.
R 32 DS-DF: 1 M abh, *1 M li, 1 M abh (FhdA); ab * bis 2 M vor R-Ende wdh, 1 M li, 1 M abh. Wenden.

Hier habe ich 21 cm im Leinenstich gearbeitet und dann mit dem zweiten Blatt begonnen. Für die bestmögliche Passform das erste Blattmotiv über das Ohr legen und im Leinenstich bis zum Scheitel arbeiten. Einen Markierer an diese mittlere Reihe setzen und noch mal ein gleich langes Stück im Leinenstich arbeiten. Mit R 32 DS-DF enden, dann mit „Übergang zum ZWEITEN BLATTMOTIV" fortfahren.

Übergang zum ZWEITEN BLATTMOTIV.
Siehe auch: DIAGRAMM ZWEITES BLATTMOTIV.
R 1 HS-HF: *1 M re, 1 M abh (FvdA); ab * bis zur letzten M wdh, 1 M re. Nicht wenden, M zurückschieben.
R 1 HS-DF: 1 M abh, 4x [1 M re, 1 M abh (FvdA)]. 1 M re, 1 M mit U abh, 4x [1 M re, 1 M abh (FvdA)], 1 M re, 1 M abh. Wenden.

R 2 DS-HF: 5x [1 M li, 1 M abh (FhdA)], 1 Pm li, 5x [1 M abh (FhdA), 1 M li]. Nicht wenden, M zurückschieben.
R 2 DS-DF: 1 M abh, 3x [1 M li, 1 M abh (FhdA)], Pm nach re abn, 1 M mit U abh, Pm nach li abn, 3x [1 M abh (FhdA), 1 M li], 1 M abh. Wenden (= 17 M).

R 3 HS-HF: 3x [1 M re, 1 M abh (FvdA)], 1 M re, 1 M mit U abh, 4 Pm zun, 1 M mit U abh, 3x [1 M re, 1 M abh (FvdA)], 1 M re. Nicht wenden, M zurückschieben (= 21 M).
R 3 HS-DF: 1 M abh, 3x [1 M re, 1 M abh (FvdA)]. Pm li, 1 M mit U abh, 2x [1 M li, 1 M mit U abh], 1 Pm li, 3x [1 M abh (FvdA), 1 M re], 1 M abh. Wenden.

R 4 DS-HF: 3x [1 M li, 1 M abh (FhdA)], 1 M li, 3x [1 M mit U abh, 1 Pm li], 1 M mit U abh, 3x [1 M li, 1 M abh (FhdA)], 1 M li. Nicht wenden, M zurückschieben.
R 4 DS-DF: 1 M abh, 3x [1 M li, 1 M abh (FhdA)], 3x [1 Pm re, 1 M mit U abh], 1 Pm re, 3x [1 M abh (FhdA), 1 M li], 1 M abh. Wenden.

R 5 HS-HF: 3x [1 M re, 1 M abh (FvdA)], 1 M re, 3x [1 M mit U abh, 1 Pm re], 1 M mit U abh, 3x [1 M re, 1 M abh (FvdA)], 1 M re. Nicht wenden, M zurückschieben.
R 5 HS-DF: 1 M abh, 3x [1 M re, 1 M abh (FvdA)]. 3x [1 Pm li, 1 M mit U abh], 1 Pm li, 3x [1 M abh (FvdA), 1 M re], 1 M abh. Wenden.

R 6 DS-HF: 3x [1 M li, 1 M abh (FhdA)], 1 M li, 3x [1 M mit U abh, 1 Pm li], 1 M mit U abh, 3x [1 M li, 1 M abh (FhdA)], 1 M li. Nicht wenden, M zurückschieben.
R 6 DS-DF: 1 M abh, 2x [1 M li, 1 M abh (FhdA)], Pm nach re abn, 1 M mit U abh, 2x [1 Pm re, 1 M mit U abh], Pm nach li abn, 2x [1 M abh (FhdA), 1 M li], 1 M abh. Wenden (= 17 M).

R 7 HS-HF: 2x [1 M re, 1 M abh (FvdA)], 1 M re, 1 M mit U abh, 1 Pm re, 1 M mit U abh, 4 Pm zun, 1 M mit U abh, 1 Pm re, 1 M mit U abh, 2x [1 M re, 1 M abh (FvdA)], 1 M re. Nicht wenden, M zurückschieben (= 21 M).
R 7 HS-DF: 1 M abh, 2x [1 M re, 1 M abh (FvdA)]. 2x [1 Pm li, 1 M mit U abh], 2x [1 M li, 1 M mit U abh], 1 Pm li, 1 M mit U abh, 1 Pm li, 2x [1 M abh (FvdA), 1 M re], 1 M abh. Wenden.

R 8 DS-HF: 2x [1 M li, 1 M abh (FhdA)], 1 M li, 5x [1 M mit U abh, 1 Pm li], 1 M mit U abh, 2x [1 M li, 1 M abh (FhdA)], 1 M li. Nicht wenden, M zurückschieben.
R 8 DS-DF: 1 M abh, 2x [1 M li, 1 M abh (FhdA)], 5x [1 Pm re, 1 M mit U abh], 1 Pm re, 2x [1 M abh (FhdA), 1 M li], 1 M abh. Wenden.

R 9 HS-HF: 2x [1 M re, 1 M abh (FvdA)], 1 M re, 5x [1 M mit U abh, 1 Pm re], 1 M mit U abh, 2x [1 M re, 1 M abh (FvdA)], 1 M re. Nicht wenden, M zurückschieben.
R 9 HS-DF: 1 M abh, 2x [1 M re, 1 M abh (FvdA)], 5x [1 Pm li, 1 M mit U abh], 1 Pm li, 2x [1 M abh (FvdA), 1 M re], 1 M abh. Wenden.

R 10 DS-HF: 2x [1 M li, 1 M abh (FhdA)], 1 M li, 5x [1 M mit U abh, 1 Pm li], 1 M mit U abh, 2x [1 M li, 1 M abh (FhdA)], 1 M li. Nicht wenden, M zurückschieben.
R 10 DS-DF: 1 M abh, 1 M li, 1 M abh (FhdA), Pm nach re abn, 1 M mit U abh, 4x [1 Pm re, 1 M mit U abh], Pm nach li abn, 1 M abh (FhdA), 1 M li, 1 M abh. Wenden (= 17 M).

R 11 HS-HF: 1 M re, 1 M abh (FvdA), 1 M re, 2x [1 M mit U abh, 1 Pm re], 1 M mit U abh, 4 Pm zun, 1 M mit U abh, 2x [1 Pm re, 1 M mit U abh], 1 M re, 1 M abh (FvdA), 1 M re. Nicht wenden, M zurückschieben. (21 M)
R 11 HS-DF: 1 M abh, 1 M re, 1 M abh (FvdA). 3x [1 Pm li, 1 M mit U abh], 2x [1 M li, 1 M mit U abh], 2x [1 Pm li, 1 M mit U abh], 1 Pm li, 1 M abh (FvdA), 1 M re, 1 M abh. Wenden.

R 12 DS-HF: 1 M li, 1 M abh (FhdA), 1 M li, 7x [1 M mit U abh, 1 Pm li], 1 M mit U abh, 1 M li, 1 M abh (FhdA), 1 M li. Nicht wenden, M zurückschieben.
R 12 DS-DF: 1 M abh, 1 M li, 1 M abh (FhdA), 7x [1 Pm re, 1 M mit U abh], 1 Pm re, 1 M abh (FhdA), 1 M li, 1 M abh. Wenden.

R 13 HS-HF: 1 M re, 1 M abh (FvdA), 1 M re, 7x [1 M mit U abh, 1 Pm re], 1 M mit U abh, 1 M re, 1 M abh (FvdA), 1 M re. Nicht wenden, M zurückschieben.
R 13 HS-DF: 1 M abh, 1 M re, 1 M abh (FvdA), 7x [1 Pm li, 1 M mit U abh], 1 Pm li, 1 M abh (FvdA), 1 M re, 1 M abh. Wenden.

R 14 DS-HF: 1 M li, 1 M abh (FhdA), 1 M li, 7x [1 M mit U abh, 1 Pm li], 1 M mit U abh, 1 M li, 1 M abh (FhdA), 1 M li. Nicht wenden, M zurückschieben.
R 14 DS-DF: 1 M abh, Faden nach hinten, Pm nach re abn, 1 M mit U abh, 6x [1 Pm re, 1 M mit U abh], Pm nach li abn, 1 M abh. Wenden (= 17 M).

R 15 HS-HF: 1 M re, 1 M mit U abh, 3x [1 Pm re, 1 M mit U abh], 4 Pm zun, 3x [1 M mit U abh, 1 Pm re], 1 M mit U abh, 1 M re. Nicht wenden, M zurückschieben (= 21 M).
R 15 HS-DF: 1 M abh, 1 Pm li, 3x [1 M mit U abh, 1 Pm li], 2x [1 M mit U abh, 1 M li], 4x [1 M mit U abh, 1 Pm li], 1 M abh. Wenden.

16 DS-HF: 1 M li, *1 M mit U abh, 1 Pm li; ab * bis 2 M vor R-Ende wdh, 1 M mit U abh, 1 M li. Nicht wenden, M zurückschieben.
R 16 DS-DF: 1 M abh, *1 Pm re, 1 M mit U abh; ab * bis 2 M vor R-Ende wdh, 1 Pm re, 1 M abh. Wenden.

R 17 HS-HF: 1 M re, 1 M mit U abh, *1 Pm re, 1 M mit U abh; ab * bis zur letzten M wdh, 1 M re. Nicht wenden, M zurückschieben.
R 17 HS-DF: 1 M abh, *1 Pm li, 1 M mit U abh; ab * bis 2 M vor R-Ende wdh, 1 Pm li, 1 M abh. Wenden.

R 18 DS-HF/DS-DF: wie **R 16 DS-HF DS-DF.**

R 19 HS-HF: 1 M re, 1 M mit U abh, Pm nach re abn, 1 M mit U abh, 5x [1 Pm re, 1 M mit U abh], Pm nach li abn, 1 M mit U abh, 1 M re. Nicht wenden, M zurückschieben (= 17 M).
R 19 HS-DF: wie **R 17 HS-DF.**

R 20 DS-HF/DS-DF: wie **R 16 DS-HF/DS-DF.**

R 21 HS-HF/HS-DF: wie **R 17 HS-HF/HS-DF.**

R 22 DS-HF/DS-DF: wie **R 16 DS-HF/DS-DF.**

R 23 HS-HF: 1 M re, 1 M mit U abh, Pm nach re abn, 1 M mit U abh, 3x [1 Pm re, 1 M mit U abh], Pm nach li abn, 1 M mit U abh, 1 M re. Nicht wenden, M zurückschieben (= 13 M).
R 23 HS-DF: wie **R 17 HS-DF.**

R 24 DS-HF/DS-DF: wie **R 16 DS-HF/DS-DF.**

R 25 HS-HF/HS-DF: wie **R 17 HS-HF/HS-DF.**

R 26 DS-HF/DS-DF: wie **R 16 DS-HF/DS-DF.**

R 27 HS-HF: 1 M re, 1 M mit U abh, Pm nach re abn, 1 M mit U abh, 1 Pm re, 1 M mit U abh, Pm nach li abn, 1 M mit U abh, 1 M re. Nicht wenden, M zurückschieben (= 9 M).
R 27 HS-DF: wie **R 17 HS-DF.**

R 28 DS-HF/DS-DF: wie **R 16 DS-HF/DS-DF.**

R 29 HS-HF/HS-DF: wie **R 17 HS-HF/HS-DF.**

R 30 DS-HF/DS-DF: wie **R 16 DS-HF/DS-DF.**

R 31 HS-HF: 1 M re, 1 M mit U abh, 4 Pm abn, 1 M mit U abh, 1 M re. Nicht wenden, M zurückschieben. (= 5 M).
R 31 HS-DF: 1 M abh, 1 Pm li, 1 M mit U abh, 1 Pm li, 1 M abh. Wenden.

R 32 DS-HF: 1 M li, 1 M mit U abh, 1 Pm li, 1 M mit U abh, 1 M li. Nicht wenden, M zurückschieben.
R 32 DS-DF: 1 M abh, 1 Pm re, 1 M mit U abh, 1 Pm re, 1 M abh. Wenden.

Mit einer Kordel abschließen.
Erste Kordel-R: mit HF 1 M re, DF nach hinten, 1 M re, 1 Pm re, 2 M re. Nicht wenden, M zurückschieben.
*mit DF: 5 M re, nicht wenden, M zurückschieben. Mit HF: 5 M re, nicht wenden, M zurückschieben. Ab * bis zu einer Kordellänge von 40 cm wdh.

Zum Abketten die Fäden bei 10 cm Länge abschneiden, HF durch die M ziehen und die beiden Fäden verknoten. Ich habe die Fäden hier 7 cm lang belassen, ebenso am Anfang.

Das abgebildete Kopfband wurde leicht gedämpft.

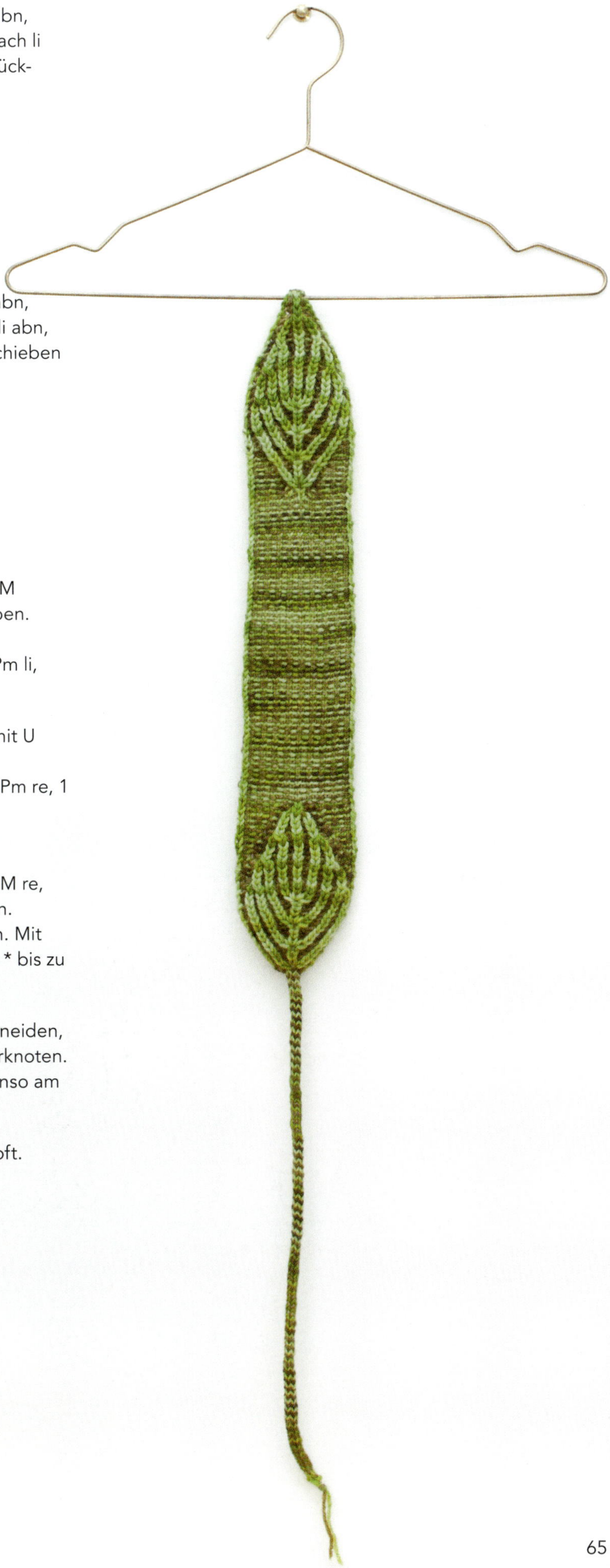

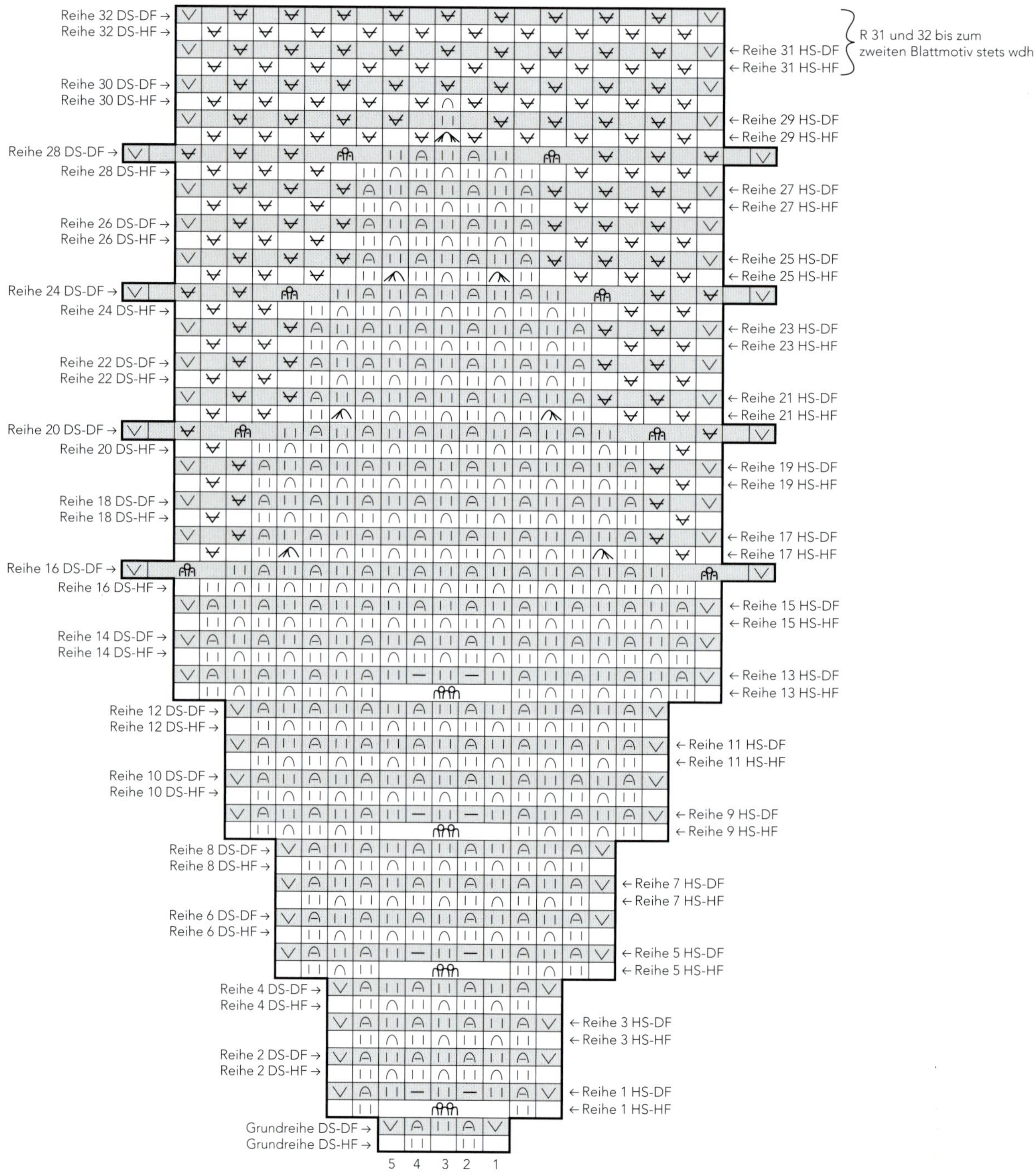

DIAGRAMM ERSTES BLATTMOTIV

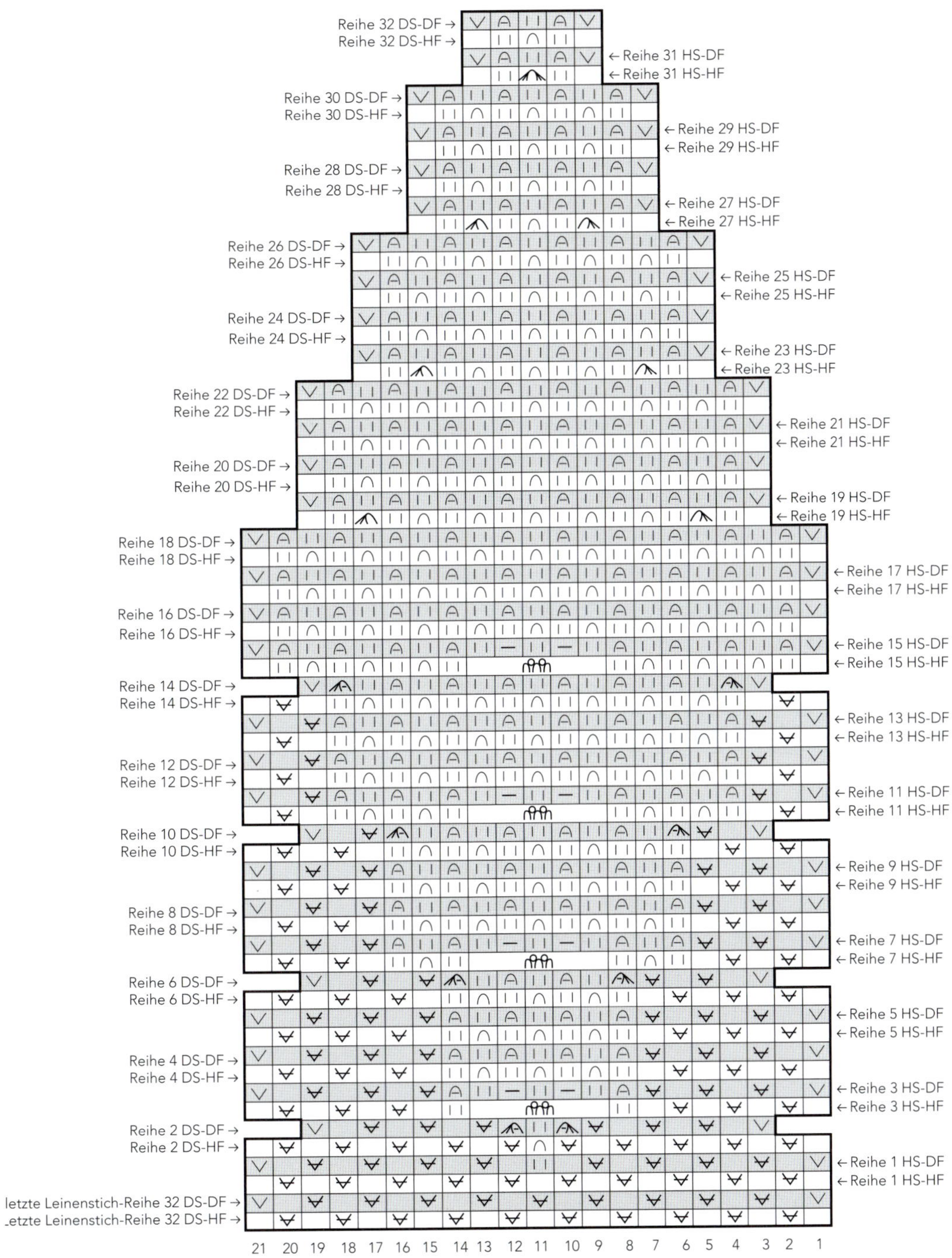

DIAGRAMM ZWEITES BLATTMOTIV

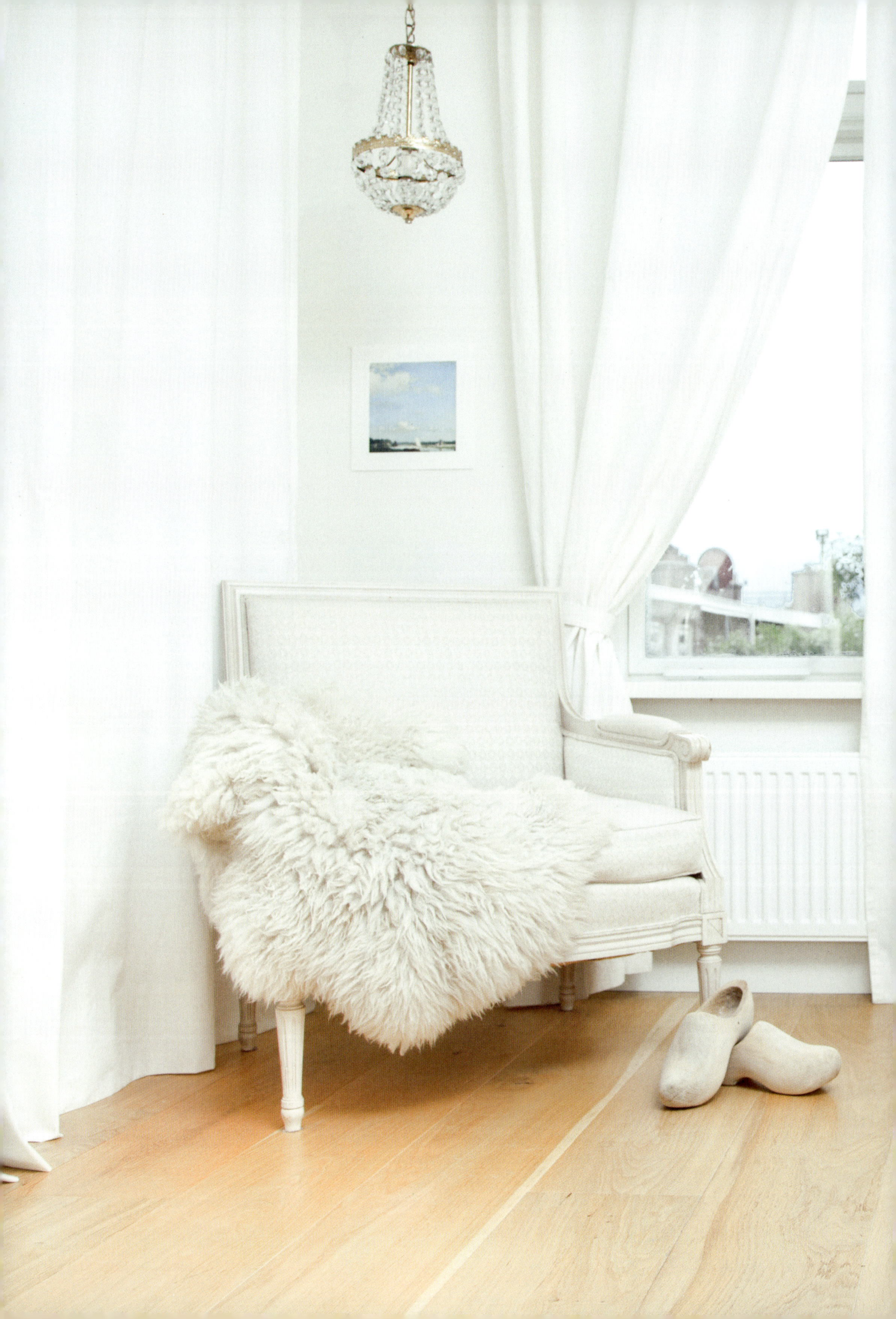

Winter Birch

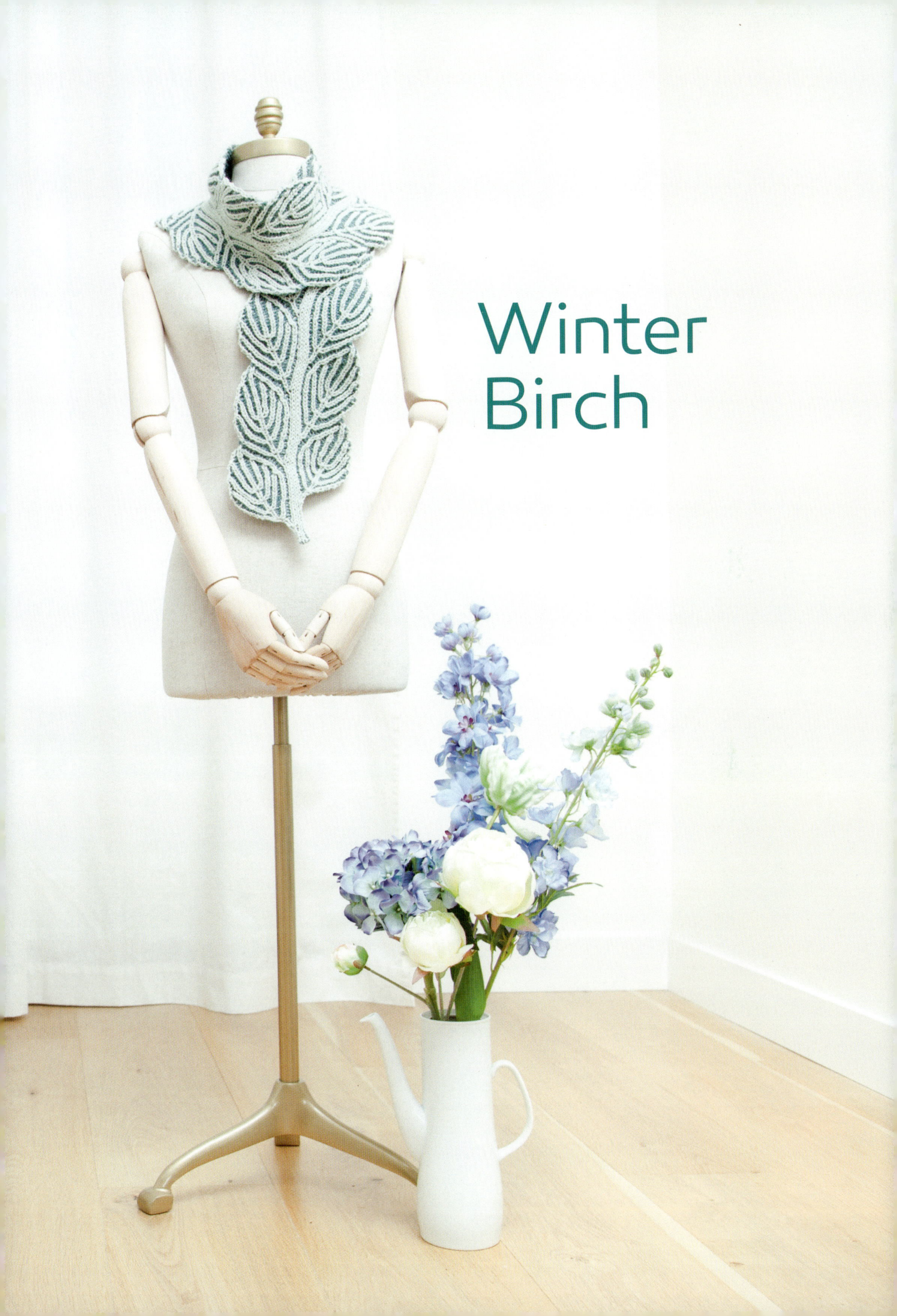

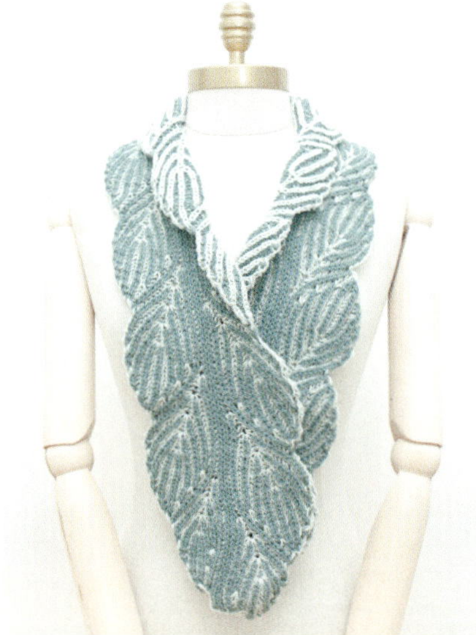
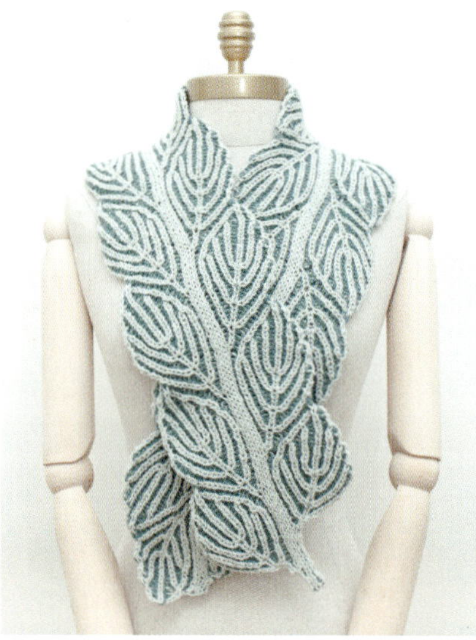
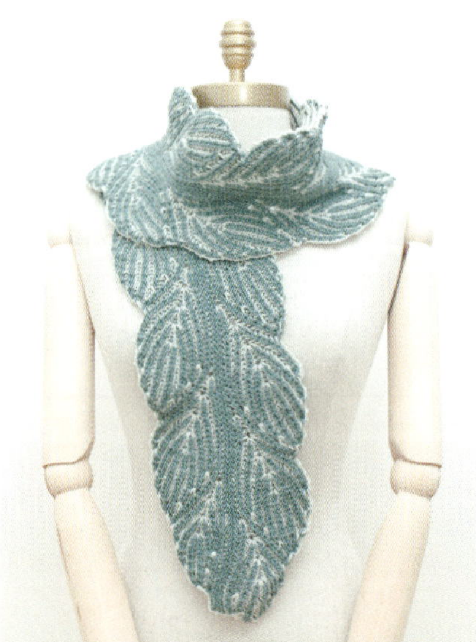
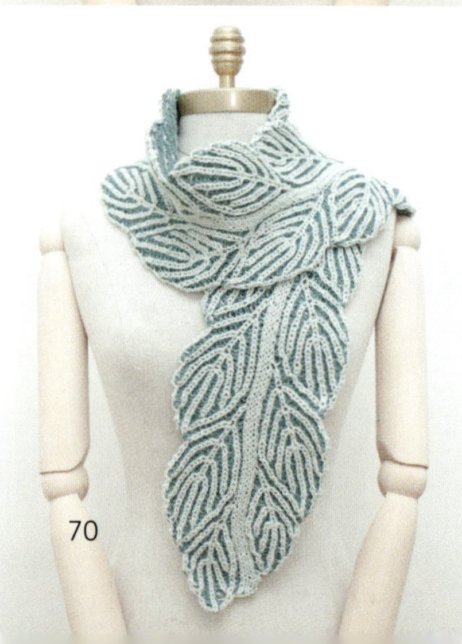

Winter Birch

Da Doubleface und Brioche so nah verwandt sind, habe ich die Techniken hier kombiniert. Der Stiel der „Winterbirke" wird doppelt gestrickt, die Blätter im Reliefpatent.

FERTIGE MASSE

Breite 16 cm, Länge 130 cm

GARN

Green Mountain Spinnery Cotton Comfort,
20 % Bio-Baumwolle, 80 % Fine Wool,
zweifädiges leichtes Kammgarn, LL ca. 165 m/57 g (1 Strang)
Farben: HF = Mint, DF = Weathered Green, pro Farbe 1 Strang

Der abgebildete Schal wiegt 114 g.

NADELN

Rundstricknadel 3,5 mm (Länge 40 cm) oder Nadelspiel

ZUBEHÖR

Zopfmusternadel (Zn)
Maschenmarkierer

MASCHENPROBE

1 Musterrapport in Schalbreite: 35 M = 16 cm
Doppelt gestrickter Stiel: 21 R = 10 cm
1 Blatt (Mittelrippe): 33 M = 13 cm

HINWEISE

Bitte lesen Sie vorab die Erläuterungen im Anhang (S. 94–99).

In diesem Modell werden zweifarbiges Brioche (Blätter) und Doubleface (Stiel) kombiniert. Ich setze links und rechts des Stiels Markierer, um den Übergang kenntlich zu machen.

Setzen Sie vor der ersten Wiederholung des Blattmotivs in Reihe 29 HS-HF einen Markierer. Sie können dann von dieser Reihe aus weiterzählen.

In der schriftlichen Anleitung ist angegeben, wohin der DF-Faden am Ende einer Reihe gelegt werden soll, damit er sich nicht um die Ränder wickelt.

Man vergisst leicht, in Reihe 25, 33 und 45 HS-HF mit dem neuen Blatt zu beginnen. Merken Sie sich, dass Sie in der ersten Reihe mit Abnahmen für die Blattseiten immer auch mit dem nächsten Blatt anfangen.

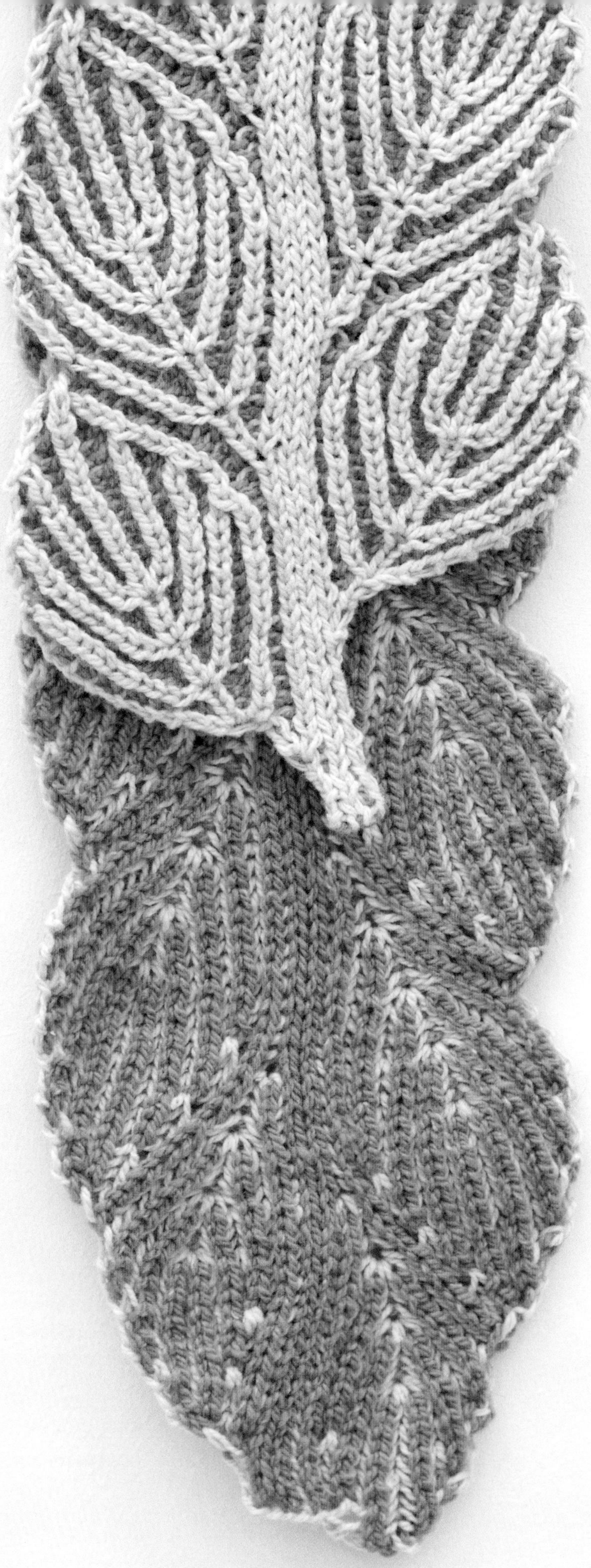

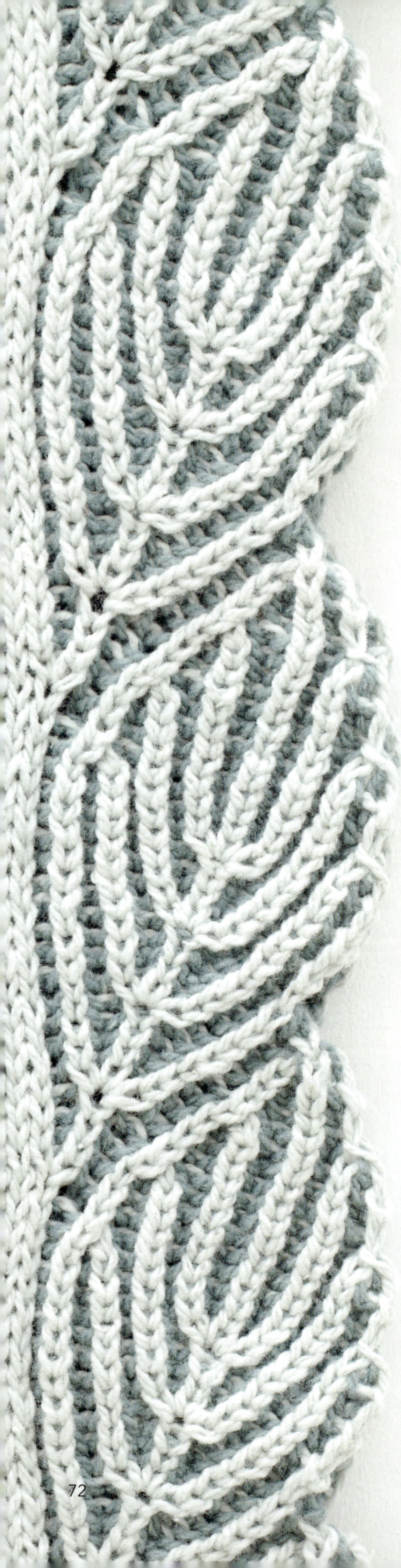

BESONDERE BRIOCHE-ABKÜRZUNGEN FÜR WINTER BIRCH

DOUBLEFACE
1 M abh (FvdA) = 1 M wie zum Linksstricken abheben, Faden vor der Arbeit
1 M abh (FhdA) = 1 M wie zum Linksstricken abheben, Faden hinter der Arbeit

SPEZIALZUNAHMEN
reUre (2 M zunehmen) = 1 M re, M auf li Nadel lassen, 1 U (Faden unter der Nadel nach vorn, dann über die Nadel nach hinten), 1 M re in dieselbe M = 2 M zugenommen.

reUreUre (4 M zunehmen) = in 1 M 2x [1 M re, 1 U], 1 M re. Nach dieser Zunahme in Reihe 17 (HS HF) DF nach hinten legen und mit HF weiterstricken.

SPEZIALABNAHMEN
Denken Sie daran, dass Maschen mit Umschlag als jeweils eine Masche gezählt werden. Wenn Sie also eine Masche abheben oder überziehen sollen, gehört teilweise ein Umschlag mit dazu. Achten Sie darauf, die ganze Masche mit Umschlag zu erfassen. Die Abnahmen sind so beschrieben, dass die richtige Masche am Ende oben liegt.

Pm nach li abn (Rand) (am Anfangsrand in R 33, 37 und 41 HS-HF und Abschlussrand in R 41, 49 und 53 HS-HF) = 1 M wie zum Rechtsstricken abh, dunkles Garn nach hinten legen, die nächsten beiden M mit U mit hellem Garn zusammenstricken, abgehobene M überziehen (2 M abgenommen).

4 Pm abn (Rand) (am Anfangsrand von R 45 HS-HF und Abschlussrand R 45 HS-HF) = 1 M wie zum Rechtsstricken abh, dunkles Garn nach hinten legen, 1 M wie zum Rechtsstricken abh, nächste M auf Hilfsnadel vor die Arbeit legen, 1 M re, 2. abgehobene M überziehen, M auf li Nadel nehmen und folgende M überziehen, M auf re Nadel nehmen und 1. abgehobene M überziehen, M von Hilfsnadel auf li Nadel nehmen, Abnahme-M auf li Nadel nehmen und M von Hilfsnadel überziehen, fertige Abnahme (= letzte M) auf re Nadel nehmen (4 M abgenommen).

2 M zus (am Ende von R 37 HS-DF und Ende von R 49 HS-DF) = 2 M re zusammenstricken (1 M abgenommen).

SSK (Slip, Slip, Knit) (am Anfang von R 45 HS-DF und Ende von R 45 HS-DF) = 2 M nacheinander wie zum Rechtsstricken abh, li Nadel von hinten durch beide abgehobene M stechen und festhalten, verschränkt zusammenstricken (1 M abgenommen).

SSP (Slip, Slip, Purl) (am Anfang von R 38 DS-HF, Ende von R 50 DS-HF und Ende von R 54 DS-HF) = 2 M nacheinander wie zum Rechtsstricken abh, beide M wieder auf die li Nadel nehmen. Re Nadel von hinten li durch beide M stechen und li verschr zusammenstricken (1 M abgenommen).

2 M li zus (Ende von R 46 DS-HF, Ende von R 46 DS-HF) = 2 M li zusammenstricken (1 M abgenommen).

V	= 1 M li abh (HS-Reihen: FhdA, DS-Reihen: FvdA)
V	= 1 M li abh (HS-Reihen: FvdA, DS-Reihen: FhdA)
#	= nach 1M in HF: DF nach hinten legen
ı°ı	= reUre
ı°ı°ı	= reUreUre
	= Pm nach li abn (Rand)
	= 4 Pm abn (Rand)
	= 2 M re zus
	= SSK
	= SSP
	= 2 M li zus
BO	= abketten
	= Markierer für doppelt gestrickten Stiel

SCHAL

Der Schal beginnt mit einem doppelt gestrickten Stiel. 5 M zweifarbig italienisch anschl, 1. und letzte M HF „re".

Siehe auch **DIAGRAMM WINTER BIRCH (ANFANG)**
Grund-R DS-HF: 1 M li, 2x [1 M abh (FhdA), 1 M li]. Nicht wenden, M zurückschieben.
Grund-R DS-DF: 1 M abh, 2x [1 M re, 1 M abh (FvdA)]. Wenden.

R 1 HS-HF: DF hinter der 1. M halten, mit HF von unten kreuzen. Mit HF 1 M re, 2x [1 M abh (FvdA), 1 M re]. Nicht wenden, M zurückschieben.
R 1 HS-DF: 1 M abh, DF nach vorn, 2x [1 M li, 1 M abh (FhdA)]. Wenden.

R 2 DS-HF: DF vor der 1. M halten, mit HF von unten kreuzen. Mit HF 1 M li, 2x [1 M abh (FhdA), 1 M li]. Nicht wenden, M zurückschieben.
R 2 DS-DF: 1 M abh, DF nach hinten, 2x [1 M re, 1 M abh (FvdA)]. Wenden.

R 3 HS-HF/HS-DF: wie **R 1 HS-HF/HS-DF.**

R 4 DS-HF/DS-DF: wie **R 2 DS-HF/DS-DF.**

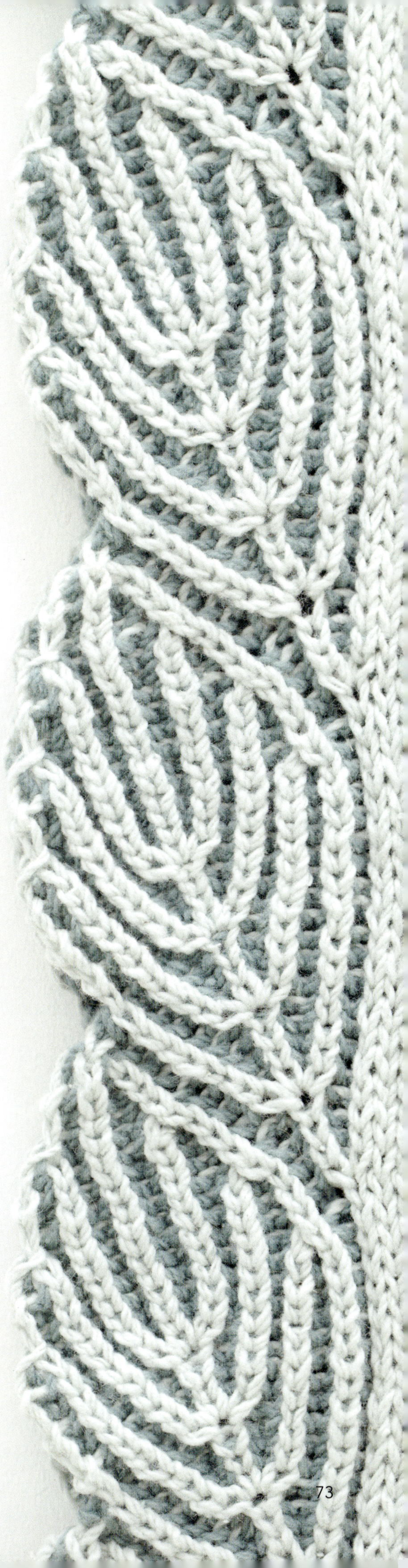

R 5 HS-HF: DF hinter der 1. M halten, mit HF von unten kreuzen. Mit HF 2x [1 M re, 1 M abh (FvdA)], reUre. Nicht wenden, M zurückschieben. (7 M)
R 5 HS-DF: 1 M abh, DF nach vorn, 2x [1 M li, 1 M abh (FhdA)], 1 M li, DF nach vorn, 1 M abh. Wenden.

R 6 DS-HF: 1 M li, 1 M mit U abh, 1 M li, 2x [1 M abh (FhdA), 1 M li]. Nicht wenden, M zurückschieben.
R 6 DS-DF: 1 M abh, 1 Pm re, 2x [1 M abh (FvdA), 1 M re], 1 M abh (FvdA). Wenden.

R 7 HS-HF: DF hinter der 1. M halten, mit HF von unten kreuzen. Mit HF 2x [1 M re, 1 M abh (FvdA)], 1 M re, MM setz, 1 M mit U abh, 1 M re. Nicht wenden, M zurückschieben.
R 7 HS-DF: 1 M abh, DF nach vorn, 2x [1 M li, 1 M abh (FhdA)], MM abh, 1 Pm li, DF nach vorn, 1 M abh. Wenden.

R 8 DS-HF: 1 M li, 1 M mit U abh, MM abh, 2x [1 M li, 1 M abh (FhdA)], 1 M li. Nicht wenden, M zurückschieben.
R 8 DS-DF: 1 M abh, 1 Pm re, MM abh, 2x [1 M abh (FvdA), 1 M re], 1 M abh (FvdA). Wenden.

R 9 HS-HF: DF hinter der 1. M halten, mit HF von unten kreuzen. Mit HF 2x [1 M re, 1 M abh (FvdA)], 1 M re, MM abh, 1 M mit U abh, reUreUre. Nicht wenden, M zurückschieben (= 11 M).
R 9 HS-DF: 1 M abh, DF nach vorn, 2x [1 M li, 1 M abh (FhdA)], MM abh, 1 Pm li, 2x [1 M mit U abh, 1 M li], DF nach vorn, 1 M abh. Wenden.

R 10 DS-HF: 1 M li, 1 M mit U abh, 2x [1 Pm li, 1 M mit U abh], MM abh, 2x [1 M li, 1 M abh (FhdA)], 1 M li. Nicht wenden, M zurückschieben.
R 10 DS-DF: 1 M abh, 2x [1 Pm re, 1 M mit U abh], 1 Pm re, MM abh, 2x [1 M abh (FvdA), 1 M re], 1 M abh (FvdA). Wenden.

R 11 HS-HF: DF hinter der 1. M halten, mit HF von unten kreuzen. Mit HF 2x [1 M re, 1 M abh (FvdA)], 1 M re, MM abh, 2x [1 M mit U abh, 1 Pm re], 1 M mit U abh, 1 M re. Nicht wenden, M zurückschieben.
R 11 HS-DF: 1 M abh, DF nach vorn, 2x [1 M li, 1 M abh (FhdA)], MM abh, 2x [1 Pm li, 1 M mit U abh], 1 Pm li, DF nach vorn, 1 M abh. Wenden.

R 12 DS-HF/DS-DF: wie **R 10 DS-HF/DS-DF.**

R 13 HS-HF: reUre, 2x [1 M abh (FvdA), 1 M re], MM abh, 1 M mit U abh, 1 Pm re, 1 M mit U abh, 4 Pm zun, 1 M mit U abh, 1 M re. Nicht wenden, M zurückschieben (= 17 M).
R 13 HS-DF: 1 M abh, DF nach vorn, 1 M li, MM setz, 2x [1 M abh (FhdA), 1 M li], 1 M abh (FhdA), MM abh, 2x [1 Pm li, 1 M mit U abh], 2x [1 M li, 1 M mit U abh], 1 Pm li, DF nach vorn, 1 M abh. Wenden.

R 14 DS-HF: 1 M li, 1 M mit U abh, 4x [1 Pm li, 1 M mit U abh], MM abh, 2x [1 M li, 1 M abh (FhdA)], 1 M li, MM abh, 1 M mit U abh, 1 M li. Nicht wenden, M zurückschieben.
R 14 DS-DF: 1 M abh, 4x [1 Pm re, 1 M mit U abh], 1 Pm re, MM abh, 2x [1 M abh (FvdA), 1 M re], 1 M abh (FvdA), MM abh, 1 Pm re, DF nach hinten, 1 M abh. Wenden.

R 15 HS-HF: 1 M re, 1 M mit U abh, MM abh, 2x [1 M re, 1 M abh (FvdA)], 1 M re, MM abh, 4x [1 M mit U abh, 1 Pm re], 1 M mit U abh, 1 M re. Nicht wenden, M zurückschieben.
R 15 HS-DF: 1 M abh, 1 Pm li, MM abh, 1 M abh (FhdA), 2x [1 M li, 1 M abh (FhdA)], MM abh, 4x [1 Pm li, 1 M mit U abh], 1 Pm li, DF nach vorn, 1 M abh. Wenden.

R 16 DS-HF/DS-DF: wie **R 14 DS-HF/DS-DF.**

R 17 HS-HF: reUreUre, DF nach hinten, 1 M mit U abh, MM abh, 2x [1 M re, 1 M abh (FvdA)], 1 M re, MM abh, 1 M mit U abh, 2x [1 Pm re, 1 M mit U abh], 4 Pm zun, 1 M mit U abh, 1 Pm re, 1 M mit U abh, 1 M re. Nicht wenden, M zurückschieben. (25 M)
R 17 HS-DF: 1 M abh, DF nach vorn, 2x [1 M li, 1 M mit U abh], 1 Pm li, MM abh, 2x [1 M abh (FhdA), 1 M li], 1 M abh (FhdA), MM abh, 3x [1 Pm li, 1 M mit U abh], 2x [1 M li, 1 M mit U abh], 1 Pm li, 1 M mit U abh, 1 Pm li, DF nach vorn, 1 M abh. Wenden.

R 18 DS-HF: 1 M li, 1 M mit U abh, 6x [1 Pm li, 1 M mit U abh], MM abh, 2x [1 M li, 1 M abh (FhdA)], 1 M li, MM abh, 2x [1 M mit U abh, 1 Pm li], 1 M mit U abh, 1 M li. Nicht wenden, M zurückschieben.
R 18 DS-DF: 1 M abh, 6x [1 Pm re, 1 M mit U abh], 1 Pm re, MM abh, 2x [1 M abh (FvdA), 1 M re], 1 M abh (FvdA), MM abh, 2x [1 Pm re, 1 M mit U abh], 1 Pm re, DF nach hinten, 1 M abh. Wenden.

R 19 HS-HF: 1 M re, 1 M mit U abh, 2x [1 Pm re, 1 M mit U abh], MM abh, 2x [1 M re, 1 M abh (FvdA)], 1 M re, MM abh, 6x [1 M mit U abh, 1 Pm re], 1 M mit U abh, 1 M re. Nicht wenden, M zurückschieben.
R 19 HS-DF: 1 M abh, 1 Pm li, 2x [1 M mit U abh, 1 Pm li], MM abh, 2x [1 M abh (FhdA), 1 M li], 1 M abh (FhdA), MM abh, 6x [1 Pm li, 1 M mit U abh], 1 Pm li, DF nach vorn, 1 M abh. Wenden.

R 20 DS-HF/DS-DF: wie **R 18 DS-HF/DS-DF.**

R 21 HS-HF: 1 M re, 1 M mit U abh, 4 Pm zun, 1 M mit U abh, 1 Pm re, 1 M mit U abh, MM abh, 2x [1 M re, 1 M abh (FvdA)], 1 M re, MM abh, 1 M mit U abh, 3x [1 Pm re, 1 M mit U abh], 4 Pm zun, 1 M mit U abh, 2x [1 Pm re, 1 M mit U abh], 1 M re. Nicht wenden, M zurückschieben (= 33 M).
R 21 HS-DF: 1 M abh, 1 Pm li, 1 M mit U abh, 2x [1 M li, 1 M mit U abh], 1 Pm li, 1 M mit U abh, 1 Pm li, MM abh, 2x [1 M abh (FhdA), 1 M li], 1 M abh (FhdA), MM abh, 4x [1 Pm li, 1 M mit U abh], 2x [1 M li, 1 M mit U abh], 2x [1 Pm li, 1 M mit U abh], 1 Pm li, DF nach vorn, 1 M abh. Wenden.

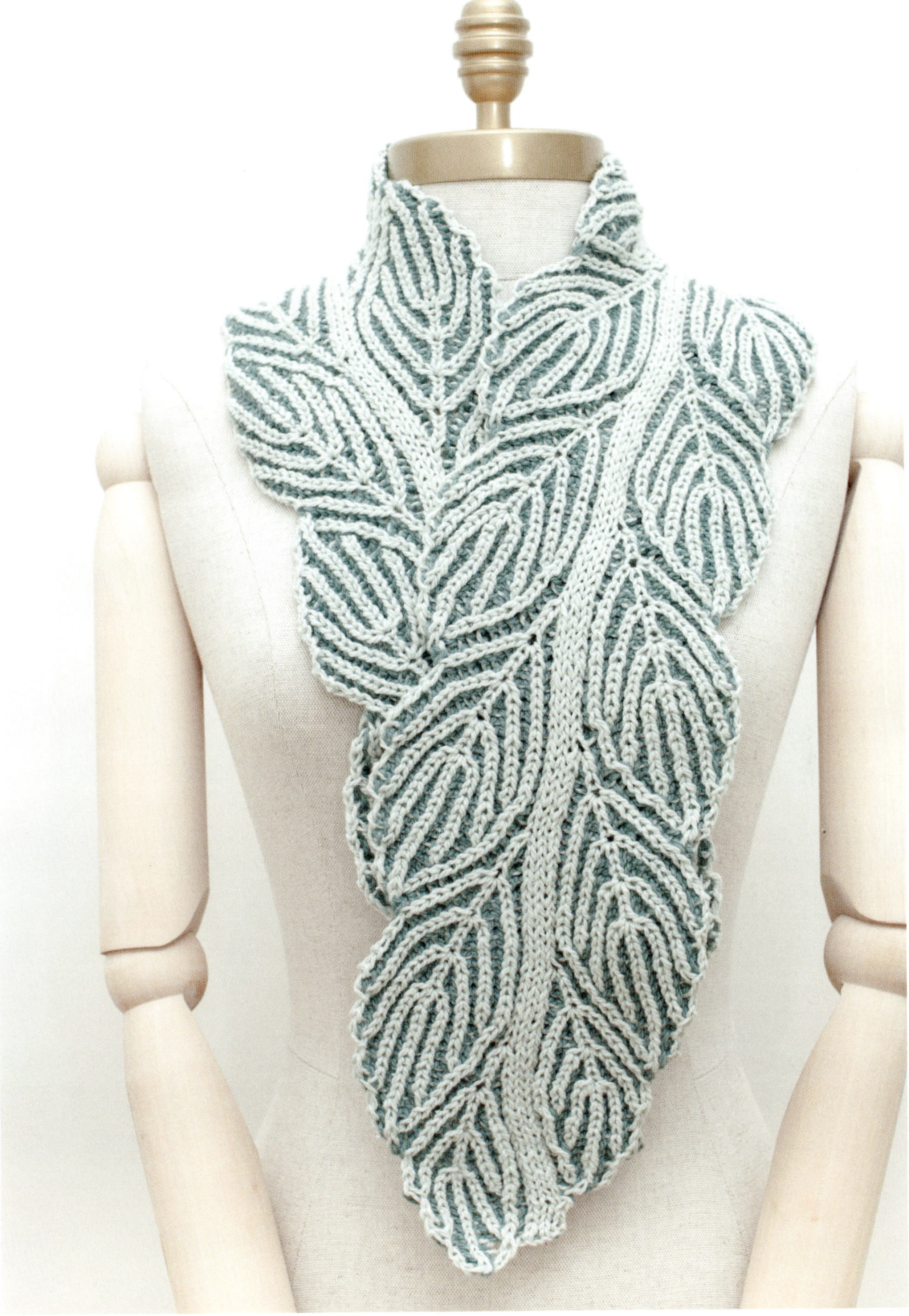

R 22 DS-HF: 1 M li, 1 M mit U abh, 8x [1 Pm li, 1 M mit U abh], MM abh, 2x [1 M li, 1 M abh (FhdA)], 1 M li, MM abh, 4x [1 M mit U abh, 1 Pm li], 1 M mit U abh, 1 M li. Nicht wenden, M zurückschieben.
R 22 DS-DF: 1 M abh, 8x [1 Pm re, 1 M mit U abh], 1 Pm re, MM abh, 2x [1 M abh (FvdA), 1 M re], 1 M abh (FvdA), MM abh, 4x [1 Pm re, 1 M mit U abh], 1 Pm re, DF nach hinten, 1 M abh. Wenden.

R 23 HS-HF: 1 M re, 1 M mit U abh, 4x [1 Pm re, 1 M mit U abh], MM abh, 2x [1 M re, 1 M abh (FvdA)], 1 M re, MM abh, 8x [1 M mit U abh, 1 Pm re], 1 M mit U abh, 1 M re. Nicht wenden, M zurückschieben.
R 23 HS-DF: 1 M abh, 1 Pm li, 4x [1 M mit U abh, 1 Pm li], MM abh, 2x [1 M abh (FhdA), 1 M li], 1 M abh (FhdA), MM abh, 8x [1 Pm li, 1 M mit U abh], 1 Pm li, DF nach vorn, 1 M abh. Wenden.

R 24 DS-HF/DS-DF: wie **R 22 DS-HF/DS-DF.**

R 25 HS-HF: 1 M re, 1 M mit U abh, 1 Pm re, 1 M mit U abh, 4 Pm zun, 1 M mit U abh, 2x [1 Pm re, 1 M mit U abh], MM abh, 2x [1 M re, 1 M abh (FvdA)], reUre, MM abh, 1 M mit U abh, Pm nach li abn, 1 M mit U abh, 5x [1 Pm re, 1 M mit U abh], Pm nach re abn. Nicht wenden, M zurückschieben (= 35 M).
R 25 HS-DF: 1 M abh, 2x [1 Pm li, 1 M mit U abh], 2x [1 M li, 1 M mit U abh], 2x [1 Pm li, 1 M mit U abh], 1 Pm li, MM abh, 2x [1 M abh (FhdA), 1 M li], 1 M abh (FhdA), MM hierher versetzen, 1 M li, 7x [1 M mit U abh, 1 Pm li], DF nach vorn, 1 M abh. Wenden.

R 26 DS-HF: 1 M li, 1 M mit U abh, 7x [1 Pm li, 1 M mit U abh], MM abh, 2x [1 M li, 1 M abh (FhdA)], 1 M li, MM abh, 6x [1 M mit U abh, 1 Pm li], 1 M mit U abh, 1 M li. Nicht wenden, M zurückschieben.
R 26 DS-DF: 1 M abh, 7x [1 Pm re, 1 M mit U abh], 1 Pm re, MM abh, 2x [1 M abh (FvdA), 1 M re], 1 M abh (FvdA), MM abh, 6x [1 Pm re, 1 M mit U abh], 1 Pm re, DF nach hinten, 1 M abh. Wenden.

R 27 HS-HF: 1 M re, 1 M mit U abh, 6x [1 Pm re, 1 M mit U abh], MM abh, 2x [1 M re, 1 M abh (FvdA)], 1 M re, MM abh, 7x [1 M mit U abh, 1 Pm re], 1 M mit U abh, 1 M re. Nicht wenden, M zurückschieben.
R 27 HS-DF: 1 M abh, 1 Pm li, 6x [1 M mit U abh, 1 Pm li], MM abh, 2x [1 M abh (FhdA), 1 M li], 1 M abh (FhdA), MM abh, 7x [1 Pm li, 1 M mit U abh], 1 Pm li, DF nach vorn, 1 M abh. Wenden.

R 28 DS-HF/DS-DF: wie **R 26 DS-HF/DS-DF.**

Siehe auch **DIAGRAMM WINTER BIRCH (RAPPORT)**
R 29 HS-HF: 1 M re, 1 M mit U abh, 2x [1 Pm re, 1 M mit U abh], 4 Pm zun, 1 M mit U abh, 3x [1 Pm re, 1 M mit U abh], MM abh, 2x [1 M re, 1 M abh (FvdA)], 1 M re, MM abh, 1 M mit U abh, 4 Pm zun, 1 M mit U abh, Pm nach li abn, 1 M mit U abh, 3x [1 Pm re, 1 M mit U abh], Pm nach re abn. Nicht wenden, M zurückschieben (= 39 M).
R 29 HS-DF: 1 M abh, 3x [1 Pm li, 1 M mit U abh], 2x [1 M li, 1 M mit U abh], 3x [1 Pm li, 1 M mit U abh], 1 Pm li, MM abh, 2x [1 M abh (FhdA), 1 M li], 1 M abh (FhdA), MM abh, 1 Pm li, 1 M mit U abh, 2x [1 M li, 1 M mit U abh], 4x [1 Pm li, 1 M mit U abh], 1 Pm li, DF nach vorn, 1 M abh. Wenden.

R 30 DS-HF: 1 M li, 1 M mit U abh, 7x [1 Pm li, 1 M mit U abh], MM abh, 2x [1 M li, 1 M abh (FhdA)], 1 M li, MM abh, 8x [1 M mit U abh, 1 Pm li], 1 M mit U abh, 1 M li. Nicht wenden, M zurückschieben.
R 30 DS-DF: 1 M abh, 7x [1 Pm re, 1 M mit U abh], 1 Pm re, MM abh, 2x [1 M abh (FvdA), 1 M re], 1 M abh (FvdA), MM abh, 8x [1 Pm re, 1 M mit U abh], 1 Pm re, DF nach hinten, 1 M abh. Wenden.

R 31 HS-HF: 1 M re, 1 M mit U abh, 8x [1 Pm re, 1 M mit U abh], MM abh, 2x [1 M re, 1 M abh (FvdA)], 1 M re, MM abh, 7x [1 M mit U abh, 1 Pm re], 1 M mit U abh, 1 M re. Nicht wenden, M zurückschieben.
R 31 HS-DF: 1 M abh, 1 Pm li, 8x [1 M mit U abh, 1 Pm li], MM abh, 2x [1 M abh (FhdA), 1 M li], 1 M abh (FhdA), MM abh, 7x [1 Pm li, 1 M mit U abh], 1 Pm li, DF nach vorn, 1 M abh. Wenden.

R 32 DS-HF/DS-DF: wie **R 30 DS-HF/DS-DF.**

R 33 HS-HF: Pm nach li abn (Rand), 1 M mit U abh, 5x [1 Pm re, 1 M mit U abh], Pm nach re abn, 1 M mit U abh, MM abh, reUre, 2x [1 M abh (FvdA), 1 M re], MM abh, 1 M mit U abh, 1 Pm re, 1 M mit U abh, 4 Pm zun, 1 M mit U abh, 1 Pm re, 1 M mit U abh, Pm nach li abn, 1 M mit U abh, 1 Pm re, 1 M mit U abh, Pm nach re abn. Nicht wenden, M zurückschieben (= 11 M).
R 33 HS-DF: 1 M abh, DF nach vorn, 7x [1 Pm li, 1 M mit U abh], 1 M li, MM hierher versetzen, 2x [1 M abh (FhdA), 1 M li], 1 M abh (FhdA), MM abh, 2x [1 Pm li, 1 M mit U abh], 2x [1 M li, 1 M mit U abh], 3x [1 Pm li, 1 M mit U abh], 1 Pm li, DF nach vorn, 1 M abh. Wenden.

R 34 DS-HF: 1 M li, 1 M mit U abh, 7x [1 Pm li, 1 M mit U abh], MM abh, 2x [1 M li, 1 M abh (FhdA)], 1 M li, MM abh, 7x [1 M mit U abh, 1 Pm li], 1 M mit U abh, 1 M li. Nicht wenden, M zurückschieben.
R 34 DS-DF: 1 M abh, 7x [1 Pm re, 1 M mit U abh], 1 Pm re, MM abh, 2x [1 M abh (FvdA), 1 M re], 1 M abh (FvdA), MM abh, 7x [1 Pm re, 1 M mit U abh], 1 Pm re, DF nach hinten, 1 M abh. Wenden.

R 35 HS-HF: 1 M re, 1 M mit U abh, 7x [1 Pm re, 1 M mit U abh], MM abh, 2x [1 M re, 1 M abh (FvdA)], 1 M re, MM abh, 7x [1 M mit U abh, 1 Pm re], 1 M mit U abh, 1 M re. Nicht wenden, M zurückschieben.
R 35 HS-DF: 1 M abh, 1 Pm li, 7x [1 M mit U abh, 1 Pm li], MM abh, 2x [1 M abh (FhdA), 1 M li], 1 M abh (FhdA), MM abh, 7x [1 Pm li, 1 M mit U abh], 1 Pm li, DF nach vorn, 1 M abh. Wenden.

R 36 DS-HF/DS-DF: wie **R 34 DS-HF/DS-DF.**

R 37 HS-HF: Pm nach li abn (Rand), 1 M mit U abh, 3x [1 Pm re, 1 M mit U abh], Pm nach re abn, 1 M mit U abh, 4 Pm zun, 1 M mit U abh, MM abh, 2x [1 M re, 1 M abh (FvdA)], 1 M re, MM abh, 1 M mit U abh, 2x [1 Pm re, 1 M mit U abh], 4 Pm zun, 1 M mit U abh, 2x [1 Pm re, 1 M mit U abh], 4 Pm abn. Nicht wenden, M zurückschieben (= 37 M).
R 37 HS-DF: 1 M abh, DF nach vorn, 5x [1 Pm li, 1 M mit U abh], 2x [1 M li, 1 M mit U abh], 1 Pm li, MM abh, 2x [1 M abh (FhdA), 1 M li], 1 M abh (FhdA), MM abh, 3x [1 Pm li, 1 M mit U abh], 2x [1 M li, 1 M mit U abh], 2x [1 Pm li, 1 M mit U abh], 2 M zus. Wenden (= 36 M).

R 38 DS-HF: ssp, 1 M mit U abh, 6x [1 Pm li, 1 M mit U abh], MM abh, 2x [1 M li, 1 M abh (FhdA)], 1 M li, MM abh, 7x [1 M mit U abh, 1 Pm li], 1 M mit U abh, 1 M li. Nicht wenden, M zurückschieben (= 35 M).
R 38 DS-DF: 1 M abh, DF nach hinten, 6x [1 Pm re, 1 M mit U abh], 1 Pm re, MM abh, 2x [1 M abh (FvdA), 1 M re], 1 M abh (FvdA), MM abh, 7x [1 Pm re, 1 M mit U abh], 1 Pm re, DF nach hinten, 1 M abh. Wenden.

R 39 HS-HF: 1 M re, 1 M mit U abh, 7x [1 Pm re, 1 M mit U abh], MM abh, 2x [1 M re, 1 M abh (FvdA)], 1 M re, MM abh, 6x [1 M mit U abh, 1 Pm re], 1 M mit U abh, 1 M re. Nicht wenden, M zurückschieben.
R 39 HS-DF: 1 M abh, 1 Pm li, 7x [1 M mit U abh, 1 m li], MM abh, 2x [1 M abh (FhdA), 1 M li], 1 M abh (FhdA), MM abh, 6x [1 Pm li, 1 M mit U abh], 1 Pm li, DF nach vorn, 1 M abh. Wenden.

R 40 DS-HF: 1 M li, 1 M mit U abh, 6x [1 Pm li, 1 M mit U abh], MM abh, 2x [1 M li, 1 M abh (FhdA)], 1 M li, MM abh, 7x [1 M mit U abh, 1 Pm li], 1 M mit U abh, 1 M li. Nicht wenden, M zurückschieben.
R 40 DS-DF: 1 M abh, 6x [1 Pm re, 1 M mit U abh], 1 Pm re, MM abh, 2x [1 M abh (FvdA), 1 M re], 1 M abh (FvdA), MM abh, 7x [1 Pm re, 1 M mit U abh], 1 Pm re, DF nach hinten, 1 M abh. Wenden.

R 41 HS-HF: Pm nach li abn (Rand), 1 M mit U abh, 1 Pm re, 1 M mit U abh, Pm nach re abn, 1 M mit U abh, 1 Pm re, 1 M mit U abh, 4 Pm zun, 1 M mit U abh, 1 Pm re, 1 M mit U abh, MM abh, 2x [1 M re, 1 M abh (FvdA)], 1 M re, MM abh, 1 M mit U abh, 3x [1 Pm re, 1 M mit U abh], 4 Pm zun, 1 M mit U abh, 2x [1 Pm re, 1 M mit U abh], 1 M re. Nicht wenden, M zurückschieben (= 39 M).
R 41 HS-DF: 1 M abh, DF nach vorn, 4x [1 Pm li, 1 M mit U abh], 2x [1 M li, 1 M mit U abh], 1 Pm li, 1 M mit U abh, 1 Pm li, MM abh, 2x [1 M abh (FhdA), 1 M li], 1 M abh (FhdA), MM abh, 4x [1 Pm li, 1 M mit U abh], 2x [1 M li, 1 M mit U abh], 2x [1 Pm li, 1 M mit U abh], 1 Pm li, DF nach vorn, 1 M abh. Wenden.

R 42 DS-HF: 1 M li, 1 M mit U abh, 8x [1 Pm li, 1 M mit U abh], MM abh, 2x [1 M li, 1 M abh (FhdA)], 1 M li, MM abh, 7x [1 M mit U abh, 1 Pm li], 1 M mit U abh, 1 M li. Nicht wenden, M zurückschieben.
R 42 DS-DF: 1 M abh, 8x [1 Pm re, 1 M mit U abh], 1 Pm re, MM abh, 2x [1 M abh (FvdA), 1 M re], 1 M abh (FvdA), MM abh, 7x [1 Pm re, 1 M mit U abh], 1 Pm re, DF nach hinten, 1 M abh. Wenden.

R 43 HS-HF: 1 M re, 1 M mit U abh, 7x [1 Pm re, 1 M mit U abh], MM abh, 2x [1 M re, 1 M abh (FvdA)], 1 M re, MM abh, 8x [1 M mit U abh, 1 Pm re], 1 M mit U abh, 1 M re. Nicht wenden, M zurückschieben.
R 43 HS-DF: 1 M abh, 7x [1 Pm li, 1 M mit U abh], 1 Pm li, MM abh, 2x [1 M abh (FhdA), 1 M li], 1 M abh (FhdA), MM abh, 8x [1 Pm li, 1 M mit U abh], 1 Pm li, DF nach vorn, 1 M abh. Wenden.

R 44 DS-HF/DS-DF: wie **R 42 DS-HF/DS-DF.**

R 45 HS-HF: 4 Pm abn (Rand), 1 M mit U abh, 2x 1 Pm re, 1 M mit U abh], 4 Pm zun, 1 M mit U abh, 2x [1 Pm re, 1 M mit U abh], MM abh, 2x [1 M re, 1 M abh (FvdA)], reUre, MM abh, 1 M mit U abh, Pm nach li abn, 1 M mit U abh, 5x [1 Pm re, 1 M mit U abh], Pm nach re abn. Nicht wenden, M zurückschieben. (37 M)
R 45 HS-DF: SSK, 1 M mit U abh, 2x [1 Pm li, 1 M mit U abh], 2x [1 M li, 1 M mit U abh], 2x [1 Pm li, 1 M mit U abh], 1 Pm li, MM abh, 2x [1 M abh (FhdA), 1 M li], 1 M abh (FhdA), MM hierher versetzen, 1 M li, 1 M mit U abh, 6x [1 Pm li, 1 M mit U abh], 1 Pm li, DF nach vorn, 1 M abh. Wenden (= 36 M).

R 46 DS-HF: 1 M li, 1 M mit U abh, 7x [1 Pm li, 1 M mit U abh], MM abh, 2x [1 M li, 1 M abh (FhdA)], 1 M li, MM abh, 6x [1 M mit U abh, 1 Pm li], 1 M mit U abh, 2 M li zus. Nicht wenden, M zurückschieben. (35 M)
R 46 DS-DF: 1 M abh, 7x [1 Pm re, 1 M mit U abh], 1 Pm re, MM abh, 2x [1 M abh (FvdA), 1 M re], 1 M abh (FvdA), MM abh, 6x [1 Pm re, 1 M mit U abh], 1 Pm re, DF nach hinten, 1 M abh. Wenden.

R 47 HS-HF: 1 M re, 1 M mit U abh, 6x [1 Pm re, 1 M mit U abh], MM abh, 2x [1 M re, 1 M abh (FvdA)], 1 M re, MM abh, 7x [1 M mit U abh, 1 Pm re], 1 M mit U abh, 1 M re. Nicht wenden, M zurückschieben.
R 47 HS-DF: 1 M abh, 1 Pm li, 6x [1 M mit U abh, 1 Pm li], MM abh, 2x [1 M abh (FhdA), 1 M li], 1 M abh (FhdA), MM abh, 7x [1 Pm li, 1 M mit U abh], 1 Pm li, DF nach vorn, 1 M abh. Wenden.

R 48 DS-HF: 1 M li, 1 M mit U abh, 7x [1 Pm li, 1 M mit U abh], MM abh, 2x [1 M li, 1 M abh (FhdA)], 1 M li, MM abh, 6x [1 M mit U abh, 1 Pm li], 1 M mit U abh, 1 M li. Nicht wenden, M zurückschieben.
R 48 DS-DF: wie **R 46 DS-DF.**

Wdh Sie ab **R 29 HS-HF** bis zur gewünschten Länge, mit einer **R 40 DS-DF** enden.

Siehe auch **DIAGRAMM WINTER BIRCH (ENDE)**
End-R 41 HS-HF: Pm nach li abn (Rand), 1 M mit U abh, 1 Pm re, 1 M mit U abh, Pm nach re abn, 1 M mit U abh, 1 Pm re, 1 M mit U abh, 4 Pm zun, 1 M mit U abh, 1 Pm re, 1 M mit U abh, MM abh, 2x [1 M re, 1 M abh (FvdA)], 1 M re, MM abh, 1 M mit U abh, Pm nach li abn, 1 M mit U abh, 3x [1 Pm re, 1 M mit U abh], Pm nach re abn. Nicht wenden, M zurückschieben (= 31 M).

End-R 41 HS-DF: 1 M abh, 4x [1 Pm li, 1 M mit U abh], 2x [1 M li, 1 M mit U abh], 1 Pm li, 1 M mit U abh, 1 Pm li, MM abh, 2x [1 M abh (FhdA), 1 M li], 1 M abh (FhdA), MM abh, 4x [1 Pm li, 1 M mit U abh], 1 Pm li, DF nach vorn, 1 M abh. Wenden.

End-R 42 DS-HF: 1 M li, 1 M mit U abh, 4x [1 Pm li, 1 M mit U abh], MM abh, 2x [1 M li, 1 M abh (FhdA)], 1 M li, MM abh, 7x [1 M mit U abh, 1 Pm li], 1 M mit U abh, 1 M li. Nicht wenden, M zurückschieben.
End-R 42 DS-DF: 1 M abh, 4x [1 Pm re, 1 M mit U abh], 1 Pm re, MM abh, 2x [1 M abh (FvdA), 1 M re], 1 M abh (FvdA), MM abh, 7x [1 Pm re, 1 M mit U abh], 1 Pm re, DF nach hinten, 1 M abh. Wenden.

End-R 43 HS-HF: 1 M re, 1 M mit U abh, 7x [1 Pm re, 1 M mit U abh], MM abh, 2x [1 M re, 1 M abh (FvdA)], 1 M re, MM abh, 4x [1 M mit U abh, 1 Pm re], 1 M mit U abh, 1 M re. Nicht wenden, M zurückschieben.
End-R 43 HS-DF: 1 M abh, 7x [1 Pm li, 1 M mit U abh], 1 Pm li, MM abh, 2x [1 M abh (FhdA), 1 M li], 1 M abh (FhdA), MM abh, 4x [1 Pm li, 1 M mit U abh], 1 Pm li, DF nach vorn, 1 M abh. Wenden.

End-R 44 DS-HF/DS-DF: wie **End-R 42 DS-HF/DS-DF.**

End-R 45 HS-HF: 4 Pm abn (Rand), 1 M mit U abh, 2x [1 Pm re, 1 M mit U abh], 4 Pm zun, 1 M mit U abh, 2x [1 Pm re, 1 M mit U abh], MM abh, 2x [1 M re, 1 M abh (FvdA)], 1 M re, MM abh, 1 M mit U abh, Pm nach li abn, 1 M mit U abh, 1 Pm re, 1 M mit U abh, Pm nach re abn. Nicht wenden, M zurückschieben (= 27 M).
End-R 45 HS-DF: SSK, 1 M mit U abh, 2x [1 Pm li, 1 M mit U abh], 2x [1 M li, 1 M mit U abh], 2x [1 Pm li, 1 M mit U abh], 1 Pm li, MM abh, 2x [1 M abh (FhdA), 1 M li], 1 M abh (FhdA), MM abh, 2x [1 Pm li, 1 M mit U abh], 1 Pm li, DF nach vorn, 1 M abh. Wenden (= 26 M).

End-R 46 DS-HF: 1 M li, 1 M mit U abh, 2x [1 Pm li, 1 M mit U abh], MM abh, 2x [1 M li, 1 M abh (FhdA)], 1 M li, MM abh, 6x [1 M mit U abh, 1 Pm li], 1 M mit U abh, 2 M li zus. Nicht wenden, M zurückschieben (= 25 M).
End-R 46 DS-DF: 1 M abh, 2x [1 Pm re, 1 M mit U abh], 1 Pm re, MM abh, 2x [1 M abh (FvdA), 1 M re], 1 M abh (FvdA), MM abh, 6x [1 Pm re, 1 M mit U abh], 1 Pm re, DF nach hinten, 1 M abh. Wenden.

End-R 47 HS-HF: 1 M re, 1 M mit U abh, 6x [1 Pm re, 1 M mit U abh], MM abh, 2x [1 M re, 1 M abh (FvdA)], 1 M re, MM abh, 2x [1 M mit U abh, 1 Pm re], 1 M mit U abh, 1 M re. Nicht wenden, M zurückschieben.
End-R 47 HS-DF: 1 M abh, 1 Pm li, 6x [1 M mit U abh, 1 Pm li], MM abh, 2x [1 M abh (FhdA), 1 M li], 1 M abh (FhdA), MM abh, 2x [1 Pm li, 1 M mit U abh], 1 Pm li, DF nach vorn, 1 M abh. Wenden.

End-R 48 DS-HF: 1 M li, 1 M mit U abh, 2x [1 Pm li, 1 M mit U abh], MM abh, 2x [1 M li, 1 M abh (FhdA)], 1 M li, MM abh, 6x [1 M mit U abh, 1 Pm li], 1 M mit U abh, 1 M li. Nicht wenden, M zurückschieben.
End-R 48 DS-DF: wie **End-R 46 DS-DF.**

End-R 49 HS-HF: Pm nach li abn (Rand), 1 M mit U abh, 3x [1 Pm re, 1 M mit U abh], Pm nach re abn, 1 M mit U abh, MM abh, 2x [1 M re, 1 M abh (FvdA)], 1 M re, MM abh, 1 M mit U abh, 4 Pm abn. Nicht wenden, M zurückschieben (= 17 M).
End-R 49 HS-DF: 1 M abh, DF nach vorn, 4x [1 Pm li, 1 M mit U abh], 1 Pm li, MM abh, 2x [1 M abh (FhdA), 1 M li], 1 M abh (FhdA), 2 M zus. Wenden (= 16 M).

End-R 50 DS-HF: SSP, 2x [1 M abh (FhdA), 1 M li], MM abh, 4x [1 M mit U abh, 1 Pm li], 1 M mit U abh, 1 M li. Nicht wenden, M zurückschieben (= 15 M).
End-R 50 DS-DF: 1 M abh, DF nach hinten, 2x [1 M re, 1 M abh (FvdA)], MM abh, 4x [1 Pm re, 1 M mit U abh], 1 Pm re, DF nach hinten, 1 M abh. Wenden.

End-R 51 HS-HF: 1 M re, 1 M mit U abh, 4x [1 Pm re, 1 M mit U abh], MM abh, 2x [1 M re, 1 M abh (FvdA)], 1 M re. Nicht wenden, M zurückschieben.
End-R 51 HS-DF: 1 M abh, 4x [1 Pm li, 1 M mit U abh], 1 Pm li, MM abh, 1 M abh (FhdA), 2x [1 M li, 1 M abh (FhdA)]. Wenden.

End-R 52 DS-HF: 1 M li, 2x [1 M abh (FhdA), 1 M li], MM abh, 4x [1 M mit U abh, 1 Pm li], 1 M mit U abh, 1 M li. Nicht wenden, M zurückschieben (= 15 M).
End-R 52 DS-DF: 1 M abh, DF nach hinten, 2x [1 M re, 1 M abh (FvdA)], MM abh, 4x [1 Pm re, 1 M mit U abh], 1 Pm re, DF nach hinten, 1 M abh. Wenden.

End-R 53 HS-HF: Pm nach li abn (Rand), 1 M mit U abh, 1 Pm re, 1 M mit U abh, Pm nach re abn, 1 M mit U abh, MM abh, 2x [1 M re, 1 M abh (FvdA)], 1 M re. Wenden und 5 M abk. M auf li Nadel nehmen. Wenden (= 6 M).
End-R 53 HS-DF: 1 M abh, DF nach vorn, 1 Pm li, 1 M mit U abh, 1 Pm li, DF nach hinten, 2 M abh. Wenden.

End-R 54 DS-HF: SSP, 1 M mit U abh, 1 Pm li, 1 M mit U abh, 1 M li. Nicht wenden, M zurückschieben. (5 M)
End-R 54 DS-DF: 1 M abh, DF nach hinten, 1 Pm re, 1 M mit U abh, 1 Pm re, 1 M abh. Wenden.

End-R 55 HS-HF: 1 M re, 1 M mit U abh, 1 Pm re, 1 M mit U abh, 1 M re. Nicht wenden, M zurückschieben.
End-R 55 HS-DF: 1 M abh, 1 Pm li, 1 M mit U abh, 1 Pm li, 1 M abh. Wenden.

End-R 56 DS-HF: 1 M li, 1 M mit U abh, 1 Pm li, 1 M mit U abh, 1 M li. Nicht wenden, M zurückschieben.
End-R 56 DS-DF: 1 M abh, DF nach hinten, 1 Pm re, 1 M mit U abh, 1 Pm re, 1 M abh. Wenden.

End-R 57 HS-HF: 4 Pm abn (Rand).

Die Fadenenden vernähen und das Strickstück nach Belieben spannen. Der abgebildete Schal wurde leicht gedämpft und gespannt.

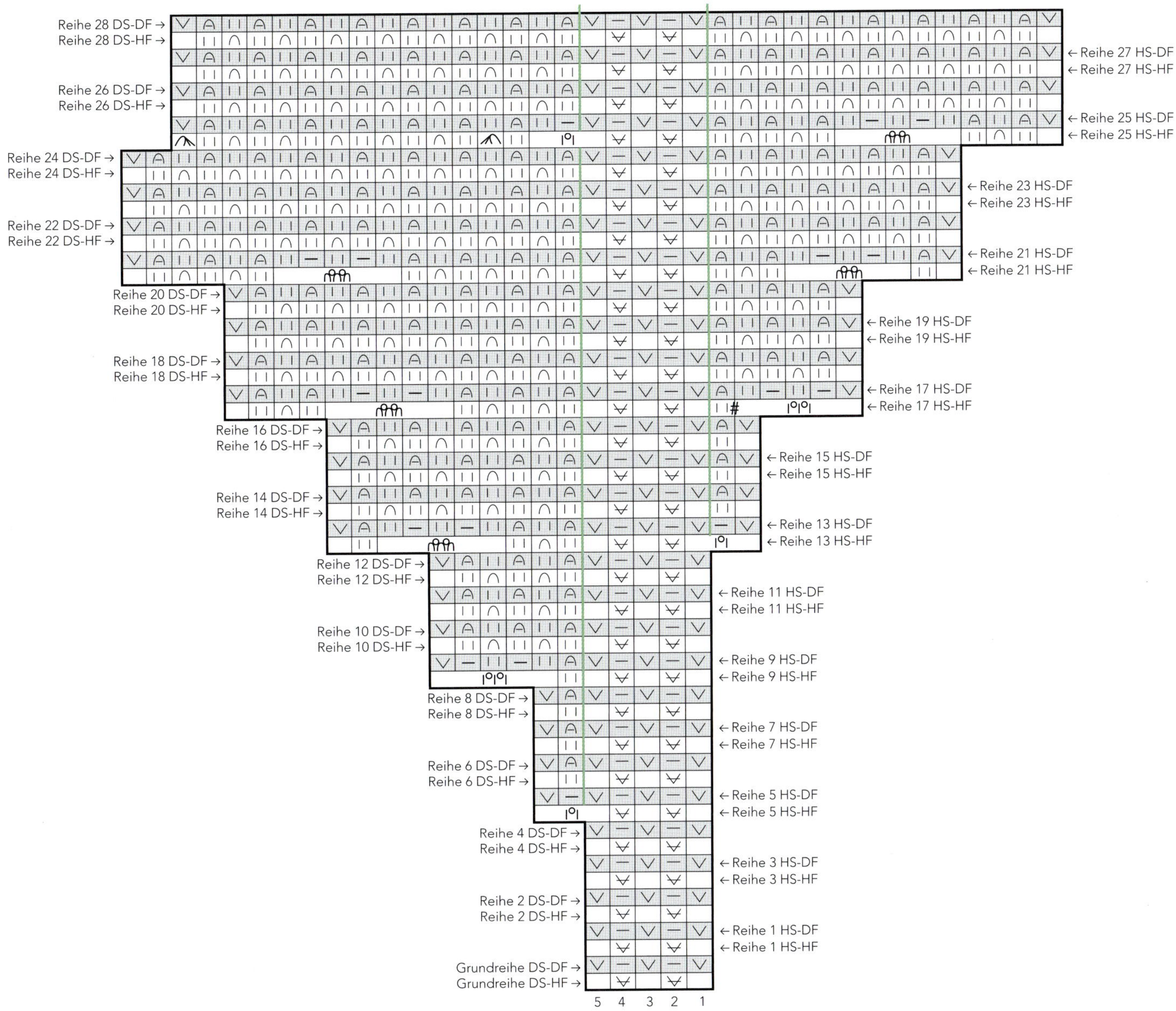

DIAGRAMM WINTER BIRCH (ANFANG)

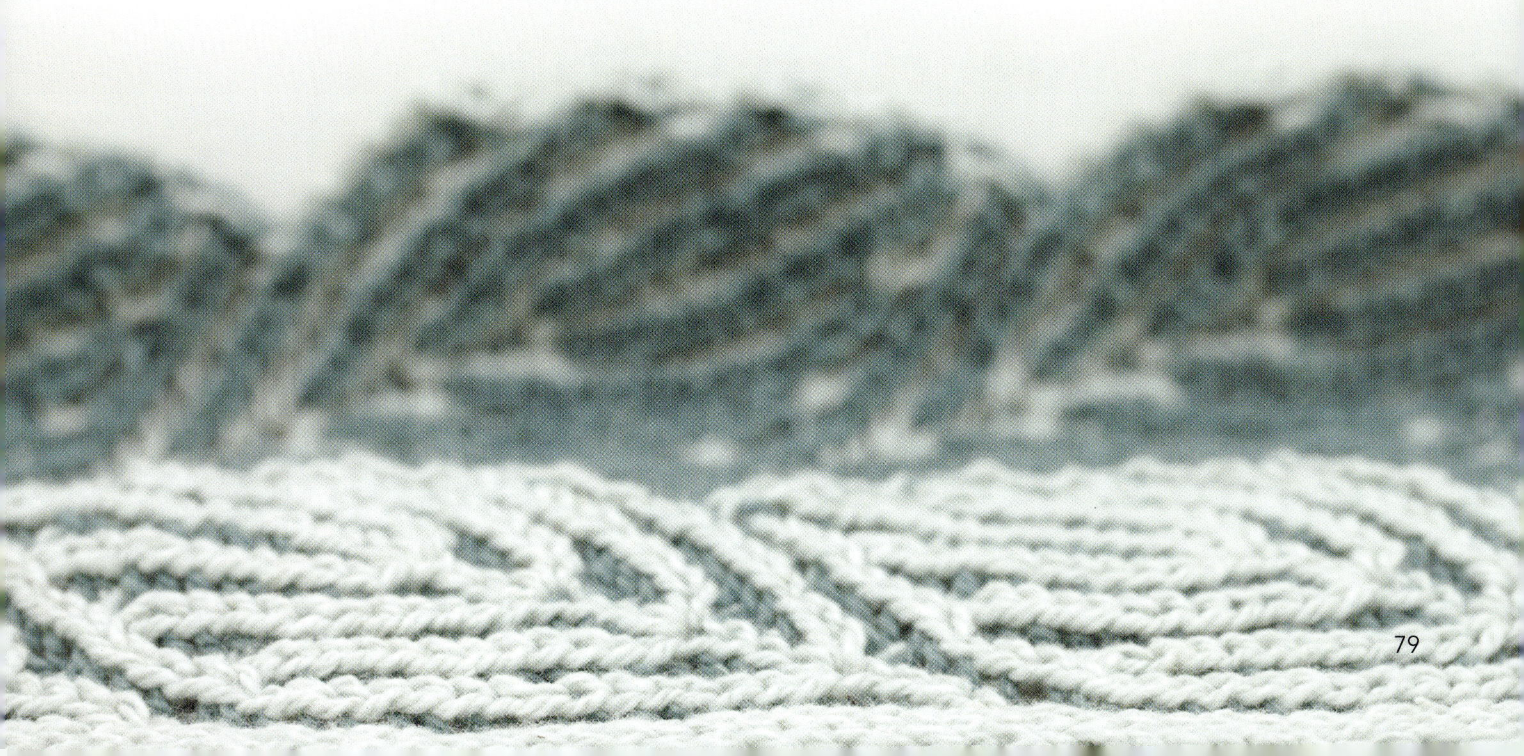

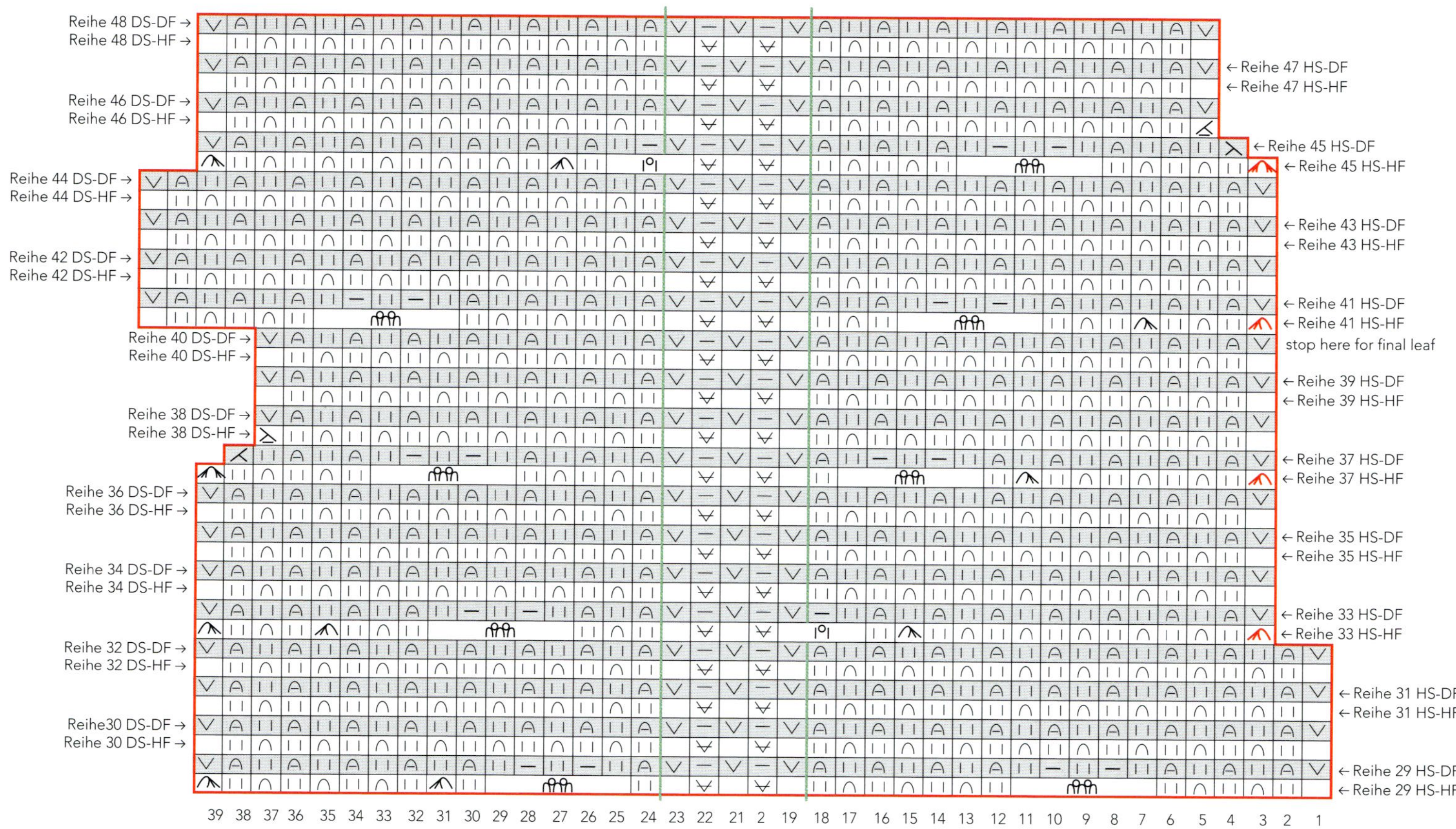

DIAGRAMM WINTER BIRCH (RAPPORT)

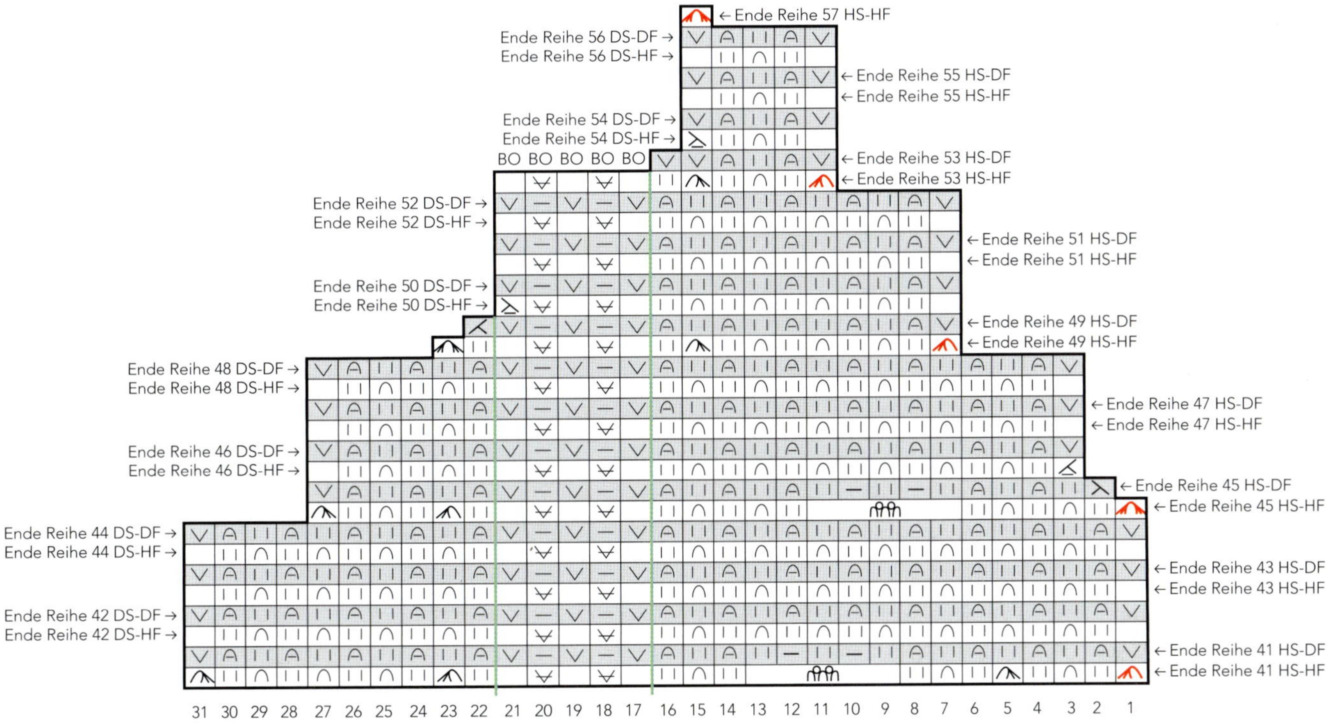

DIAGRAMM WINTER BIRCH (ENDE)

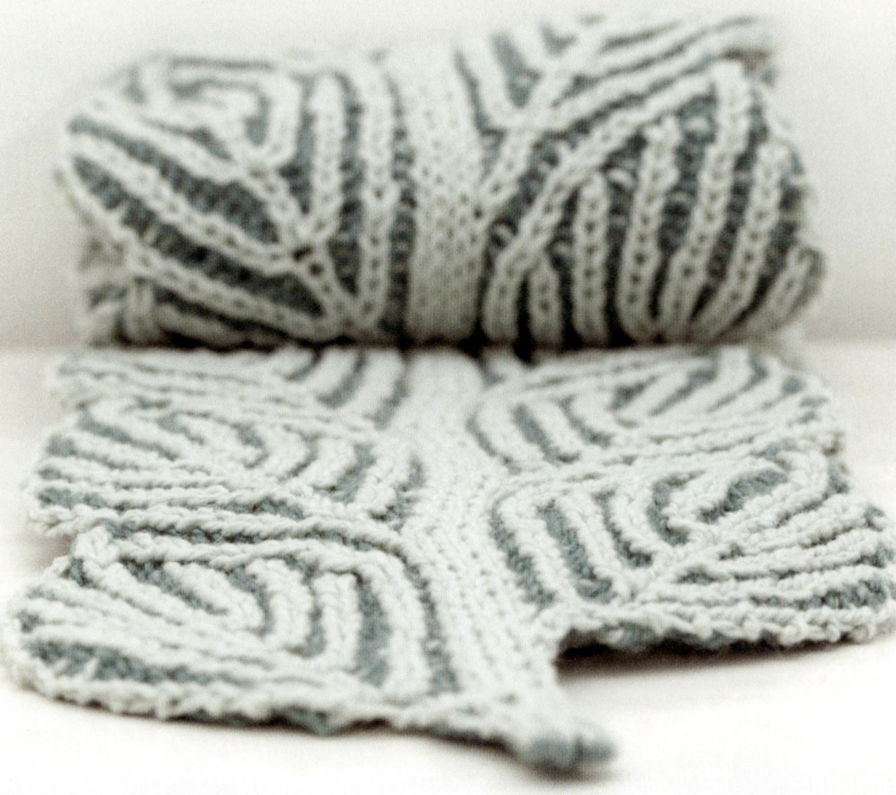

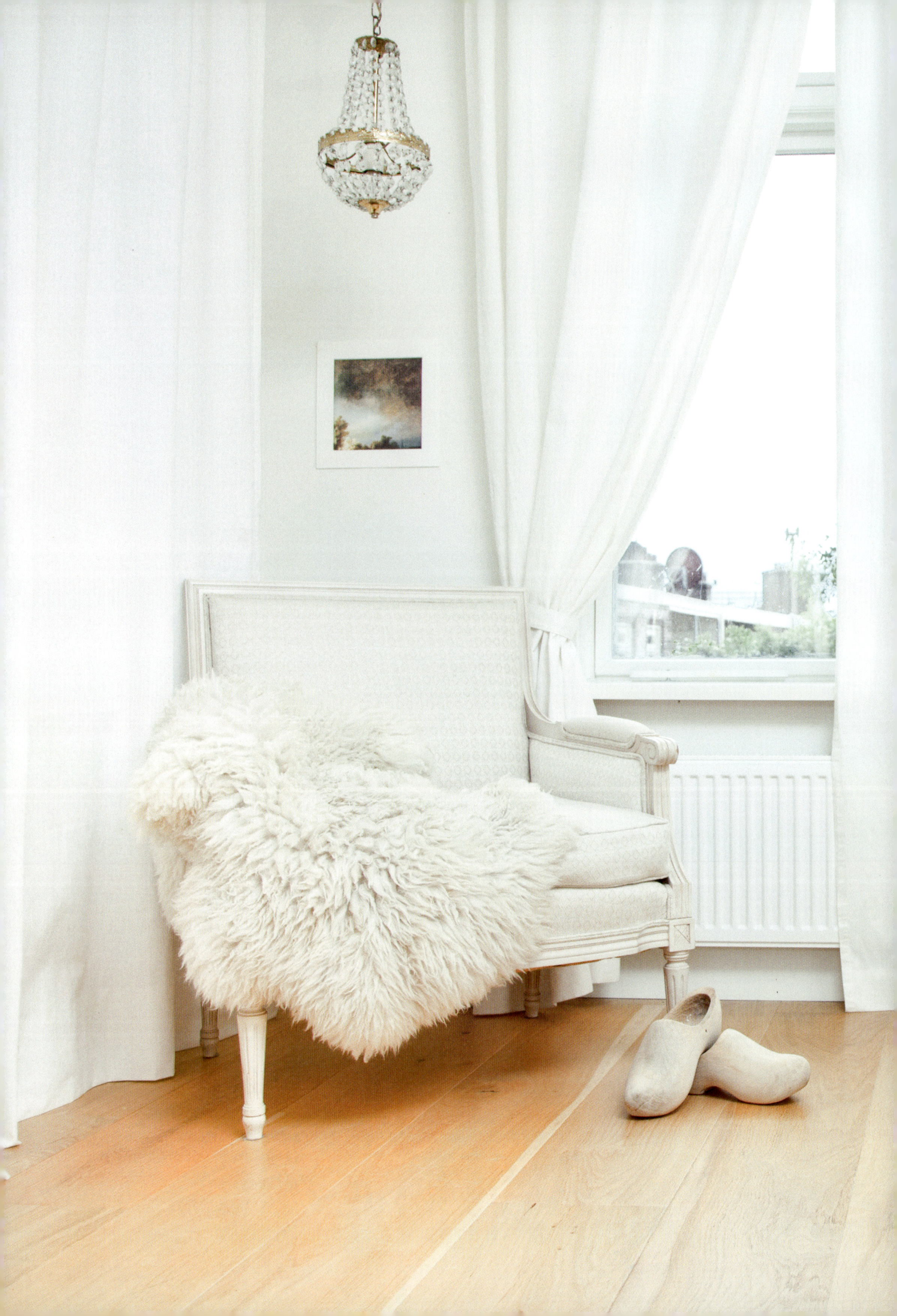

Bonfire

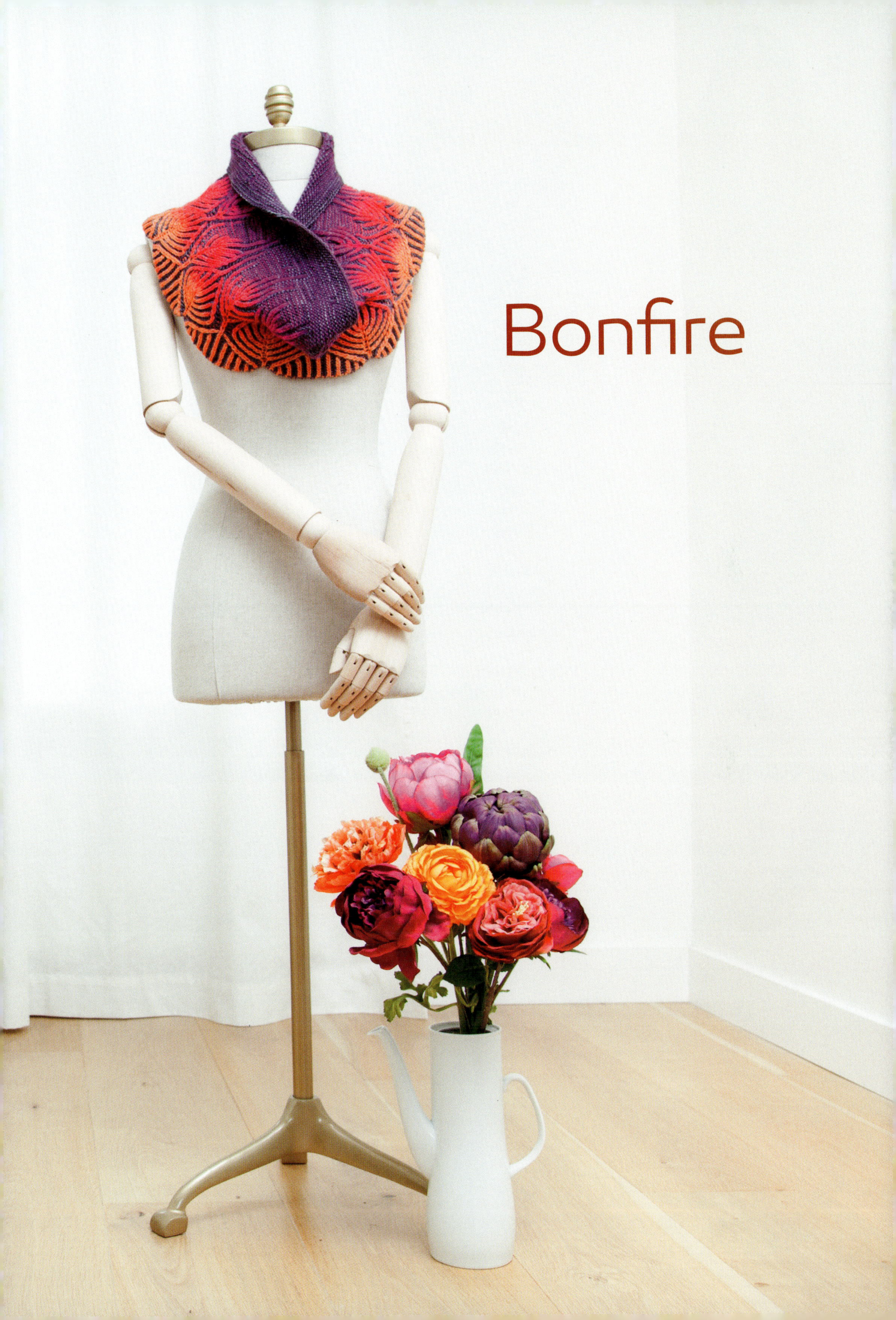

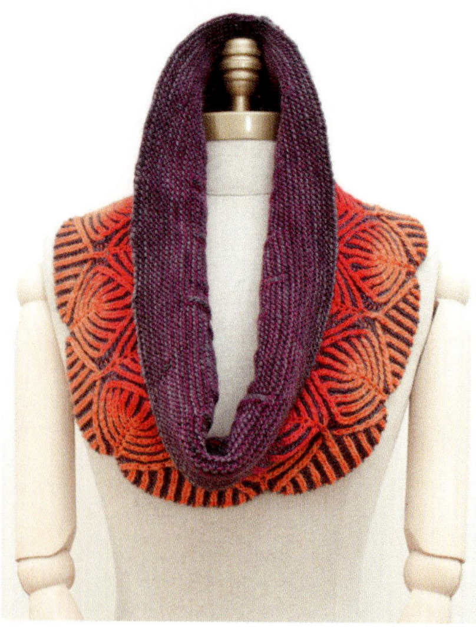

Bonfire

Die Maschenbilder von zweifarbigem Krausstrick und zweifarbigem Reliefpatent ergänzen sich gegenseitig besonders schön. Bei diesem Modell lösen sich die Blattstrukturen allmählich auf wie in einem Feuer. Der Farbverlauf von Glutrot zu Aschgrau unterstreicht diesen Effekt noch.

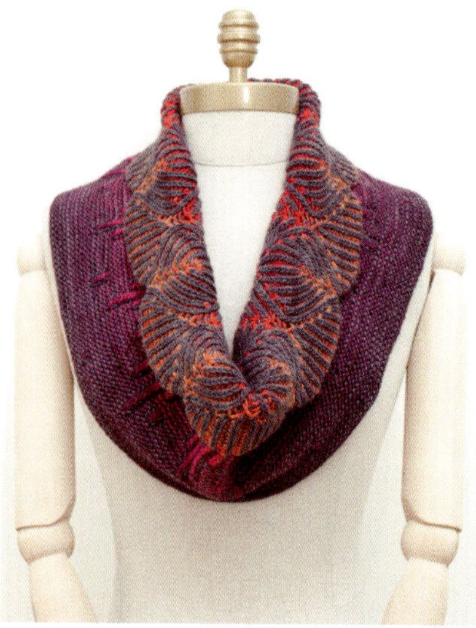

FERTIGE MASSE
Höhe 23 cm, Umfang 80–90 cm

GARN
Freia Fine Handpaints Sport,
100% Wolle,
LL 200 m/75 g bzw. 133 M/50 g,
Farben: HF = Ombré grande Flare, DF = Charcoal, 1 Knäuel (75 g) Ombré und 2 Knäuel (à 50 g) Charcoal

Der abgebildete Cowl wiegt 133 g.

NADELN
Rundstricknadel 3,5 mm (Länge 60 cm) oder Nadelspiel

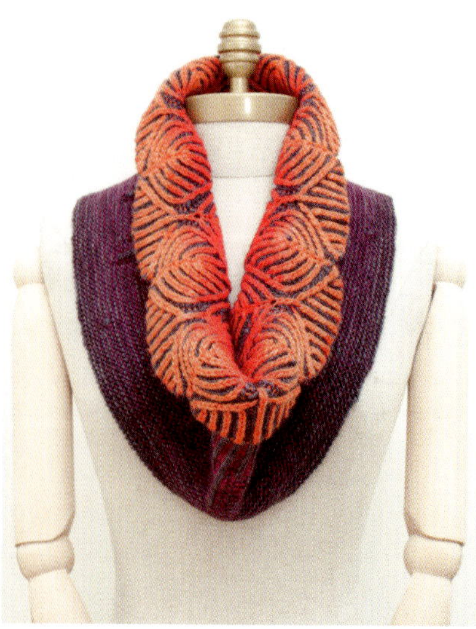

ZUBEHÖR
Zopfmusternadel (Zn)
Maschenmarkierer

MASCHENPROBE
Kraus rechts: 21 M x 23 Krausrippen = 10 x 10 cm

HINWEISE
Dieser Cowl wird in Runden gestrickt. Lesen Sie dazu bitte vorab die Erläuterungen im Anhang (S. 94–99).

Bei einem so großen Projekt empfehle ich, gelegentlich einen Sicherungsfaden einzuziehen.

Die Maschenzahl muss durch 48 teilbar sein.

Beachten Sie, dass Rd 2 HF und DF zwischen den ungeraden Rd stets wiederholt wird. Rd 2 ist eine „einfache" Rd ohne Zu- oder Abnahmen.

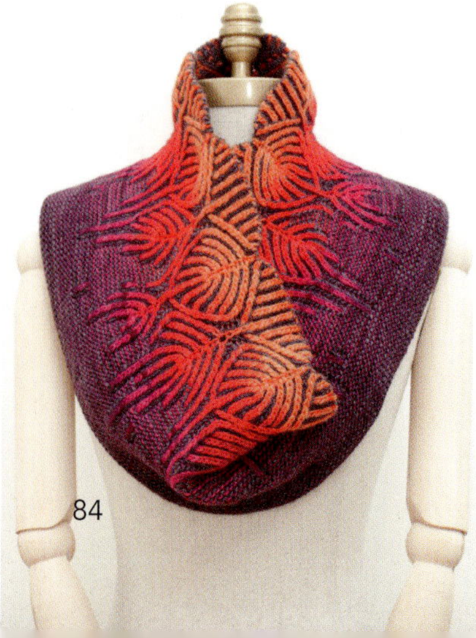

Setzen Sie einen Maschenmarkierer an den Beginn der Rd und in die erste Mustermasche (Rd 1 HF), damit Sie die Rd zählen können. Ich empfehle außerdem, zusätzliche Markierer zwischen die Musterrapporte zu setzen.

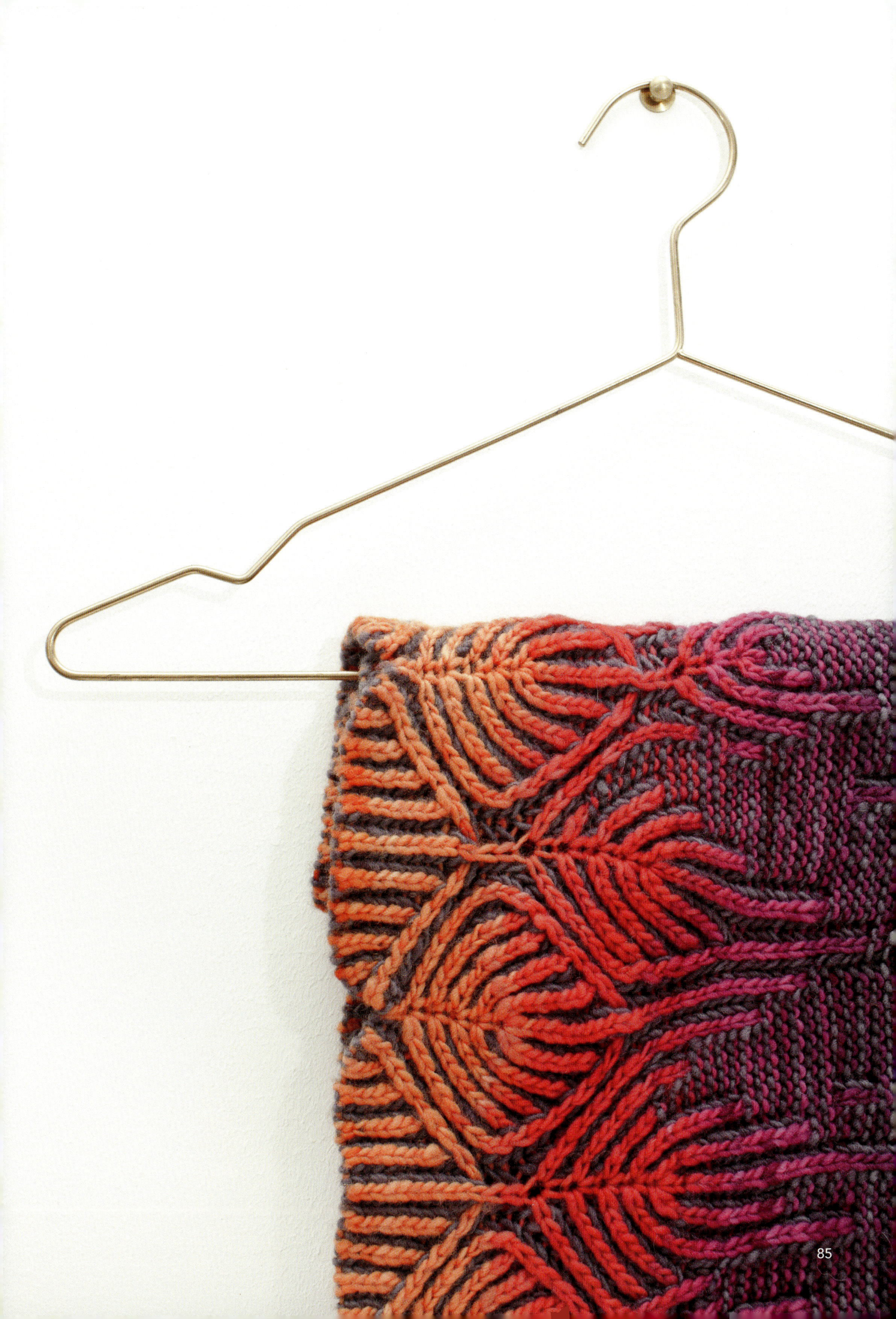

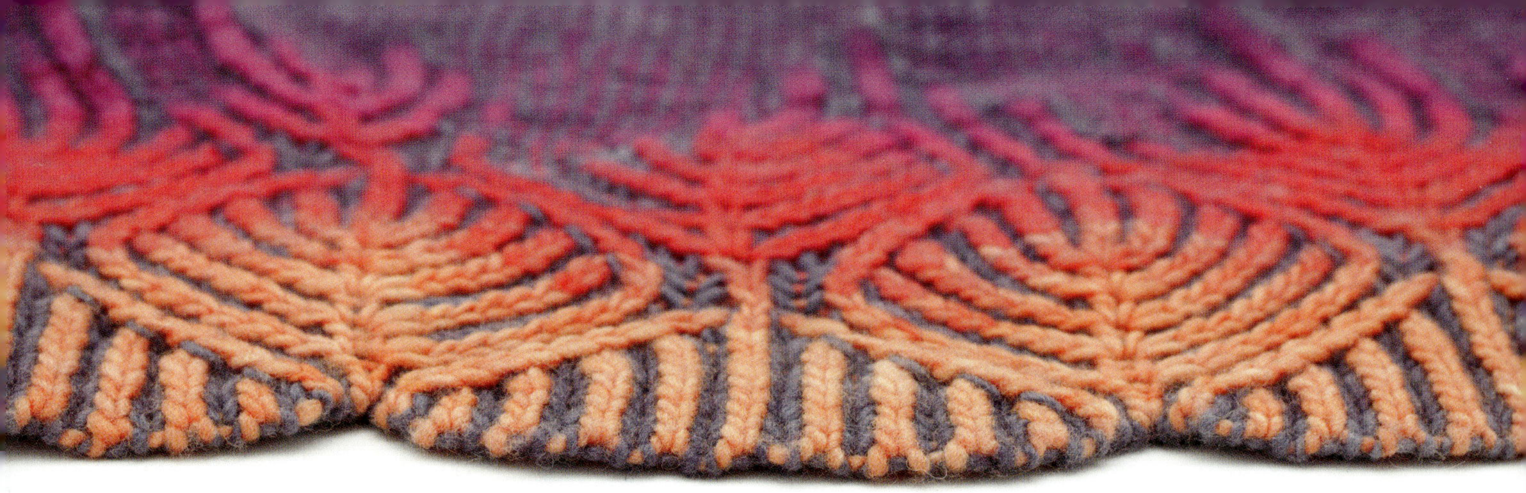

COWL

192 M zweifarbig italienisch anschl, beginnend mit 1 M HF „re“ und 1 M DF „li“.

Anschlag-R zur Rd schließen, dabei die M nicht verdrehen. Den ersten „Knoten“ vor der 1. Anschlag-M wieder lösen.

Siehe auch DIAGRAMM BONFIRE

Grund-Rd 1 HF: *1 M re, 1 M mit U abh; ab * wdh. HF nach vorn.

Grund-Rd 1 DF: *1 M mit U abh, 1 Pm li; ab * wdh. DF nach vorn.

Grund-Rd 2 HF: *1 Pm re, 1 M mit U abh; ab * bis Rd-Ende wdh. DF nach vorn.

Grund-Rd 2 DF: wie **Grund-Rd 1 DF.**

Grund-Rd 3 HF: wie **Grund-Rd 2 HF.**

Grund-Rd 3 DF: wie **Grund-Rd 1 DF.**

Rd 1 HF: Pm nach li abn, 1 M mit U abh, 7x [1 Pm re, 1 M mit U abh], Pm nach re abn, 1 M mit U abh, 4 Pm zun, 1 M mit U abh; ab * wdh.

Rd 1 DF: 9x *[1 M mit U abh, 1 Pm li], 2x [1 M mit U abh, 1 M li], 1 M mit U abh, 1 Pm li; ab * wdh.

Rd 2 HF: *1 Pm re, 1 M mit U abh; ab * wdh.

Rd 2 DF: *1 M mit U abh, 1 Pm li; ab * wdh.

Rd 3 HF: *Pm nach li abn, 1 M mit U abh, 5x [1 Pm re, 1 M mit U abh], Pm nach re abn, 1 M mit U abh, 1 Pm re, 1 M mit U abh, 4 Pm zun, 1 M mit U abh, 1 Pm re, 1 M mit U abh; ab * wdh.

Rd 3 DF: *8x [1 M mit U abh, 1 Pm li], 2x [1 M mit U abh, 1 M li], 2x [1 M mit U abh, 1 Pm li]; ab * wdh.

Rd 4 HF/DF: wie **Rd 2 HF/DF.**

Rd 5 HF: *Pm nach li abn, 1 M mit U abh, 3x [1 Pm re, 1 M mit U abh], Pm nach re abn, 1 M mit U abh, 2x [1 Pm re, 1 M mit U abh], 4 Pm zun, 1 M mit U abh, 2x [1 Pm re, 1 M mit U abh]; ab * wdh.

Rd 5 DF: *7x [1 M mit U abh, 1 Pm li], 2x [1 M mit U abh, 1 M li], 3x [1 M mit U abh, 1 Pm li]; ab * wdh.

Rd 6 HF/DF: wie **Rd 2 HF/DF.**

Rd 7 HF: *Pm nach li abn, 1 M mit U abh, 1 Pm re, 1 M mit U abh, Pm nach re abn, 1 M mit U abh, 3x [1 Pm re, 1 M mit U abh], 4 Pm zun, 1 M mit U abh, 3x [1 Pm re, 1 M mit U abh]; ab * wdh.

Rd 7 DF: *6x [1 M mit U abh, 1 Pm li], 2x [1 M mit U abh, 1 M li], 4x [1 M mit U abh, 1 Pm li]; ab * wdh.

Rd 8 HF/DF: wie **Rd 2 HF/DF.**

Rd 9 HF: *4 Pm abn, 1 M mit U abh, 4x [1 Pm re, 1 M mit U abh], 4 Pm zun, 1 M mit U abh, 4x [1 Pm re, 1 M mit U abh]; ab * wdh.

Rd 9 DF: *5x [1 M mit U abh, 1 Pm li], 2x [1 M mit U abh, 1 M li], 5x [1 M mit U abh, 1 Pm li]; ab * wdh.

Rd 10 HF/DF: wie **Rd 2 HF/DF.**

Rd 11 HF/DF: wie **Rd 2 HF/DF.**

Rd 12 HF: *4 Pm zun, 1 M mit U abh, Pm nach li abn, 1 M mit U abh, 7x [1 Pm re, 1 M mit U abh], Pm nach re abn, 1 M mit U abh; ab * wdh.

Rd 12 DF: *2x [1 M mit U abh, 1 M li], 10x [1 M mit U abh, 1 Pm li]; ab * wdh.

Rd 13 HF/DF: wie **Rd 2 HF/DF.**

Rd 14 HF: *1 Pm re, 1 M mit U abh, 4 Pm zun, 1 M mit U abh, 1 Pm re, 1 M mit U abh, Pm nach li abn, 1 M mit U abh, 5x [1 Pm re, 1 M mit U abh], Pm nach re abn, 1 M mit U abh; ab * wdh.

Rd 14 DF: *1 M mit U abh, 1 Pm li, 2x [1 M mit U abh, 1 M li], 9x [1 M mit U abh, 1 Pm li]; ab * wdh.

Rd 15 HF/DF: wie **Rd 2 HF/DF.**

Ab hier wird zusätzlich kraus rechts gestrickt.

Rd 16 HF: *2x [1 Pm re, 1 M mit U abh], 4 Pm zun, 1 M mit U abh, 1 Pm re, 1 M re, 1 Pm re, 1 M mit U abh, Pm nach li abn, 1 M mit U abh, 3x [1 Pm re, 1 M mit U abh], Pm nach re abn, 1 M mit U abh, 2x [1 Pm re, 1 M mit U abh], 4 Pm zun, 1 M mit U abh, 2x [1 Pm re, 1 M mit U abh], Pm nach li abn, 1 M mit U abh, 3x [1 Pm re, 1 M mit U abh], Pm nach re abn, 1 M mit U abh; ab * wdh.

Rd 16 DF: *2x [1 M mit U abh, 1 Pm li], 2x [1 M mit U abh, 1 M li], 1 M mit U abh, 1 Pm li, 2 M li, 8x [1 M mit U abh, 1 Pm li], 2x [1 M mit U abh, 1 M li], 8x [1 M mit U abh, 1 Pm li]; ab * wdh.

Rd 17 HF: *5x [1 Pm re, 1 M mit U abh], 2 M re, 18x [1 Pm re, 1 M mit U abh]; ab * wdh.

Rd 17 DF: *5x [1 M mit U abh, 1 Pm li], 2 M li, 18x [1 M mit U abh, 1 Pm li]; ab * wdh.

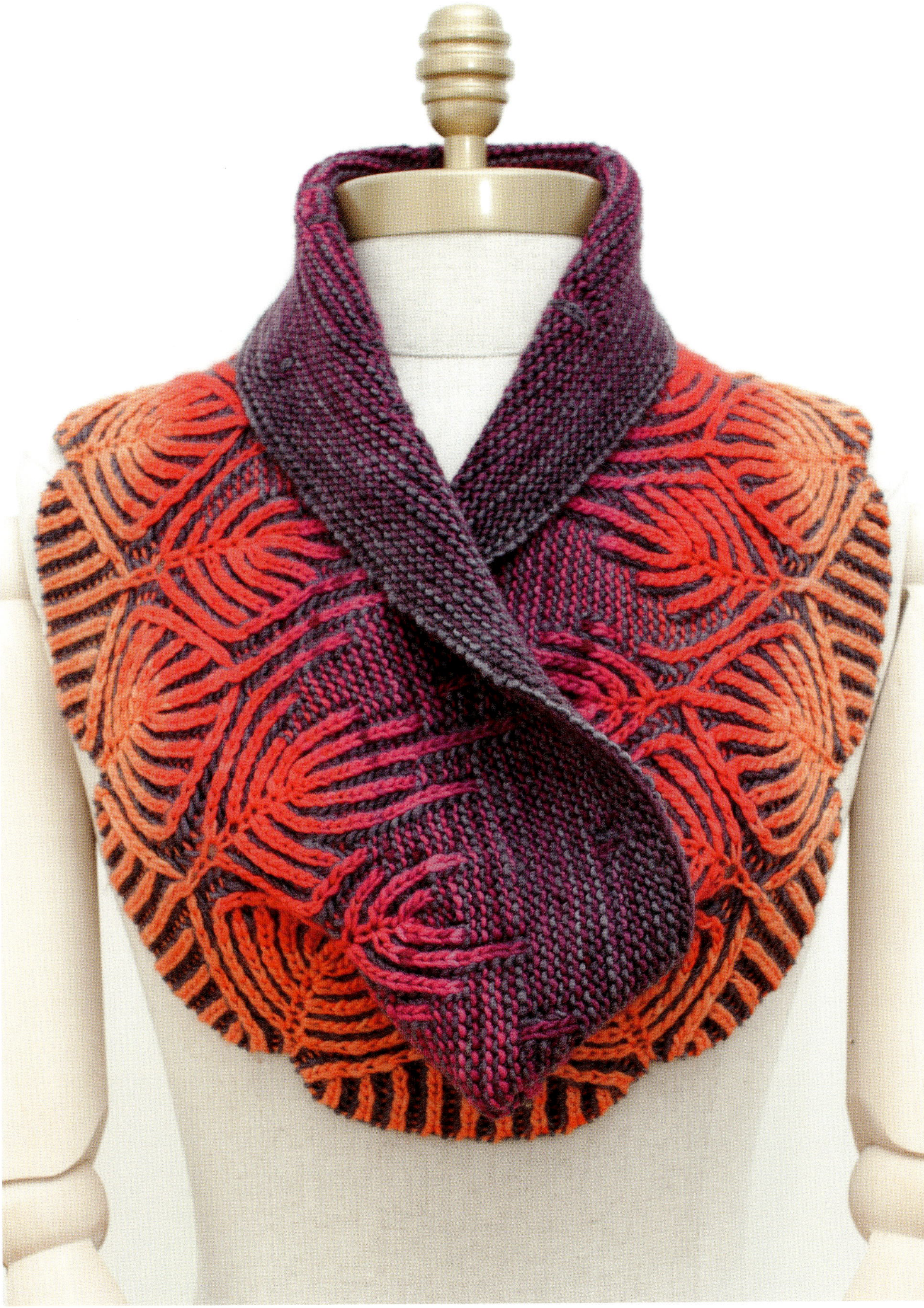

Rd 18 HF: *3x [1 Pm re, 1 M mit U abh], 4 Pm zun, 1 M mit U abh, 1 Pm re, 1 M mit U abh, 2 M re, 1 Pm re, 1 M mit U abh, Pm nach li abn, 1 M mit U abh, 1 Pm re, 1 M mit U abh, Pm nach re abn, 1 M mit U abh, 3x [1 Pm re, 1 M mit U abh], 4 Pm zun, 1 M mit U abh, 3x [1 Pm re, 1 M mit U abh], Pm nach li abn, 1 M mit U abh, 1 Pm re, 1 M mit U abh, Pm nach re abn, 1 M mit U abh; ab * wdh.
Rd 18 DF: *3x [1 M mit U abh, 1 Pm li], 2x [1 M mit U abh, 1 M li], 2x [1 M mit U abh, 1 Pm li], 2 M li, 7x [1 M mit U abh, 1 Pm li], 2x [1 M mit U abh, 1 M li], 7x [1 M mit U abh, 1 Pm li]; ab * wdh.

Rd 19 HF: *7x [1 Pm re, 1 M mit U abh], 2 M re, 16x [1 Pm re, 1 M mit U abh]; ab * wdh.
Rd 19 DF: *7x [1 M mit U abh, 1 Pm li], 2 M li, 16x [1 M mit U abh, 1 Pm li]; ab * wdh.

Rd 20 HF: *4x [1 Pm re, 1 M mit U abh], 4 Pm zun, 1 M mit U abh, 2x [1 Pm re, 1 M mit U abh], 2 M re, 1 Pm re, 1 M mit U abh, 4 Pm abn, 1 M mit U abh, 4x [1 Pm re, 1 M mit U abh], 4 Pm zun, 1 M mit U abh, 4x [1 Pm re, 1 M mit U abh], 4 Pm abn, 1 M mit U abh; ab * wdh.
Rd 20 DF: *4x [1 M mit U abh, 1 Pm li], 2x [1 M mit U abh, 1 M li], 3x [1 M mit U abh, 1 Pm li], 2 M li, 6x [1 M mit U abh, 1 Pm li], 2x [1 M mit U abh, 1 M li], 6x [1 M mit U abh, 1 Pm li]; ab * wdh.

Rd 21 HF: *8x [1 Pm re, 1 M mit U abh], 1 Pm re, 3 M re, 14x [1 Pm re, 1 M mit U abh]; ab * wdh.
Rd 21 DF: *8x [1 M mit U abh, 1 Pm li], 4 M li, 14x [1 M mit U abh, 1 Pm li]; ab * wdh.

Rd 22 HF: *8x [1 Pm re, 1 M mit U abh], 4 M re, 10x [1 Pm re, 1 M mit U abh], 1 Pm re, 1 M re, 3x [1 Pm re, 1 M mit U abh]; ab * wdh.
Rd 22 DF: *8x [1 M mit U abh, 1 Pm li], 4 M li, 10x [1 M mit U abh, 1 Pm li], 2 M li, 3x [1 M mit U abh, 1 Pm li]; ab * wdh.

Rd 23 HF: *Pm nach li abn, 1 M mit U abh, 6x [1 Pm re, 1 M mit U abh], 4 M re, 1 Pm re, 1 M mit U abh, 4 Pm zun, 1 M mit U abh, Pm nach li abn, 1 M mit U abh, 6x [1 Pm re, 1 M mit U abh], 2 M re, 3x [1 Pm re, 1 M mit U abh]; ab * wdh.
Rd 23 DF: *7x [1 M mit U abh, 1 Pm li], 4 M li, 1 M mit U abh, 1 Pm li, 2x [1 M mit U abh, 1 M li], 8x [1 M mit U abh, 1 Pm li], 2 M li, 3x [1 M mit U abh, 1 Pm li]; ab * wdh.

Rd 24 HF: *7x [1 Pm re, 1 M mit U abh], 4 M re, 11x [1 Pm re, 1 M mit U abh], 2 M re, 3x [1 Pm re, 1 M mit U abh]; ab * wdh.
Rd 24 DF: *7x [1 M mit U abh, 1 Pm li], 4 M li, 11x [1 M mit U abh, 1 Pm li], 2 M li, 3x [1 M mit U abh, 1 Pm li]; ab * wdh.

Rd 25 HF: *Pm nach li abn, 1 M mit U abh, 4x [1 Pm re, 1 M mit U abh], 1 Pm re, 5 M re, 1 Pm re, 1 M re, 1 Pm re, 1 M mit U abh, 4 Pm zun, 1 M mit U abh, 1 Pm re, 1 M mit U abh, Pm nach li abn, 1 M mit U abh, 5x [1 Pm re, 1 M mit U abh], 2 M re, 1 Pm re, 1 M re, 2x [1 Pm re, 1 M mit U abh]; ab * wdh.
Rd 25 DF: *5x [1 M mit U abh, 1 Pm li], 8 M li, 1 M mit U abh, 1 Pm li, 2x [1 M mit U abh, 1 M li], 8x [1 M mit U abh, 1 Pm li], 4 M li, 2x [1 M mit U abh, 1 Pm li]; ab * wdh.

Rd 26 HF: *5x [1 Pm re, 1 M mit U abh], 8 M re, 11x [1 Pm re, 1 M mit U abh], 4 M re, 2x [1 Pm re, 1 M mit U abh]; ab * wdh.
Rd 26 DF: *5x [1 M mit U abh, 1 Pm li], 8 M li, 11x [1 M mit U abh, 1 Pm li], 4 M li, 2x [1 M mit U abh, 1 Pm li]; ab * wdh.

Rd 27 HF: *Pm nach li abn, 1 M mit U abh, 3x [1 Pm re, 1 M mit U abh], 7 M re, 1 M mit U abh, 2x [1 Pm re, 1 M mit U abh], 4 Pm zun, 1 M mit U abh, 2x [1 Pm re, 1 M mit U abh], 1 Pm re, 1 M re, 5x [1 Pm re, 1 M mit U abh], 4 M re, 2x [1 Pm re, 1 M mit U abh]; ab * wdh.
Rd 27 DF: *4x [1 M mit U abh, 1 Pm li], 6 M li, 3x [1 M mit U abh, 1 Pm li], 2x [1 M mit U abh, 1 M li], 3x [1 M mit U abh, 1 Pm li], 2 M li, 5x [1 M mit U abh, 1 Pm li], 4 M li, 2x [1 M mit U abh, 1 Pm li]; ab * wdh.

Rd 28 HF: *4x [1 Pm re, 1 M mit U abh], 6 M re, 8x [1 Pm re, 1 M mit U abh], 2 M re, 5x [1 Pm re, 1 M mit U abh], 4 M re, 2x [1 Pm re, 1 M mit U abh]; ab * wdh.
Rd 28 DF: *4x [1 M mit U abh, 1 Pm li], 6 M li, 8x [1 M mit U abh, 1 Pm li], 2 M li, 5x [1 M mit U abh, 1 Pm li], 4 M li, 2x [1 M mit U abh, 1 Pm li]; ab * wdh.

Rd 29 HF: *Pm nach li abn, 1 M mit U abh, 2x [1 Pm re, 1 M mit U abh], 6 M re, 7x [1 Pm re, 1 M mit U abh], 1 Pm re, 3 M re, 5x [1 Pm re, 1 M mit U abh], 4 M re, 2x [1 Pm re, 1 M mit U abh]; ab * wdh.
Rd 29 DF: *3x [1 M mit U abh, 1 Pm li], 6 M li, 7x [1 M mit U abh, 1 Pm li], 4 M li, 5x [1 M mit U abh, 1 Pm li], 4 M li, 2x [1 M mit U abh, 1 Pm li]; ab * wdh.

Rd 30 HF: *2x [1 Pm re, 1 M mit U abh], 1 Pm re, 7 M re, 4x [1 Pm re, 1 M mit U abh], 1 Pm re, 1 M re, 2x [1 Pm re, 1 M mit U abh], 4 M re, 4x [1 Pm re, 1 M mit U abh], 1 Pm re, 5 M re, 2x [1 Pm re, 1 M mit U abh]; ab * wdh.
Rd 30 DF: *2x [1 M mit U abh, 1 Pm li], 8 M li, 4x [1 M mit U abh, 1 Pm li], 2 M li, 2x [1 M mit U abh, 1 Pm li], 4 M li, 4x [1 M mit U abh, 1 Pm li], 6 M li, 2x [1 M mit U abh, 1 Pm li]; ab * wdh.

Rd 31 HF: *2x [1 Pm re, 1 M mit U abh], 8 M re, 1 Pm re, 1 M re, 3x [1 Pm re, 1 M mit U abh], 2 M re, 2x [1 Pm re, 1 M mit U abh], 4 M re, 4x [1 Pm re, 1 M mit U abh], 6 M re, 2x [1 Pm re, 1 M mit U abh]; ab * wdh.
Rd 31 DF: *2x [1 M mit U abh, 1 Pm li], 10 M li, 3x [1 M mit U abh, 1 Pm li], 2 M li, 2x [1 M mit U abh, 1 Pm li], 4 M li, 4x [1 M mit U abh, 1 Pm li], 6 M li, 2x [1 M mit U abh, 1 Pm li]; ab * wdh.

Rd 32 HF: *2x [1 Pm re, 1 M mit U abh], 10 M re, 3x [1 Pm re, 1 M mit U abh], 2 M re, 1 Pm re, 1 M re, 1 Pm re, 1 M mit U abh, 4 M re, 4x [1 Pm re, 1 M mit U abh], 6 M re, 1 Pm re, 1 M re, 1 Pm re, 1 M mit U abh; ab * wdh.
Rd 32 DF: *2x [1 M mit U abh, 1 Pm li], 10 M li, 3x [1 M mit U abh, 1 Pm li], 4 M li, 1 M mit U abh, 1 Pm li, 4 M li, 4x [1 M mit U abh, 1 Pm li], 8 M li, 1 M mit U abh, 1 Pm li; ab * wdh.

Rd 33 HF: *2x [1 Pm re, 1 M mit U abh], 10 M re, 3x [1 Pm re, 1 M mit U abh], 4 M re, 1 Pm re, 1 M mit U abh, 4 M re, 4x [1 Pm re, 1 M mit U abh], 8 M re, 1 Pm re, 1 M mit U abh; ab * wdh.
Rd 33 DF: *2x [1 M mit U abh, 1 Pm li], 10 M li, 3x [1 M mit U abh, 1 Pm li], 4 M li, 1 M mit U abh, 1 Pm li, 4 M li, 4x [1 M mit U abh, 1 Pm li], 8 M li, 1 M mit U abh, 1 Pm li; ab * wdh.

Rd 34 HF: *2x [1 Pm re, 1 M mit U abh], 10 M re, 3x [1 Pm re, 1 M mit U abh], 4 M re, 1 Pm re, 1 M mit U abh, 4 M re, 1 Pm re, 1 M mit U abh, 1 Pm re, 1 M re, 2x [1 Pm re, 1 M mit U abh], 8 M re, 1 Pm re, 1 M mit U abh; ab * wdh.
Rd 34 DF: *2x [1 M mit U abh, 1 Pm li], 10 M li, 3x [1 M mit U abh, 1 Pm li], 4 M li, 1 M mit U abh, 1 Pm li, 4 M li, 1 M mit U abh, 1 Pm li, 2 M li, 2x [1 M mit U abh, 1 Pm li], 8 M li, 1 M mit U abh, 1 Pm li; ab * wdh.

Rd 35 HF: *2x [1 Pm re, 1 M mit U abh], 10 M re, 1 Pm re, 1 M re, 1 Pm re, 1 M mit U abh, 1 Pm re, 5 M re, 1 Pm re, 1 M mit U abh, 4 M re, 1 Pm re, 1 M mit U abh, 2 M re, 2x [1 Pm re, 1 M mit U abh], 8 M re, 1 Pm re, 1 M mit U abh; ab * wdh.
Rd 35 DF: *2x [1 M mit U abh, 1 Pm li], 12 M li, 1 M mit U abh, 1 Pm li, 6 M li, 1 M mit U abh, 1 Pm li, 4 M li, 1 M mit U abh, 1 Pm li, 2 M li, 2x [1 M mit U abh, 1 Pm li], 8 M li, 1 M mit U abh, 1 Pm li; ab * wdh.

Rd 36 HF: *2x [1 Pm re, 1 M mit U abh], 12 M re, 1 Pm re, 1 M mit U abh, 6 M re, 1 Pm re, 5 M re, 1 Pm re, 1 M mit U abh, 2 M re, 1 Pm re, 1 M mit U abh, 1 Pm re, 9 M re, 1 Pm re, 1 M mit U abh; ab * wdh.
Rd 36 DF: *2x [1 M mit U abh, 1 Pm li], 12 M li, 1 M mit U abh, 1 Pm li, 12 M li, 1 M mit U abh, 1 Pm li, 2 M li, 1 M mit U abh, 1 Pm li, 10 M li, 1 M mit U abh, 1 Pm li; ab * wdh.

Rd 37 HF: *2x [1 Pm re, 1 M mit U abh], 12 M re, 1 Pm re, 1 M mit U abh, 12 M re, 1 Pm re, 1 M mit U abh, 2 M re, 1 Pm re, 1 M mit U abh, 10 M re, 1 Pm re, 1 M re; ab * wdh.
Rd 37 DF: *2x [1 M mit U abh, 1 Pm li], 12 M li, 1 M mit U abh, 1 Pm li, 12 M li, 1 M mit U abh, 1 Pm li, 2 M li, 1 M mit U abh, 1 Pm li, 12 M li; ab * wdh.

Rd 38 HF: *1 Pm re, 1 M mit U abh, 1 Pm re, 13 M re, 1 Pm re, 1 M mit U abh, 12 M re, 1 Pm re, 1 M mit U abh, 2 M re, 1 Pm re, 1 M mit U abh, 3 M re, 1 M mit U abh, 8 M re; ab * wdh.
Rd 38 DF: *1 M mit U abh, 1 Pm li, 1 M li4, 1 M mit U abh, 1 Pm li, 12 M li, 1 M mit U abh, 1 Pm li, 2 M li, 1 M mit U abh, 1 Pm li, 2 M li, 1 M mit U abh, 1 Pm li, 8 M li; ab * wdh.

Rd 39 HF: *1 Pm re, 1 M mit U abh, 9 M re, 1 M mit U abh, 4 M re, 1 Pm re, 1 M mit U abh, 12 M re, 1 Pm re, 3 M re, 1 Pm re, 1 M mit U abh, 2 M re, 1 Pm re, 1 M mit U abh, 8 M re; ab * wdh.
Rd 39 DF: *1 M mit U abh, 1 Pm li, 8 M li, 1 M mit U abh, 1 Pm li, 4 M li, 1 M mit U abh, 1 Pm li, 16 M li, 1 M mit U abh, 1 Pm li, 2 M li, 1 M mit U abh, 1 Pm li, 8 M li; ab * wdh.

Rd 40 HF: *1 Pm re, 1 M mit U abh, 8 M re, 1 Pm re, 1 M mit U abh, 4 M re, 1 Pm re, 17 M re, 1 Pm re, 1 M mit U abh, 2 M re, 1 Pm re, 1 M mit U abh, 8 M re; ab * wdh.
Rd 40 DF: *1 M mit U abh, 1 Pm li, 8 M li, 1 M mit U abh, 1 Pm li, 22 M li, 1 M mit U abh, 1 Pm li, 2 M li, 1 M mit U abh, 1 Pm li, 8 M li; ab * wdh.

Rd 41 HF: *1 Pm re, 1 M mit U abh, 8 M re, 1 Pm re, 1 M mit U abh, 22 M re, 1 Pm re, 1 M mit U abh, 2 M re, 1 Pm re, 9 M re; ab * wdh.
Rd 41 DF: *1 M mit U abh, 1 Pm li, 8 M li, 1 M mit U abh, 1 Pm li, 22 M li, 1 M mit U abh, 1 Pm li, 12 M li; ab * wdh.

Rd 42 HF: *1 Pm re, 9 M re, 1 Pm re, 1 M mit U abh, 22 M re, 1 Pm re, 1 M mit U abh, 12 M re; ab * wdh.
Rd 42 DF: *10 M li, 1 M mit U abh, 1 Pm li, 22 M li, 1 M mit U abh, 1 Pm li, 12 M li; ab * wdh.

Rd 43 HF: *10 M re, 1 Pm re, 23 M re, 1 Pm re, 1 M mit U abh, 12 M re; ab * wdh.
Rd 43 DF: *34 M li, 1 M mit U abh, 1 Pm li, 12 M li; ab * wdh.

Rd 44 HF: *34 M re, 1 Pm re, 13 M re; ab * wdh.
Rd 44 DF: alle M li.

Rd 45 HF: alle M re.
Rd 45 DF: alle M li.

Bis zur gewünschten Länge weiter zweifarbig kraus re str (Rd 45 HF und DF). Im abgebildeten Cowl folgen noch 8 Krausrippen.

Locker in der HF abnähen (siehe Anhang). Die Fadenenden vernähen und das Strickstück nach Belieben spannen. Der abgebildete Cowl wurde gedämpft und gespannt.

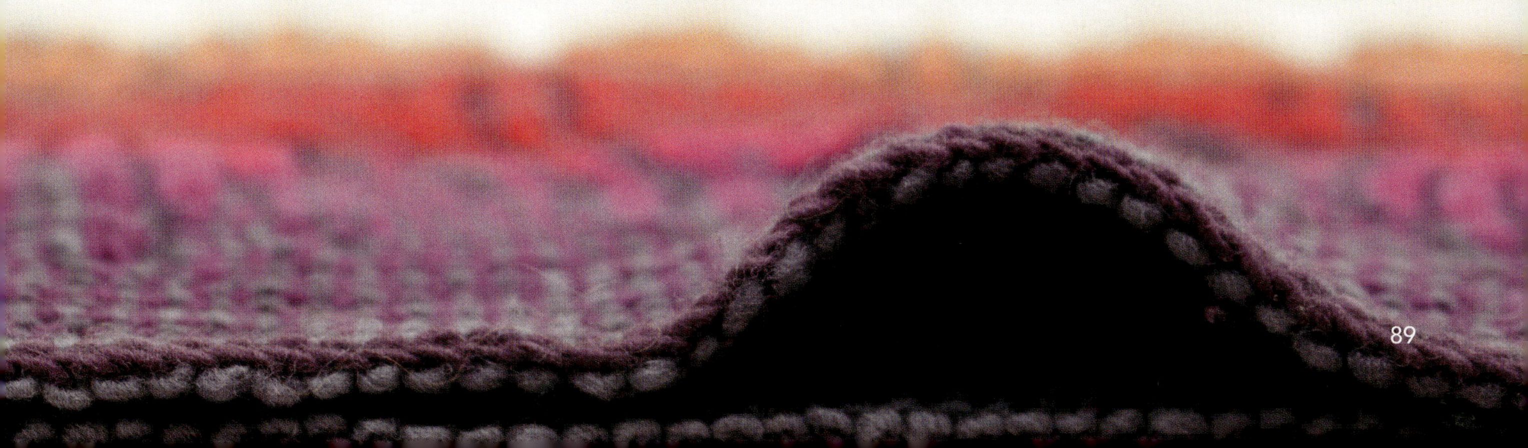

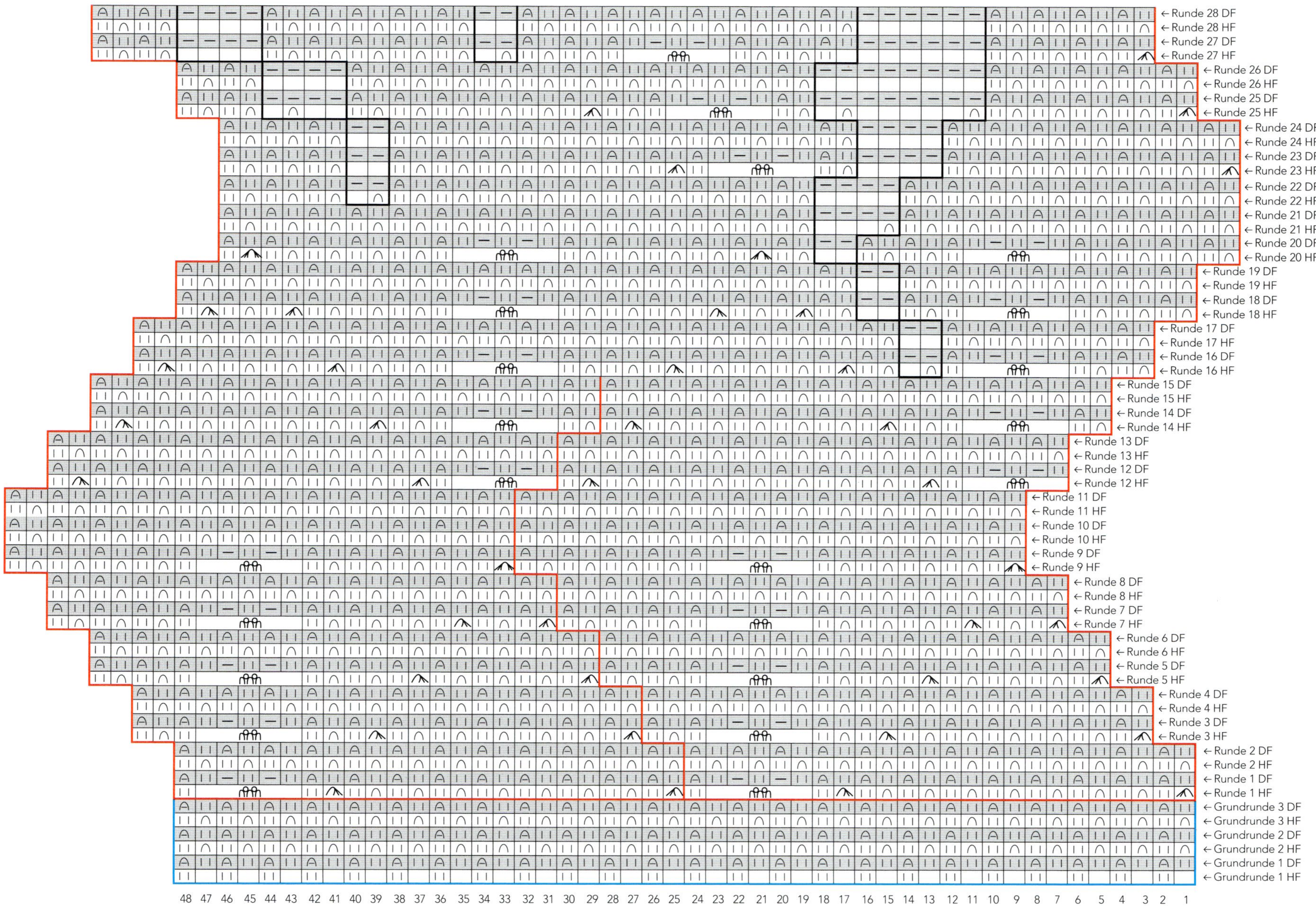

DIAGRAMM BONFIRE

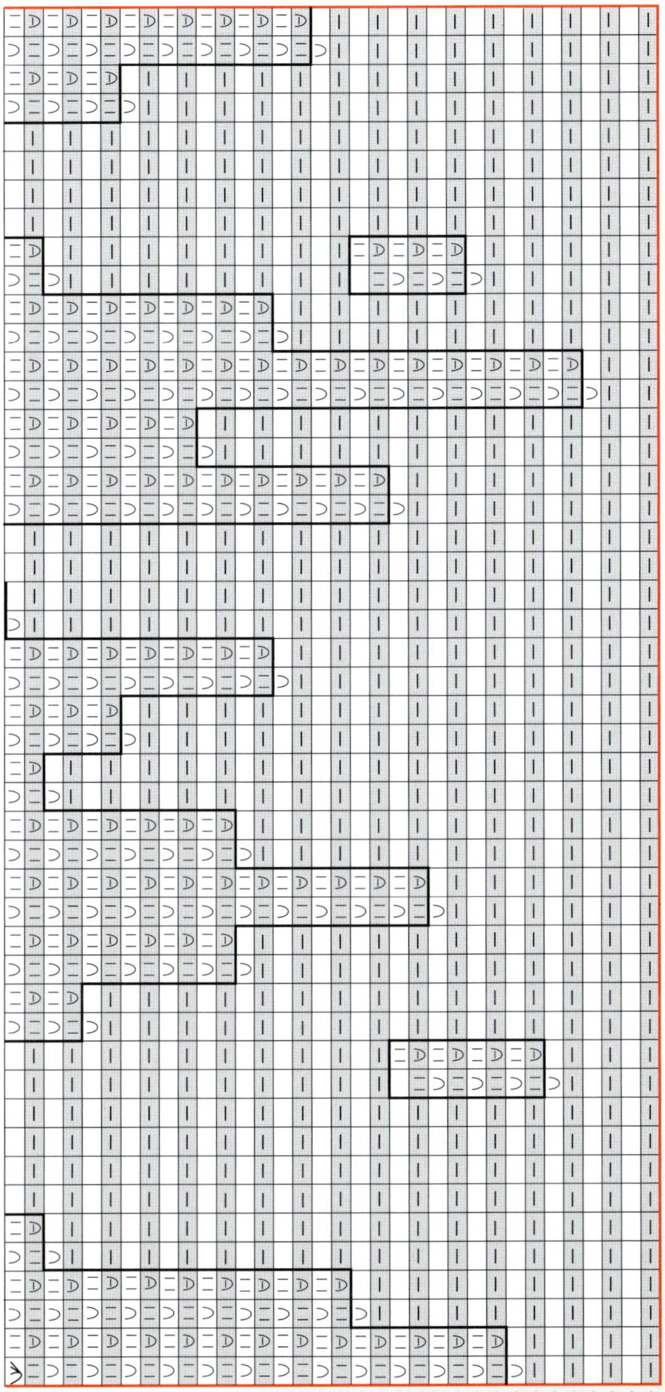
← Runde 29 HF
← Runde 29 DF
← Runde 30 HF
← Runde 30 DF
← Runde 31 HF
← Runde 31 DF
← Runde 32 HF
← Runde 32 DF
← Runde 33 HF
← Runde 33 DF
← Runde 34 HF
← Runde 34 DF
← Runde 35 HF
← Runde 35 DF
← Runde 36 HF
← Runde 36 DF
← Runde 37 HF
← Runde 37 DF
← Runde 38 HF
← Runde 38 DF
← Runde 39 HF
← Runde 39 DF
← Runde 40 HF
← Runde 40 DF
← Runde 41 HF
← Runde 41 DF
← Runde 42 HF
← Runde 42 DF
← Runde 43 HF
← Runde 43 DF
← Runde 44 HF
← Runde 44 DF
← Runde 45 HF
← Runde 45 DF
Rd 45 HF und DF wdh bis zum Abk

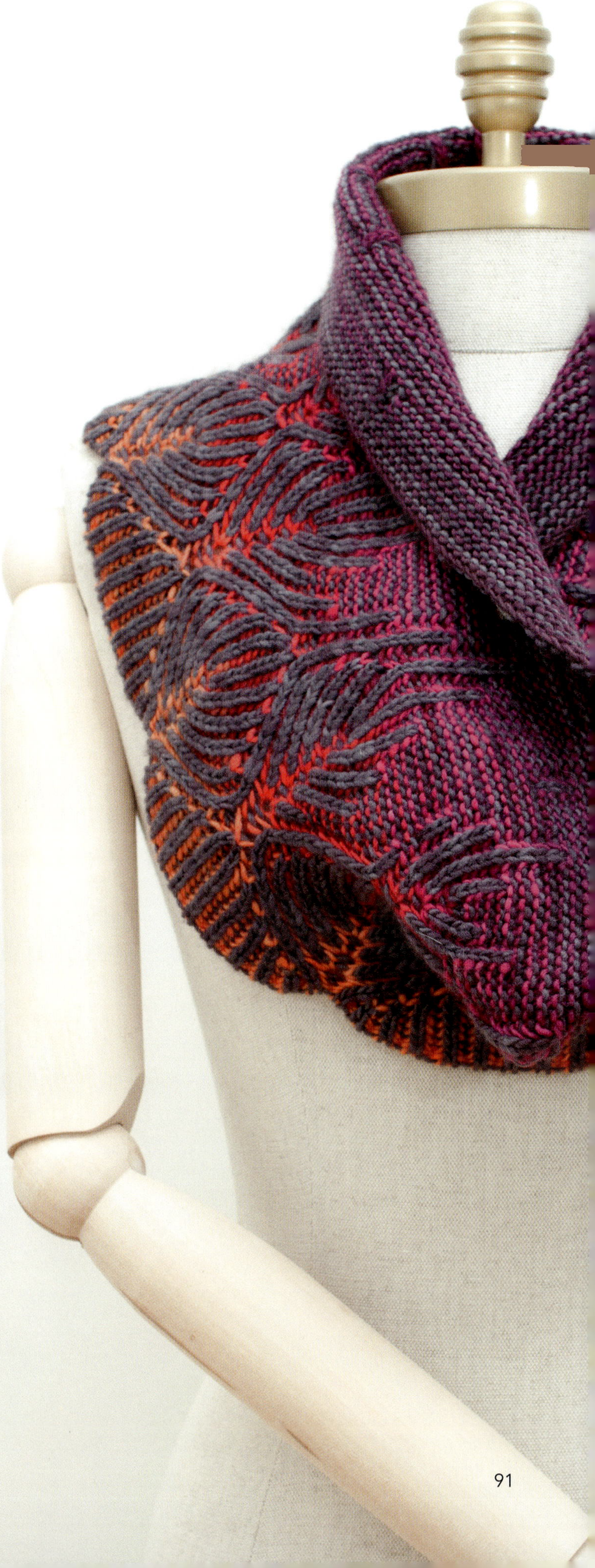

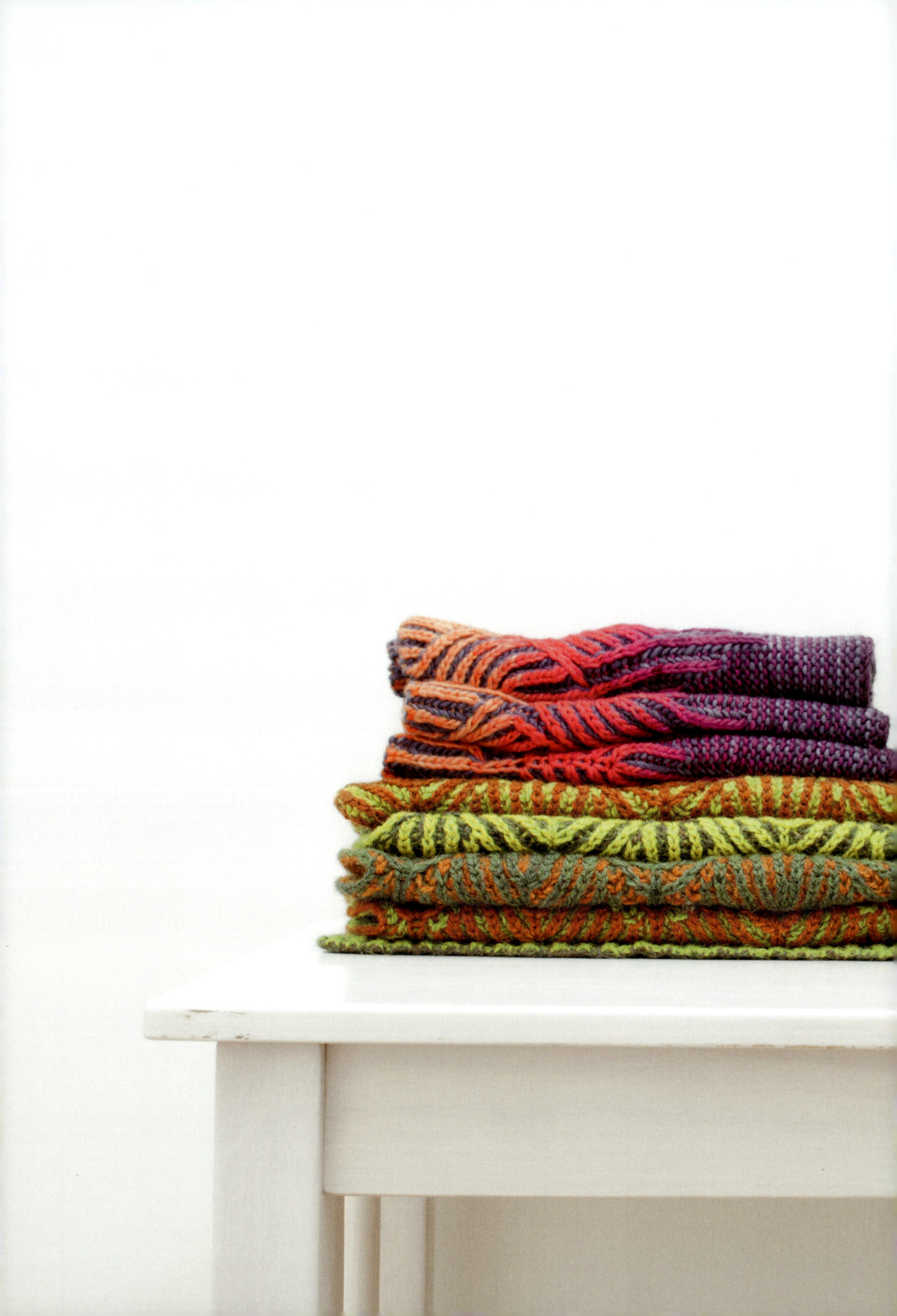

Anhang

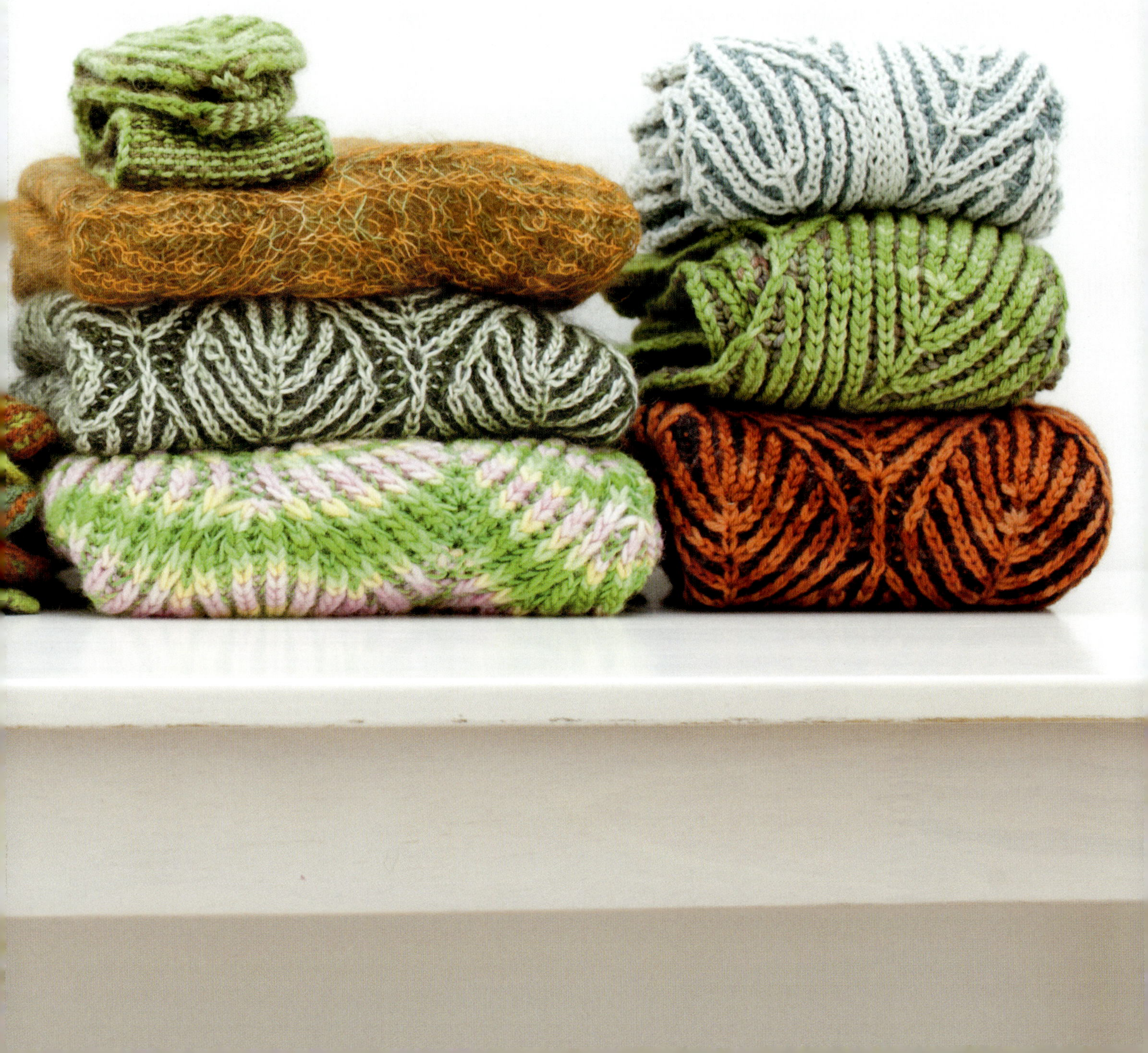

Allgemeine Informationen zum zweifarbigen Reliefpatent (Brioche)

ALLGEMEINES

Bevor Sie anfangen zu stricken, machen Sie sich mit dem zweifarbigen Brioche-Stricken vertraut. Unter www.craftsy.com finden Sie meine Onlinekurse. Sie können aber auch www.briochestitch.com oder die Erklärungsseiten meiner Bücher *Knitting Brioche* und *Knitting Fresh Brioche* konsultieren (alle Quellen bisher leider nur in englischer Sprache verfügbar).

Es ist wichtig, dass Sie die speziellen Abkürzungen der Brioche-Technik auf den folgenden Seiten genau verstehen. Ich schlage vor, dass Sie erst einmal ein Muster mit Wollresten üben.

Beim Patentstricken wird eine Masche mit Umschlag als EINE Masche betrachtet, der Umschlag wird nie separat gezählt. Das ist SEHR WICHTIG – stellen Sie sich diese Masche am besten als eine Masche mit einem Schultertuch vor. Wenn in der Anleitung steht, dass Sie 4 Maschen auf der Nadel haben sollten, können es tatsächlich 6 Schlingen sein; sie zählen aber nur als 4 Maschen, weil die 2 Maschen „mit Schultertuch"/Umschlag nur als jeweils eine Masche zählen. Achten Sie außerdem auf Folgendes: Bei einer Abnahme müssen Sie eine Masche abheben. Da diese Masche ebenfalls ein „Schultertuch" hat, achten Sie darauf, sie zusammen mit dem Umschlag abzuheben.

Für jede gezählte Reihe (Patentreihe), die auf der Vorderseite des Strickstücks erscheint, werden zwei Musterreihen gestrickt. Die Hälfte der Maschen wird in einer Reihe gearbeitet, die andere Hälfte (die Maschen, die in der ersten Reihe abgehoben wurden) in der folgenden Reihe. Wenn Sie Reihen zählen, dann zählen Sie immer nur die Maschen in einer Maschenkolonne. Steht in der Anleitung, Sie sollen 4 Reihen stricken, zählen Sie also 4 Reihen in der Maschenkolonne, auch wenn Sie dafür 4 Hin- und 4 Rückreihen stricken müssen.
2 gestrickte Reihen = 1 Patentreihe.

Randmaschen: Lassen Sie vor dem Abheben der letzten Masche in einer DF-Reihe (siehe Abkürzungen auf Seite 96) das dunkle Garn stets fallen. Wenn Sie gerade eine Reihe links/linke Patentmaschen gestrickt haben, lassen Sie das dunkle Garn vor der Arbeit fallen und heben Sie dann die letzte Masche ab. Nach einer Reihe rechts/rechte Patentmaschen lassen Sie das dunkle Garn hinter der Arbeit fallen und heben die letzte Masche ab. So liegt das dunkle Garn gleich in der richtigen Position, wenn Sie es wieder aufnehmen. Am Anfang einer DF-Reihe die erste Masche abheben und das dunkle Garn zum Stricken wieder aufnehmen. Falls das dunkle Garn vor der Arbeit liegt, wenn Sie eine DS-DF-(re Pm-)Reihe stricken wollen, heben Sie die erste Masche ab und führen das dunkle Garn nach hinten für die rechten Maschen/rechten Patentmaschen. Vermeiden Sie, das dunkle Garn um die Randmaschen zu führen.

Sofern nicht anders angegeben, werden alle Maschen wie zum Linksstricken abgehoben. Bei Abnahmen verlangt die Anleitung, die Maschen wie zum Rechtsstricken abzuheben.

Eine Maschenprobe brauchen Sie für die Projekte in diesem Buch nicht unbedingt. Sie können die Modelle problemlos auch mit deutlich dünnerem oder dickerem Garn, in verschiedenen Garnqualitäten und mit anderen Nadelstärken nacharbeiten.

Sollten Sie einmal ein Stück wieder aufribbeln müssen, nehmen Sie die Maschen an der gewünschten Stelle mit einer dünneren Rundnadel wieder auf. Das erleichtert das Aufnehmen, und Sie können die Maschen in der nächsten Runde ganz einfach mit Ihrer gewohnten Arbeitsnadel von der dünneren Nadel abstricken.

MASCHEN ANSCHLAGEN UND ABKETTEN

Meine bevorzugte Anschlagmethode ist der zweifarbige italienische Maschenanschlag, und ich ergänze ihn gern durch das italienische Abketten. Mir ist bewusst, dass viele von Ihnen diese Art des Maschenanschlags und Abkettens frustrierend schwierig finden. In meinem Buch *Knitting Fresh Brioche* gibt es dazu Schritt-für-Schritt-Anleitungen. Auch auf YouTube findet man Videos, in denen diese Kantentechniken sehr anschaulich erklärt werden. Am besten suchen Sie online nach dem Video, das Sie am verständlichsten finden, und üben so lang, bis Sie die beiden Techniken beherrschen. In *Knitting Fresh Brioche* finden Sie auch eine Anleitung zum Anschlagen vieler Maschen im zweifarbigen italienischen Maschenanschlag mit Hilfsfaden.

Wenn Sie lieber eine andere Methode zum Anschlagen und Abketten verwenden möchten, würde ich folgende Techniken vorschlagen:

ZWEIFARBIGER KREUZANSCHLAG

Statt eines einzelnen Fadens nehmen Sie für diesen Anschlag zwei verschiedene Garne. Knoten Sie die Fäden 15 cm nach Fadenanfang zusammen. Fixieren Sie den Knoten mit dem rechten Zeigefinger auf der rechten Nadel. Schlingen Sie das helle Garn um den linken Daumen und das dunkle Garn um den Zeigefinger und schlagen Sie die gewünschte Maschenanzahl an wie beim normalen Kreuzanschlag. Alle Maschen auf der Nadel sind dunkel, das helle Garn läuft unter den Anschlagmaschen mit.

Die langen Enden können nach Auftrennen des Knotens später eingesetzt werden, um die Anschlagmaschen zu lockern oder fester zu ziehen, wenn sie zu fest bzw. zu locker sind.

ABNÄHEN

Mit dieser Methode entsteht eine Abkettkante, die der zweifarbigen Kreuzanschlagkante ähnelt. Nach der letzten DS-Reihe mit dunklem Garn dieses abschneiden und den Faden vernähen. Das helle Garn in mindestens dreifacher Länge der Abschlusskante abschneiden und in eine Wollnadel fädeln.

*Die Wollnadel von vorn in die zweite Masche stechen, den Faden durchziehen. Von hinten in die erste Masche stechen, dabei unter den gerade entstandenden waagerechten Faden stechen. Den Faden durchziehen, die erste Masche von der Stricknadel gleiten lassen. Ab * stets wiederholen.

Auch bei dieser Methode kann die Abkettkante hinterher noch gelockert oder fester gezogen werden.

ZWEIFARBIGES BRIOCHE IN RUNDEN

Für jede gezählte Runde (Patentrunde), die auf der Vorderseite des Strickstücks erscheint, sind zwei Musterrunden gestrickt. Die Hälfte der Maschen werden in der HF-Runde gearbeitet, die andere Hälfte (die Maschen, die in der ersten Runde abgehoben wurden) in der folgenden DF-Runde. Um das Rundenzählen zu erleichtern, zählen Sie die Maschen in den hervorstehenden hellen Maschenkolonnen auf der Vorderseite. Wenn eine Anleitung 10 Runden verlangt, arbeiten Sie tatsächlich insgesamt 20 Runden, 10 in jeder Farbe. 2 gestrickte Runden = 1 Patentrunde.

Schieben Sie vor der ersten Rundenmasche einen Rundenmarkierer auf die Nadel. Ich setze zusätzlich Markierer zwischen die Musterrapporte.

Beim Farbwechsel zu Rundenbeginn dürfen die Fäden nicht verkreuzt werden. Am Ende einer HF-Runde als letzte Masche 1 Masche mit Umschlag abheben und den hellen Faden nach dem Umschlag nach vorn führen. Den dunklen Faden darunter aufnehmen (nicht verkreuzen!) und die nächste Runde stricken.

Am Ende einer DF-Runde als letzte Masche eine linke Patentmasche arbeiten; dabei darauf achten, dass der helle Umschlag nicht von der Nadel rutscht. Den dunklen Faden vorn hängen lassen, den hellen Faden aufnehmen (nicht verkreuzen!), auf die Rückseite führen und die nächste HF-Runde stricken.

Brioche-Abkürzungen

BRIOCHE-ABKÜRZUNGEN
Ich habe eine Reihe von Abkürzungen und Begriffen speziell für die Brioche-Strickerei entwickelt.

HS = helle Seite der Arbeit. Die Maschenkolonnen auf dieser Seite werden vom hellen Garn gebildet.
DS = dunkle Seite der Arbeit. Die Maschenkolonnen auf dieser Seite werden vom dunklen Garn gebildet.
HF = helle Farbe. Mit dem hellen Garn arbeiten.
DF = dunkle Farbe. Mit dem dunklen Garn arbeiten.
HS-HF = die Ihnen zugewandte Seite der Arbeit hat helle Maschenkolonnen, und Sie stricken in dieser Reihe/Runde mit dem Garn in heller Farbe.

li = links, linke/r/s
re = rechts, rechte/r/s

MM setz = Maschenmarkierer setzen
MM abh = Maschenmarkierer auf die rechte Nadel setzen

1 M re = 1 Masche rechts stricken
1 M li = 1 Masche links stricken
abh = 1 Masche wie zum Linksstricken abheben, sofern nicht anders angegeben
1 M abh (FvdA) = 1 Masche wie zum Linksstricken abheben, Faden vor der Arbeit
1 M abh (FhdA) = 1 Masche wie zum Linksstricken abheben, Faden hinter der Arbeit
[ ] = die Anweisungen in der Klammer wiederholen

1 Pm re (1 Patentmasche rechts) = in der Vorreihe/Vorrunde abgehobene Masche zusammen mit dem Umschlag rechts abstricken

1 Pm li (1 Patentmasche links) = in der Vorreihe/Vorrunde abgehobene Masche zusammen mit dem Umschlag links abstricken

1 M mit U abh = 1 Masche mit Umschlag abheben
Die Technik unterscheidet sich in Reihen/Runden mit rechten und solchen mit linken Patentmaschen, aber eines bleibt immer gleich: Der Arbeitsfaden muss vor dem Abheben vor der Arbeit liegen. In einer Reihe/Runde mit linken Patentmaschen liegt der Faden vor dem Abheben schon richtig, aber in einer Reihe/Runde mit rechten Patentmaschen muss er vor dem Abheben erst nach vorn geholt werden. Die abgehobene Masche wird zusammen mit dem Umschlag als eine Masche gezählt.
1 M mit U abh nach 1 M/Pm re = Den Arbeitsfaden unter der Nadel nach vorn holen, die nächste Masche wie zum Linksstricken abheben, den Faden über die Nadel und die abgehobene Masche nach hinten legen.
1 M mit U abh nach 1 M/Pm li = Der Arbeitsfaden liegt bereits vor der Arbeit. Die nächste Masche wie zum Linksstricken abheben, den Faden über die Nadel und die abgehobene Masche nach hinten und unter der Nadel wieder nach vorn führen.

ZUNAHMEN
PmUPm (2 M zunehmen) = 1 Pm re, M auf der li Nadel lassen, 1 U (Faden unter der Nadel nach vorn, dann über die Nadel nach hinten), 1 Pm re in dieselbe M = 2 M zugenommen. Bei einer PmUPm-Zunahme werden aus 1 M 3 M herausgestrickt. In der folgenden Reihe/Runde werden diese 3 M separat gearbeitet, da sie noch keinen Umschlag haben.

4 Pm zun (4 M zunehmen) = in 1 M 2x [1 Pm re, 1 U], 1 Pm re.

reUre (2 M zunehmen) = 1 M re, M auf li Nadel lassen, 1 U (Faden unter der Nadel nach vorn, dann über die Nadel nach hinten), 1 M re in dieselbe M = 2 M zugen.

reUreUre (4 M zunehmen) = in 1 M 2x [1 M re, 1 U], 1 M re.

SPEZIALZUNAHME FÜR AUTUMN LACE
doppU (2 M zunehmen) = doppelter Umschlag (siehe S. 100–101).

ABNAHMEN

Denken Sie daran, dass Maschen mit Umschlag als jeweils eine Masche gezählt werden. Wenn Sie also eine Masche abheben oder überziehen sollen, gehört manchmal ein Umschlag mit dazu. Achten Sie darauf, die ganze Masche mit Umschlag zu erfassen. Die Abnahmen sind so beschrieben, dass zum Schluss die richtige Masche oben liegt.

Pm nach li abn (2 M links geneigt abnehmen) = 1 M wie zum Rechtsstricken abh, die nächsten beiden M mit U re zusammenstricken, abgehobene M überziehen.

Pm nach re abn (2 M rechts geneigt abnehmen) = 1 M wie zum Rechtsstricken abh, 1 M re, abgehobene M überziehen, M auf die li Nadel nehmen, nächste M überziehen. M auf die re Nadel nehmen.

4 Pm abn (4 M abnehmen) = A und B nacheinander wie zum Rechtsstricken abh, C auf eine Hilfsnadel vor die Arbeit legen, D re abstr, B überziehen, M auf li Nadel legen, E überziehen, M auf re Nadel legen, A überziehen, C von Hilfsnadel auf li Nadel nehmen, M auf li Nadel nehmen, C überziehen, fertige Abnahme (= letzte M) auf re Nadel nehmen.

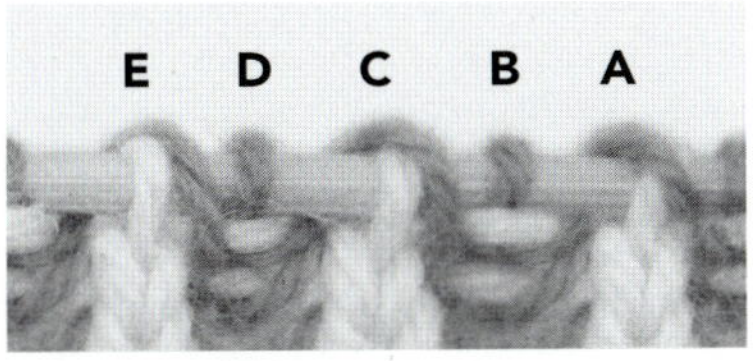

SPEZIALABNAHMEN FÜR BAY LEAF

SSK (Pm) (1 M abnehmen) = 2 M nacheinander wie zum Rechtsstricken abh, li Nadel von hinten durch beide abgehobenen M stechen und festhalten, re verschränkt zusammenstricken.

2 Pm zus (1 M abnehmen) = 2 M mit U re zusammenstricken.

SPEZIALABNAHMEN FÜR WINTER BIRCH

Pm nach li abn (Rand) (am Anfangsrand in R 33, 37 und 41 HS-HF und Abschlussrand in R 41, 49 und 53 HS-HF) = 1 M wie zum Rechtsstricken abh, dunkles Garn nach hinten legen, die nächsten beiden M mit U mit hellem Garn re zusammenstricken, abgehobene M überziehen (2 M abgen.).

4 Pm abn (Rand) (am Anfangsrand von R 45 HS-HF und Abschlussrand R 45 HS-HF) = 1 M wie zum Rechtsstricken abh, dunkles Garn nach hinten legen, 1 M wie zum Rechtsstricken abh, nächste M auf Hilfsnadel vor die Arbeit legen, 1 M re, 2. abgehobene M überziehen, M auf li Nadel nehmen und folgende M überziehen, M auf re Nadel nehmen und 1. abgehobene M überziehen, M von Hilfsnadel auf li Nadel nehmen, Abnahme-M auf li Nadel nehmen und M von Hilfsnadel überziehen, fertige Abnahme (= letzte M) auf re Nadel nehmen (4 M abgen.).

2 M zus (am Ende von R 37 HS-DF und Ende von R 49 HS-DF) = 2 M re zusammenstricken (1 M abgen.).

SSK (Slip, Slip, Knit) (am Anfang von R 45 HS-DF und Ende von R 45 HS-DF) = 2 M nacheinander wie zum Rechtsstricken abh, li Nadel von hinten durch beide abgehobenen M stechen und festhalten, re verschränkt zusammenstricken (1 M abgen).

SSP (Slip, Slip, Purl) (am Anfang von R 38 DS-HF, Ende von R 50 DS-HF und Ende von R 54 DS-HF) = 2 M nacheinander wie zum Rechtsstricken abh, beide M wieder auf die li Nadel nehmen. Re Nadel von hinten li durch beide M stechen und li verschr zusammenstricken (1 M abgen).

2 M li zus (Ende von R 46 DS-HF, Ende von R 46 DS-HF) = 2 M li zusammenstricken (1 M abgen).

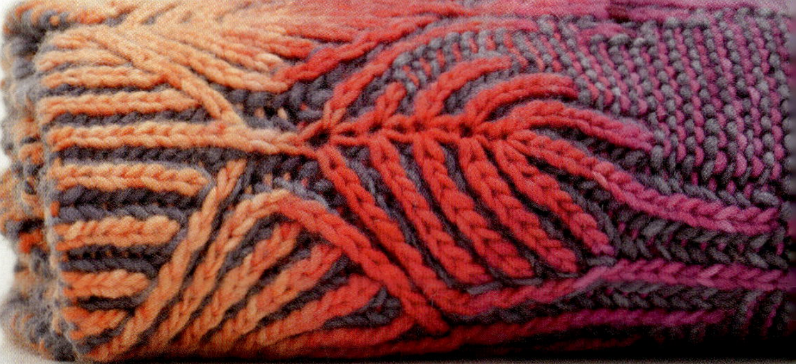

Brioche-Legendensymbole

LEGENDE für **zweifarbige Brioche-Strickerei**

= **HS**-Reihen: 1 M re, **DS**-Reihen: 1 M li
= **HS**-Reihen: 1 M li, **DS**-Reihen: 1 M re
= 1 M wie zum Linksstricken abh
= **HS**-Reihen: 1 Pm re, **DS**-Reihen: 1 Pm li
= **HS**-Reihen: 1 Pm li, **DS**-Reihen: 1 Pm re
= 1 M mit U abh
= keine M
= PmUPm in **HS-HF**-Reihen
= PmUPm in **DS-DF**-Reihen
= 4 Pm zun
= Pm nach re abn in **HS-HF**-Reihen
= Pm nach li abn in **HS-HF**-Reihen
= Pm nach li abn in **DS-DF**-Reihen
= Pm nach re abn in **DS-DF**-Reihen
= 4 Pm abn
= wdh
= Grund-R wdh

LEGENDE für **zweifarbige Brioche-Strickerei in Runden**

= 1 M re
= 1 M li
= 1 Pm re
= 1 Pm li
= 1 M mit U abh
= 4 Pm zun
= Pm nach re abn
= Pm nach li abn
= 4 Pm abn

SPEZIALSYMBOLE für **Winter Birch**

= 1 M li abh (HS-Reihen: FhdA, DS-Reihen: FvdA)
= 1 M li abh (HS-Reihen: FvdA, DS-Reihen: FhdA)
= nach 1 M in HF: DF nach hinten legen
= reUre
= reUreUre
= Pm nach li abn (Rand)
= 4 Pm abn (Rand)
= 2 M re zus
= SSK
= SSP
= 2 M li zus
BO = abketten
= Markierer für doppelt gestrickten Stiel

SPEZIALSYMBOLE für **Bay Leaf**

= 1 M aufschlingen
= reUreUre
= SSK (Pm) am Ende von Reihe 64 DS-DF
= 2 Pm zus am Anfang von Reihe 65 HS-HF

SPEZIALSYMBOLE für **Autumn Lace**

= doppU (doppelter Umschlag)

SPEZIALSYMBOLE für **Linden Leaf**

= 1 M li abh (HS-Reihen: FvdA, DS-Reihen: FhdA)

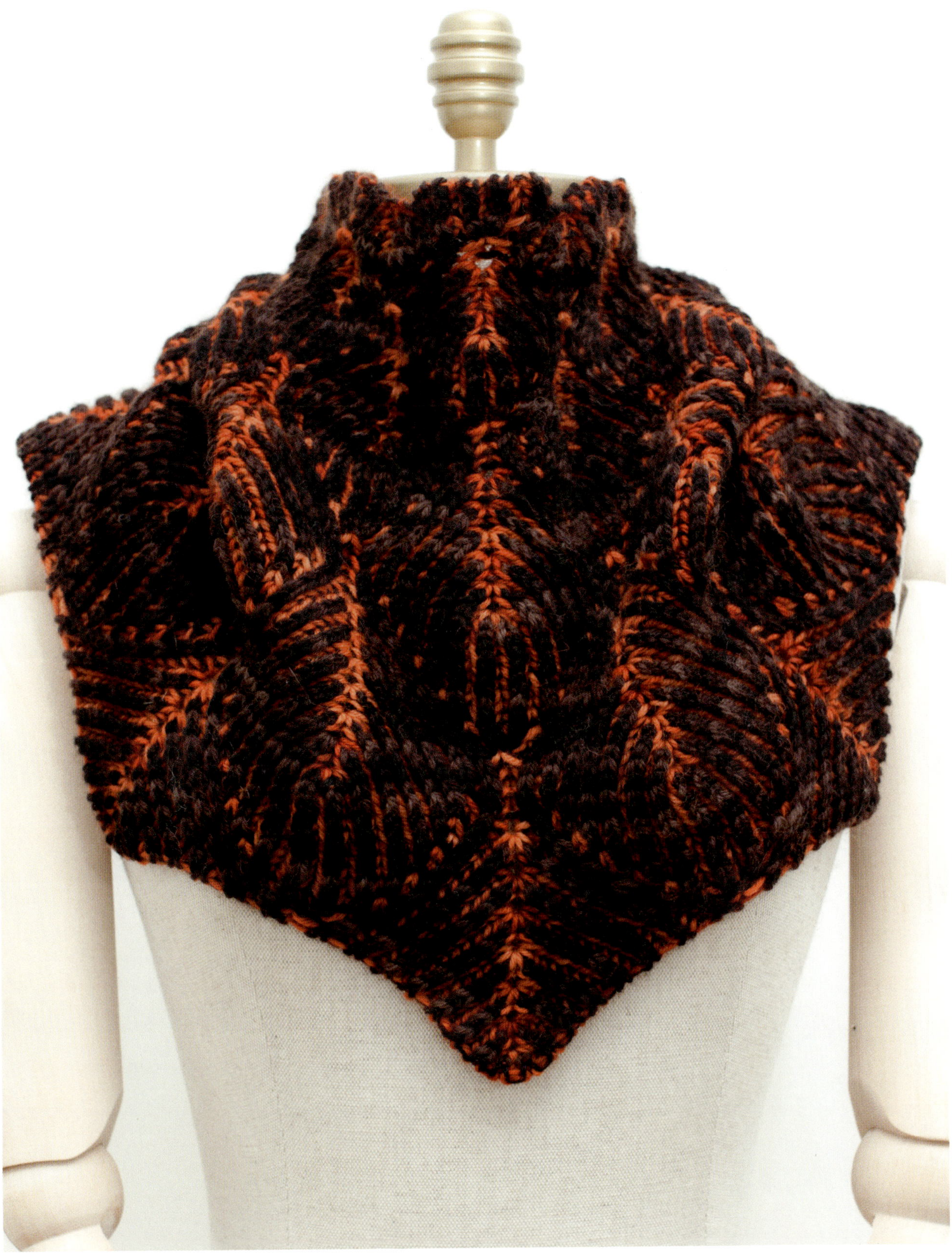

LOCHMUSTERZUNAHMEN IN ZWEIFARBIGEM RELIEFPATENT

Damit das Patentmuster bestehen bleibt, müssen die Lochmusterzunahmen immer mit 2 Maschen erfolgen. Für ein Loch brauchen wir daher einen doppelten Umschlag.

doppU VOR re Pm

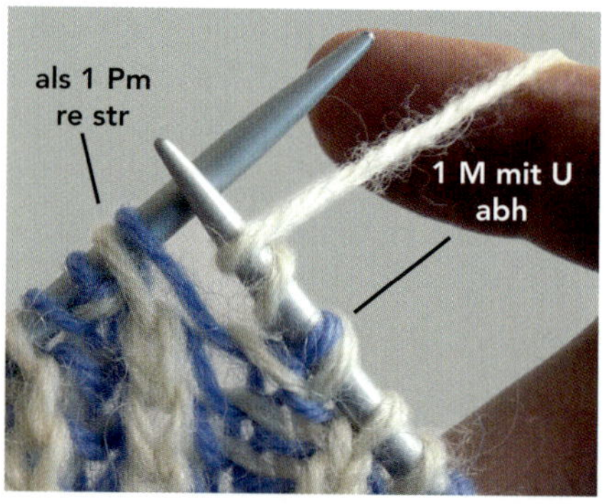

1 **HS-HF-Reihe:** nach 1 M mit U abh: Faden nach vorn, 1 U, Faden nach vorn, 1 U, 1 Pm re.

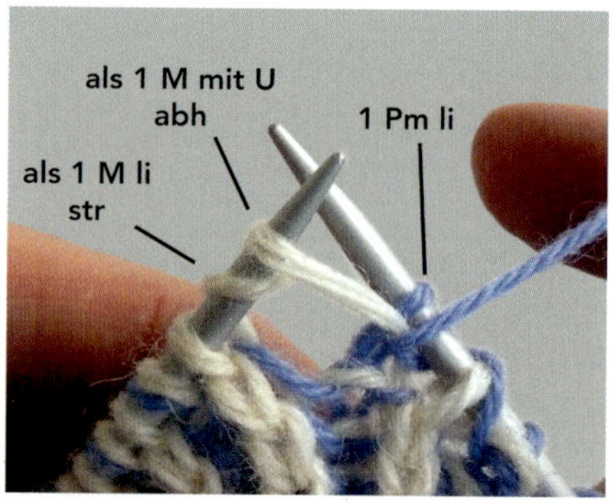

2 **HS-DF-Reihe:** nach 1 Pm li vor dem doppU sieht die Arbeit so aus.

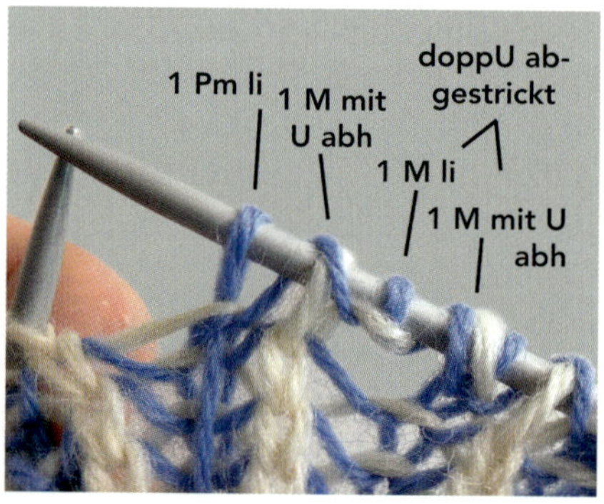

3 Hier wurde der doppU als 1 M mit U abh, 1 M li abgestrickt.

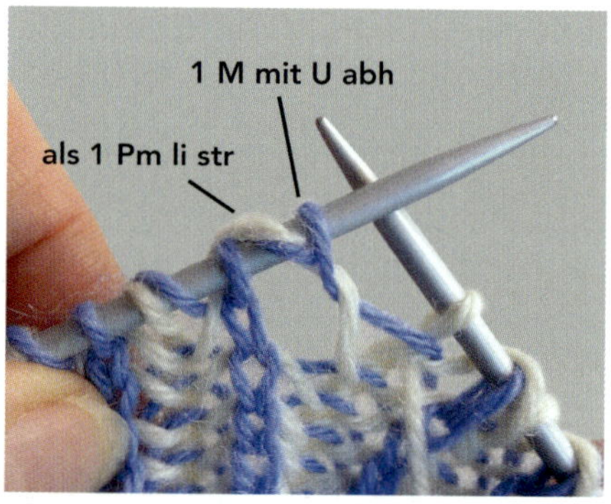

4 **DS-HF-Reihe:** So sieht der abgestrickte doppU in der DS-HF-Reihe aus.

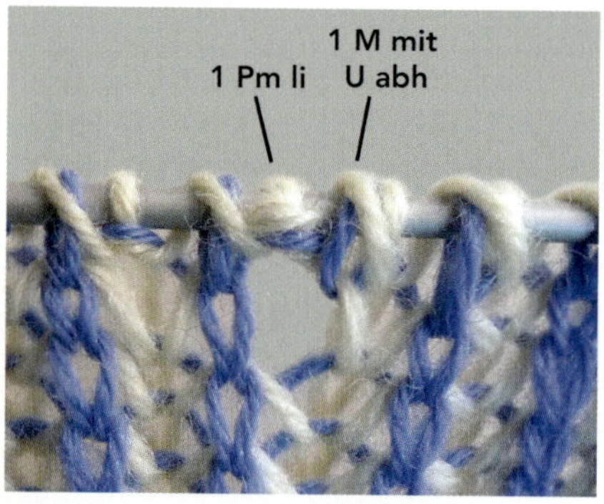

5 So sieht die Arbeit nach dem Abstricken der DS-HF-Reihe aus. Nun kommt eine DS-DF-Reihe.

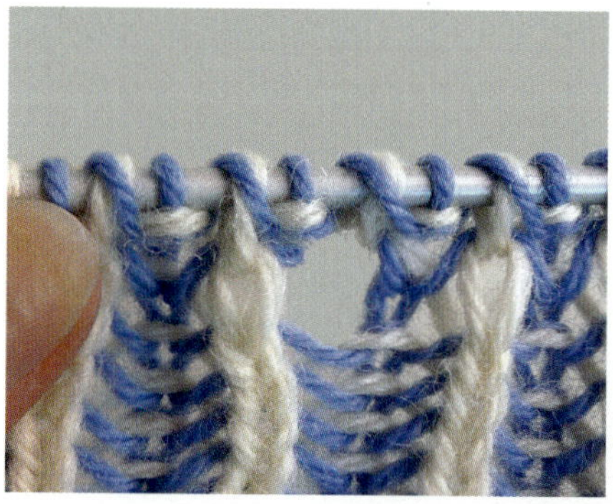

6 Fertige Lochmusterzunahme auf der HS.

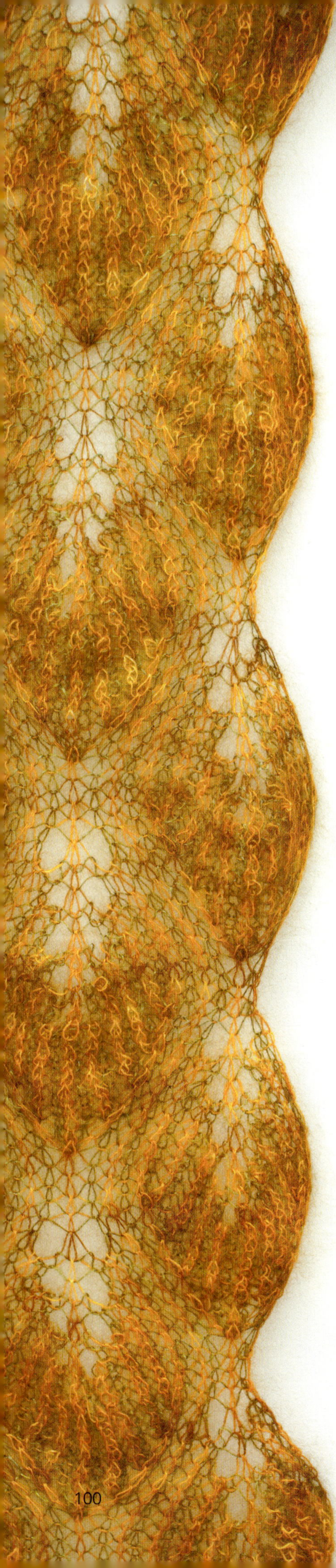

doppU NACH re Pm

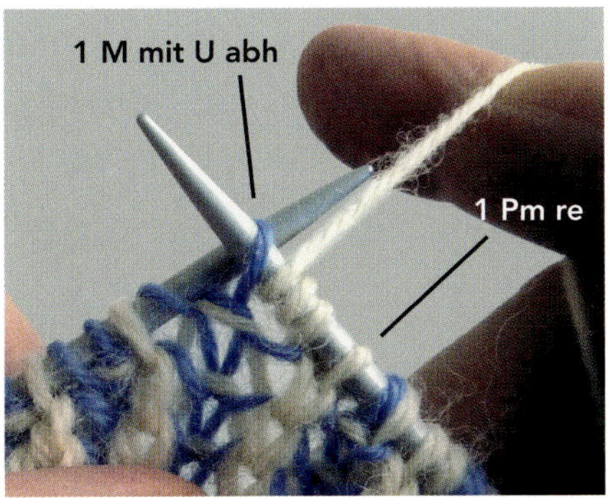

1 **HS-HF-Reihe**: nach 1 Pm re: Faden nach vorn, 1 U, Faden nach vorn, 1 U, Faden nach vorn, 1 M mit U abh

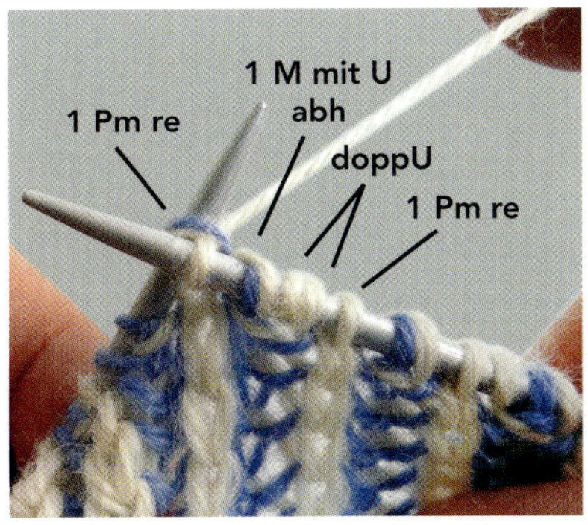

2 HS-HF-Reihe nach doppU zzgl. einigen M.

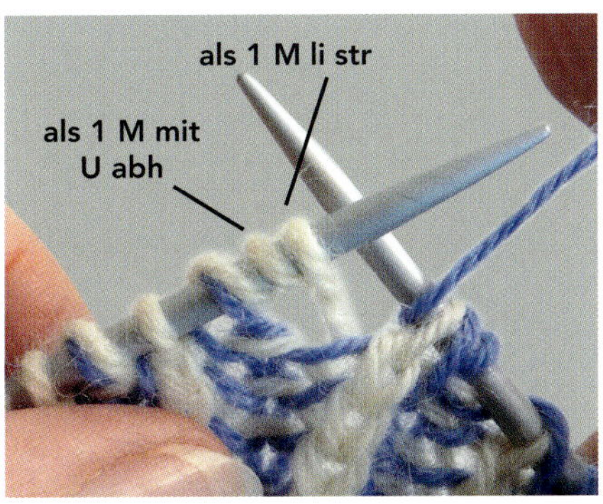

3 **HS-DF-Reihe:** So sieht die Arbeit nach 1 M mit U abh vor dem doppU aus.

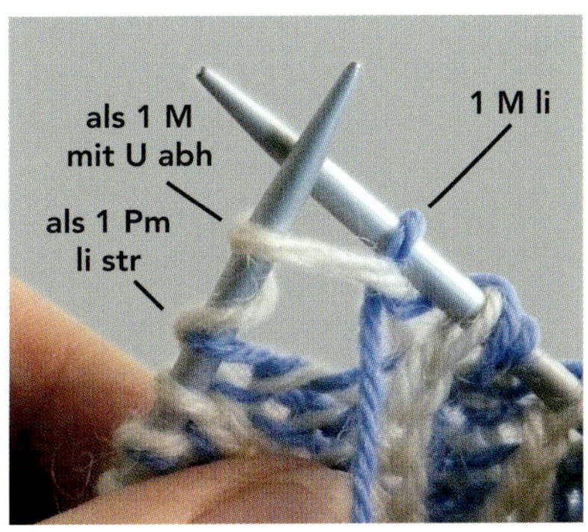

4 Hier wurde 1 M li abgestrickt. 2. U wie 1 M mit U abh und den U bei der folgenden Pm mit abstricken.

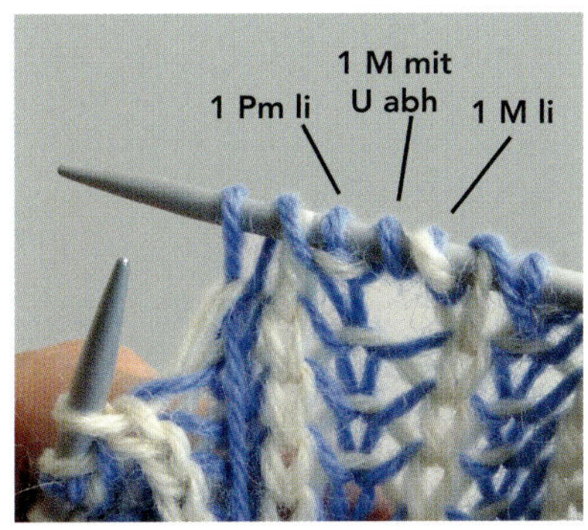

5 So sieht der abgestrickte doppU in der HS-DF-Reihe aus. Die 1 M li verschwindet fast unter der nächsten M.

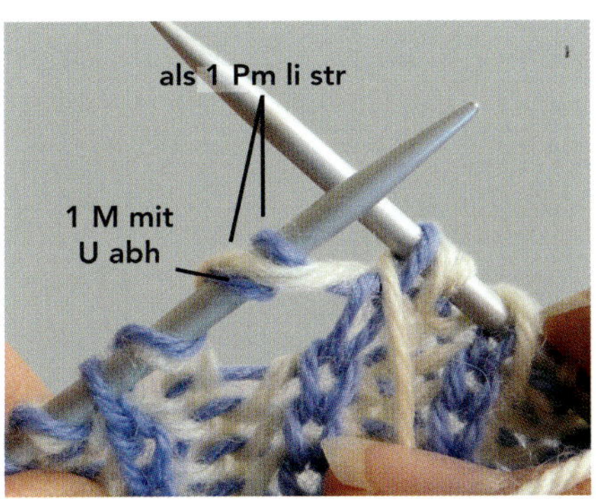

6 **DS-HF-Reihe:** Hier ist das doppU-Loch vor dem Abstricken in der DS-HF-Reihe zu sehen. Nach 1 Pm li wird die folgende M sichtbar und wird als 1 M mit U abh gearbeitet.

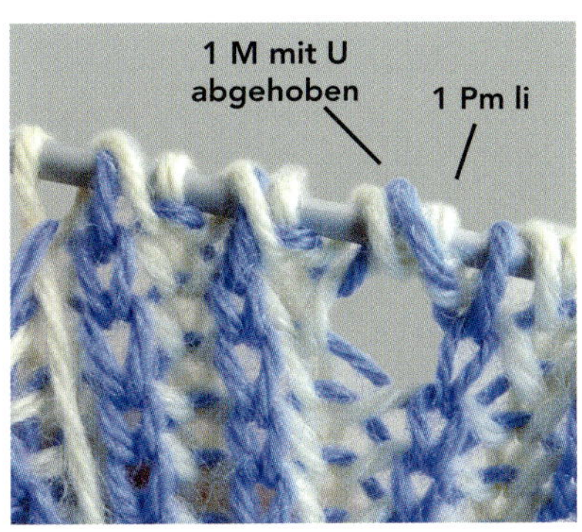

7 So sieht die Arbeit nach dem Abstricken der DS-HF-Reihe aus. Nun kommt eine DS-DF-Reihe.

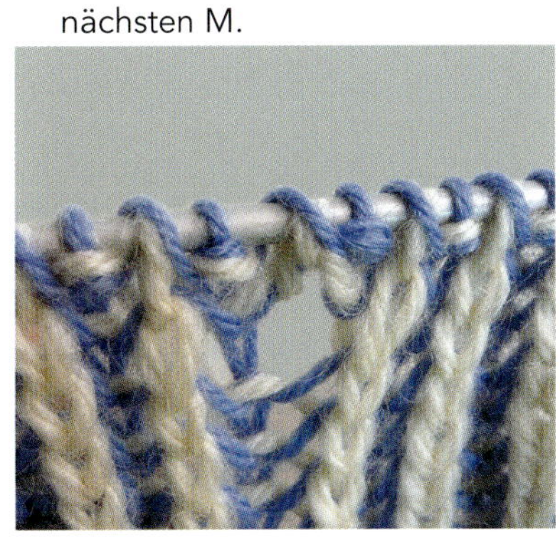

8 Fertige Lochmusterzunahme auf der HS.

Ich widme dieses Buch vier wunderbaren Frauen: meiner Mutter Minnie, meiner Schwester Janie und meinen Töchtern Rosalie und Mathilde.

Ohne die geniale fotografische Umsetzung von Alexandra Feo wäre dieses Buch nur ein weiteres Strickmusterbuch geworden. Danke, danke, danke, Madame Porträt!

Ferner möchte ich anmerken, dass die dynamische Amsterdamer Strickszene mir sehr dabei geholfen hat, dieses Buch zu konzipieren. Vielen Dank an meine Strickfreundinnen und -freunde der Montags-Strickgruppe im Captein & Co und der Donnerstags-Strickgruppe im Stephen & Penelope Fine Yarns.

Ein besonderes Dankeschön geht außerdem an Malia Mather, Lou Dalton und Stephen West.

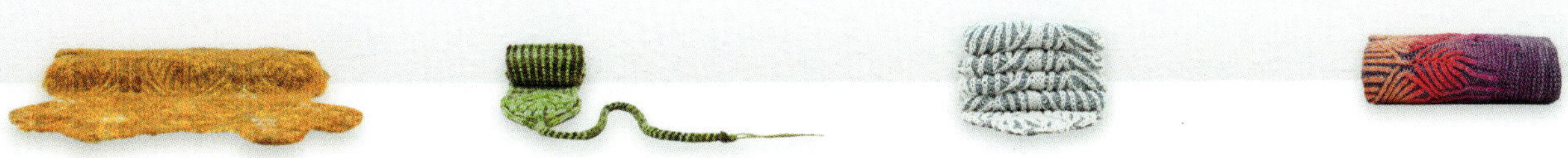

KONTAKT

Nancy Marchant
www.briochestitch.com

briocher

https://www.facebook.com/nancy.marchant1

nancymarchantbrioche

Nancy Marchant

www.craftsy.com/brioche

Alexandra Feo
www.alexandrafeo.com

www.facebook.com/alexandra.feo.9

alexandrafeo